KB097618

가난이 사는 집

가난이 사는 집

판자촌의 삶과 죽음

김수현 지음

오월의봄

그 많던 판자촌은 어디로 갔나?

판자촌을 아시나요?

판자로 얼기설기 엮어서 양철로 지붕을 덮은 집. 그리고 그 안의 헐벗은 아이들. 기록사진이나 외국 빈민가 사진에서 흔히 연상되는 모습입니다. 인터넷으로 조금만 검색하면 예전 청계천 주변에 빽빽하던 그런 집들을 금방 찾아볼 수 있습니다. 대부분 일본인 목사 노무라 모토유키나 사진작가 구와바라 시세이가 1970년 전후에 찍은 사진들입니다. 지금도 전 세계 인구의 30% 가까이가 그런 식의 판자촌에 살고 있기에, 우리나라 판자촌도 대개 그랬을 것으로 짐작하기 쉽습니다.

그러나 우리나라의 전형적인 판자촌 모습은 다릅니다. 초기에는 그야말로 판자로 지은 집들이 많기는 했지만, 1970년대 중반부터는 나름대로 '개량'된 판자촌으로 모두 바뀌게 됩니다. 강력한 관리와 단속을 통해 신규 판자촌을 막으면서, 이미 만들어진 판잣집들은 그래도 사람이 살 만한 곳으로 바꾸기 시작했기 때문입니다. 내 땅이 아니더라도 무허가 건축물대장을 통해 사고파는게 가능하도록 했고, 도시새마을운동으로 수도, 전기, 골목길 포장까지 지원했습니다. 이때 받은 각종 건자재로 판자촌 집들은 거의 모양이 비슷해졌습니다. '지붕은 붉은색 페인트를 칠한 시멘트기와, 벽과 담은 시멘트 블록'이 표준이었습니다. 다만 집 안쪽은그야말로 형편대로였습니다. 목재상에서 가져온 각목과 헌 문짝,베니어판으로 닥치는 대로 지었습니다. 방에 헌 이불을 걸어 벽으로 삼기도 했고, 비닐로 창문을 만들기도 했습니다.

당장 철거 위협은 없어졌으니 이제 판자촌은 서울 살이, 가난 탈출의 근거지가 되었습니다. 고향 사람, 친척들끼리 한동네에서 사는 것은 물론이고 건설노동, 가내부업도 함께하며 그야말로경제공동체를 이루었습니다. 부모가 일터에 나간 뒤 홀로 남은 아이들은 골목길 할머니들이 돌봐주었습니다. 판자촌은 그 자체가직업소개소, 직업훈련원, 신용협동조합, 어린이집, 유치원, 때로는 심리상담소였던 것입니다. 그런 점에서 판자촌은 단순히 저렴한 집, 가난한 사람들이 사는 동네 이상의 의미였습니다. 팍팍한서울 살이를 헤쳐나갈 수 있게 한 복지공동체이자 도시 속의 농촌urban village이었습니다. 나아가 한국경제의 고도성장기를 뒷받침한 일꾼들의 생활 터전이었습니다. 김기찬의 《골목 안 풍경》 연작 사진집은 이때의 이야기입니다. 1970년대 중반부터 1990년대 중반까지 우리 주변에서 흔히 볼 수 있던 모습입니다.

하지만 한때 서울 시민의 40% 가까이가 살던 판자촌, 1980년에만도 10% 이상 살아가던 판자촌은 1983년 시작된 이른바 합동재개발사업으로 순식간에 아파트로 바뀌기 시작합니다. 주민들과 건설업체가 합동으로 재개발한다는 뜻의 합동재개발은 이론적으로는 판잣집 주인들에게 아파트를 한 채씩 주는 사업이었습니다. 고층으로 지어 남는 아파트를 분양한 수익으로 건설비를 충당한다는 식이었기 때문입니다. 하지만 세상일이 그렇게 호락호락할 리 없습니다. 원래 살던 사람들은 10%도 아파트에 들어가지 못했습니다. 세입자들은 더 말할 것도 없습니다. 그나마 싸게 살던 동네가 한꺼번에 사라지니 그야말로 주거권이 문제가 되었습니다. 이 무렵은 철거투쟁의 시대였습니다. 화염병이 난무하기도 했고, 주민들은 망루를 지어 저항했습니다. 2009년의 용산참사는 이런 철거투쟁의 유산이었던 망루에 불이 붙어 일어난 쓰라린 사고였습니다.

판자촌은 가난이 모인 곳이지만, 희망의 싹이 자라던 곳이기도 했습니다. 비록 집과 동네는 허름했지만, 한국의 경제성장과 함께 살림살이가 나아지던 곳이었습니다. 서구의 학자들이나 국제기구에게는 이런 우리나라 판자촌이 '스스로 일해서 가난을 극복'하는 이른바 자조self-help 모델의 원형이었습니다. 세계은행에서는 우리나라 판자촌 개량을 자조주택self-help housing 프로젝트로 칭찬했고, 이는 경이적인 경제성장과 함께 자랑거리이기도 했습니다. 범죄가 곧잘 일어나는 서양의 빈민가와 달리 우리나라의 판자촌은 모두 희망을 갖고 살던 곳slum of hope이었습니다.

하지만 올림픽 개최를 앞두고 판자촌은 숨기고 싶은 장소가 되었고, 마침 고층 아파트가 필요하던 중산층 수요에 맞춰 한꺼번에 사라지고 말았습니다. 아직 가난이 남아 있는데, 판자촌이 사라지면 어떤 일이 생길까요? 가난은 엉뚱한 곳에 모이기 시작합니다. 바로 영구임대주택입니다. 판자촌 합동재개발사업이 서민 주거난을 악화시키고, 급기야 "엄마, 우리 어디로 이사 가?"라는 아기 업은 엄마의 팻말까지 등장하자 정부는 대책이 급해졌습니다. 1989년부터 공공임대주택을 서울 외곽에 급조하기 시작합니다. 서울 곳곳에 마을을 이루었던 판자촌들이 15~20층 영구임대 아파트로 옮겨가게 되었습니다. 이제 빈곤은 우뚝 솟은 아파트에 표시 나게 격리됩니다. 희망의 공동체가 복지 대상자의 집단 주거지로 옮겨가게 된 것입니다.

거기에도 들어가지 못한 사람들은 뿔뿔이 흩어졌습니다. 지하셋방으로, 수도권 다세대·다가구주택으로, 또 쪽방과 고시원으로. 이제 판자촌은 사라졌지만, 그곳에 살던 가난은 보이지 않는 곳으로 감춰졌습니다. 일가족이 가난으로 스러져도, 아동학대와 방임이 있어도 철문 뒤에서 일어나는 일이라 알아차리지도 못하게 되었습니다. 가난하지만 역동적이었던 동네는 이제 가난이 숨겨진 집들로 흩어진 것입니다. 가난이 사는 집은 그렇게 모양을 달리하며 계속되고 있습니다. 오히려 더 나쁜 조건에서 말입니다.

이 책은 한국경제가 가장 왕성하게 성장하던 시기, 아직 독재가 생활의 일부이던 시기, 그 속에서 자본주의에 적응하고 또한 자본주의를 뒷받침하던 판자촌의 의미를 살펴보려고 합니다. 지금 판자촌은 사라졌지만 가난이 사는 집은 아직도 우리 옆에 있습니다. 이 책은 판자촌의 생로병사를 보면서 지금의 집 문제도 생각해보려 합니다. 다만 이 책은 전문적인 연구서는 아닙니다. 체험수기도 아닙니다. 적당히 학술적이고, 적당히 현실적인 글을 통해 판자촌의 전모를 정리해보려고 합니다.

지금의 한국사회가 누리는 번영의 많은 부분은 판자촌과 그곳에 살던 분들께 빚지고 있습니다. 이 책이 그 판자촌의 역사에 작은 동판 하나를 새겨두는 헌사가 되었으면 합니다. 특히 2021

년은 광주대단지사건이 일어난 지 50년, 또 수도권에서 빈민 지역 선교활동이 본격적으로 시작된 것을 기억하는 '주민운동 50주년'의 해이기도 했습니다. 수많은 분들의 희생과 헌신에 감사드립니다.

개인적으로 이 책은 30-40년 전 처음 만났던 판자촌 이웃, 동료, 선배들을 생각하며 썼습니다. 벌써 작고하신 분들도 있고 오랫동안 소식이 끊긴 분들도 많습니다. 하지만 한 분 한 분이 가슴속에 있습니다. 특별히 복음자리 공동체 가족들과 한국도시연구소(도시빈민연구소) 식구들께 감사드립니다. 아직 갚지 못한 빚이 많이 남았습니다.

마지막으로 오월의봄 박재영 대표께 감사드립니다. 오월의봄은 2011년 설립 후, 10여 년 만에 한국사회에서 가장 의미 있는 출판사로 발전했습니다. 이곳에서 네 권의 책을 내게 되어 정말 기쁩니다. 까다로운 디자인 작업에 애써주신 조하늘님께도 특별히 감사드립니다.

2022년 10월

김수현

차례

1부

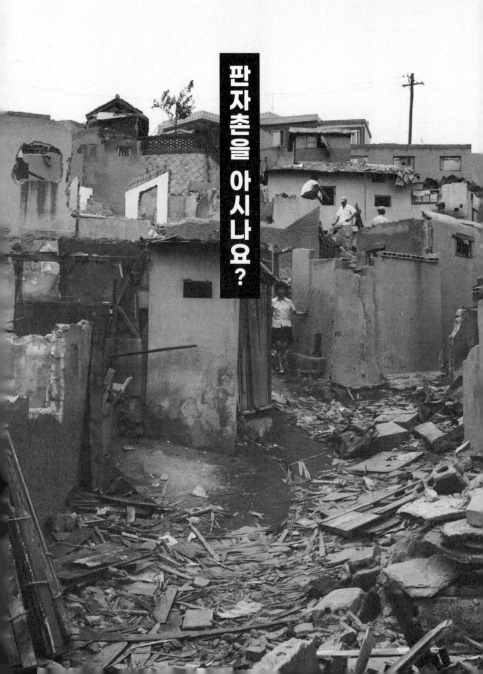

판자촌을 아시나요?

1장. 집

산업화, 도시화 그리고 주택문제

인간에게 집은 상품이다

잠잘 곳이 없는 가족은 상상만 해도 끔찍하다. 당장 비나 추위를 어떻게 피할 것이며, 씻고 옷 갈아입는 것은 어떻게 할 것인가? 내일의 생계를 위해 오늘 쉬는 것은 불가능하며, 아이도 키울 수 없을 것이다.

집은 인간 생존과 종족 보존에 필수적인 수단이다. 이 때문에 원시시대부터 인간은 어떤 형태로든 '집의 역할'을 하는 공간을 마련해왔다. 마치 여우에게 굴이 있고, 새에게 둥지가 있는 것처럼 인간도 잠잘 곳이 필요했다. 동굴이나 나무 위, 덤불 속 어디든 비와 추위, 사나운 동물을 피하려는 목적은 같았다. 그러나 정착생활이 가능해지면서 인간의 집은 점점 꼴을 갖춰가기 시작했다. 움집, 천막 같은 형태에서 점차 벽이 있고 지붕이 있으며, 나아가 창이 있는 집으로 발전했다. 집을 짓는 재료나 지붕 모양 등은 우리가 어릴 적 배웠듯이 기후 조건, 지역의 재료 등에 따라 가장 효율적인 방식을 택했다. 최초에는 어느 곳이든 움집 수준에 불과했지만, 장소에 따라 다양한 모양으로 발전했다. 특히 농업 생산성이 높아져 지도자가 계급화되는 단계로 가면, 집은 단순히 생존이나 생활을 위한 공간이 아니라 권력과 부를 나타내는 상징으로 변하게 되었다. 세계 어느 곳이든, 그곳에서 구현할 수 있는 가장 좋은 집들이 나오기 시작한 것이다. 반면 민중들은 예나 지금이나 최소한의 공간과 시설에만 만족할 수밖에 없었다.

동굴이나 움집에서 시작한 인류의 집 역사이지만, 적어도 문명사회에 들어와서는 집이 갖춰야 할 최소한의 조건이 있다. 벽과 지붕은 가장 기본적 요소다. 빛이 들어와야 하는 것도 마찬가지다. 밥을 지을 수 있는 부엌 혹은 조리 공간도 필수적이다. 비, 바람에 쉽게 무너져서도 안 된다. 추위를 피할 수 있도록 난방 수단이 필요한 것은 물론이다. 대부분의 나라들은 이 같은 집의 물리적 조건을 아예 법적으로 정해두고 있기도 하다. 우리나라만 해도 통계청이 조사하는 주택의 기준은 "한 가구가 살림을 할 수 있도록 지어진 집으로서 부엌과 한 개 이상의 방과 독립된 출구를 갖춘 영구 건물"이다(통계청, '인구·주택총조사' 기준). 또 건축법, 주택법은 집을 구성하는 최소면적을 포함해서 허가에서부터 건축 과정까지를 세세하게 정하고 있다. 주거기본법에서는 한 발 더 나아가, 한국 사람이라면 최소한 이 정도 주택에는 살아야 한다는 취지의 '최저주거기준'을 규정하고 있다. 가구원 숫자에 따른 최소면적, 주택의 구조·설비·성능 및 주변 환경요소까지 기준을 정해두었고, 그 수준에 미달하는 가구수를 줄이는 것을 정책 목표로 삼고 있다.

현대의 기술 수준이나 생산력으로 보면, 집의 물리적 기준을 맞추는 일은 전혀 어렵지 않다. 콘크리트, 목재, 창호, 유리 등 어떤 재료도 이미 흔해졌기 때문이다. 다만 문제는 집 지을 땅이 충분치 않고, 집값이 너무 비싸다는 것이 핵심이다. 즉, 기술이나 재료의 문제가 아니라 구매력이 문제인 것이다. 주택은 생존을 위한 필수품이지만 동시에 고가의 상품이기도 하다. 더구나 '옮길 수 없는不動 상품産'이다. 농촌에 있는 내 집을 대도시에 그대로 옮겨올 수는 없는 것이다.

따라서 집의 물리적인 기준이나 수준보다 더 중요한 문제는 경제적 접근성이다. 아무리 집이 많더라도 자신의 경제적 형편으로 구할 수 없다면 그저 그림의 떡에 불과하다. 하물며 집 자체가 절대적으로 부족한 상황이라면 더 말할 필요가 없다. 우리나라뿐 아니라 모든 나라가 경제개발 초기, 급격한 산업화와 도시화 과정에서 겪은 일이다.

경제발전의 조건: 농촌 해체와 도시화

인류의 역사시대를 5,000년 정도로 본다면 그 대부분은 농경시대였다. 따라서 국가 운영의 핵심은 어떻게 하면 모든 인구가 농경지를 놀리지 않고 부지런히 농사짓도록 하느냐에 달려 있었다. 노예제는 물론이고 봉건 영주와 농민으로 연결된 관계도 기본적으로 땅에 국민들을 묶어두는 효과적인 방법을 찾은 결과였다. 우리나라의 호패제도도 병역, 납세 목적 외에 농민들이 자신의 땅을 떠나지 않게 묶어두려던 목적에서 시행된 것이었다. 농경사회에서 농민들이 땅을 떠난다는 것은 말하자면 노동자들이 공장을 떠나는 것과 같았다. 가뭄, 기근 등으로 유랑하는 농민이 늘어나면 나라가 망할 수도 있었다. 봉건 영주나 지방의 수령 입장에서는 농토를 버린 유민이 많아졌다는 것은 곧 자신이 실정이나 학정을 저질렀다는 뜻이었다. 5,000년 중 4,800년은 그런 시대였다. 비록 큰 도시가 있기는 했지만, 기본적으로 통치와 종교, 상업의 중심지였을 뿐 그 자체가 국부를 생산해내는 기본 공간은 아니었다. 고대 로마나 중세시대에도 대도시들이 번성하기는 했지만, 어디까지나 농경사회에 바탕을 둔 대도시였을 뿐이다.

그러나 산업혁명과 함께 공업 생산이 국부의 원천이 되자 이번에는 거꾸로 농토에 묶여 있던 농민들을 도시 노동력으로 활용하는 것이 국가적 과제가 되었다. 농업 생산성은 이미 높아져서 적은 수의 농민만으로도 식량 생산이 가능해졌고, 더구나 식민지 등 다른 나라의 곡물을 가져와서 해결할 수 있었기 때문이다. 농민들이 수백 년간 이용해왔던 마을 공유지에 울타리가 쳐져 쫓겨나는 등 근대적 토지소유권을 빌미로 농민들의 사정이 급격히 나빠졌다. 밀보다 모직 생산에 필요한 양털이 더 중요해지면서, '양이 사람을 쫓아내는' 일이 빈번해졌다. 이렇게 땅에서 밀려난 농민들은 도시의 저임금노동자로 전락했다. 더 많은 농민들이 도시로 몰릴수록 자본가들의 임금 부담은 내려가고 경쟁력은 올라가는 구조였다.

농촌에서 나름 자신의 집을 소유하고 있던 농민들이었지만, 일단 도시로 오는 순간 맨몸뚱이가 되어버렸다. 자본주의 초기 도시 노동자들의 열악한 주거 상황은 엥겔스가 쓴《영국 노동계급의 상황》에 절절히 묘사되어 있다. 창도 없는 벌집에 여러 명이 생활하는 그림은 지금은 선진국이 된 나라들의 200년 전 모습이다. 1900년대에 들어서면 상황이 더 어려워져서, 영국의 경우 자기 집에서 거주하는 비율이 10% 정도밖에 안 될 정도였다. 모두 농촌의 내 집을 버리고 도시로 나왔기 때문이었다. 이 때문에 글래스고 같은 공업도시에서는 노동자들이 방세를 내지 못하겠다고 파업을 벌였고, 이에 군대가 출동하기까지 했다. 서구 자본주의 국가들이 노동자나 가난한 사람들의 주택문제 해결을 국가적 과제로 삼게 된 것도 이 때문이었다. 이 문제를 방치할 경우 노동자들은 임금의 대부분을 집세로 내야 하고, 사용자들은 임금을 더 올려줘야 해서 경쟁력이 떨어질 상황이었던 것이다. 교육이나 의료처럼 주택문제에도 국가가 개입해야 할 이유가 명백해졌고, 이는 공공임대주택이나 사회주택 정책이 발전하는 계기가 되었다. 또한 정부가 나서서 주택 대량 공급을 위한 제도를 정비하고, 지주들의

〈그림 1-1〉 1840년대 런던과 1980년대 서울의 벌집

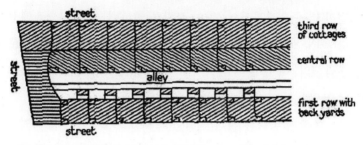

프리드리히 엥겔스의 《영국 노동계급의 상황》에는 1840년대 영국 대도시 노동자들이 살던 집이 묘사되어 있다. 땅에서 밀려난 농민들은 도시의 저임금노동자로 전락했다.

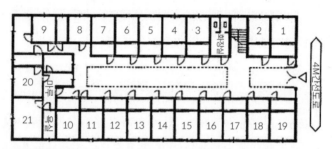

1980년대 구로공단의 벌집. 19세기 영국 노동자들의 주택 구조가 20세기 한국에서 재현된 것처럼 보인다. 자료: 김영기, 1983.; 김경민, 2014.1.30.에서 재인용.

폭리를 막는 임대차 규제 장치가 마련되기도 했다.

　선발 자본주의 국가들이 이런 과정을 200여 년에 걸쳐 겪었다면, 우리 같은 후발 국가들은 불과 몇십 년 동안 압축적으로 경험했다. 물론 일제시대의 해외 이주, 한국전쟁 등을 겪으면서 대도시는 고향을 떠난 농민들이 거쳐가는 곳이기는 했다. 하지만 본격적인 이촌향도는 정부가 경제개발에 대대적으로 나선 1960년대부터 이뤄졌다. 산업화, 공업화를 서둘러 추진하기 위해서는 농지에 묶여 있던 노동력들이 한시라도 빨리 도시로 나오도록 하는 것이 중요했다. 농지 규모와 비교해 인구가 과잉이었던 농촌을 떠나는 것이 유리하기도 했지만, 다른 한편에서는 정부의 의도적인 농촌 해체 정책이 병행되었다. 이른바 '저곡가 정책'이다. 전쟁 이후 미국의 잉여 농산물을 식량 확보에 활용함으로써 전반적인 미곡이나 잡곡 가격을 낮춘 것이다. 이 같은 농촌 해체는 도시 노동력 확충에 도움을 주면서, 임금 상승 압박도 낮추는 이중의 역할을 했다. 국가 주도의 저곡가, 저임금 정책으로 우리나라의 수출 경쟁력을 올린 셈이다.

실제로 1960년에 인구의 대다수는 농촌에 살고 있었다. 도시화율은 40% 정도에 불과했다. 2020년 도시화율이 90% 수준인 것과 비교하면 어떤 상황인지 짐작할 수 있을 것이다. 서울 인구도 당시 244만여 명으로 전국 인구의 10% 정도였다. 반면 농촌 지역이던 전북 부안군은 17만 명, 경북 김천시는 19만 명에 달했다. 지금은 두 곳 모두 5만 2,000여 명에 불과하다. 그사이 서울시는 1,100만 명(1990년)까지 인구가 늘어났다가 이제 1,000만 이하로 내려간 상황이다. 그럼에도 여전히 전국 인구의 20% 가까이가 서울에 살고 있다(2020년 18.8%).

이는 농업 비중 변화에서도 확인된다. 1960년에 우리 경제에서 농림어업이 차지하는 비중은 40%에 가까웠다. 그야말로 농업국가였던 것이다. 지금은 2%도 안 된다. 공업이나 서비스업이 그 자리를 차지했다. 결국 우리는 농경사회에서 산업사회 내지 도시형 국가로 변하는 데 불과 30~40년이 걸렸을 뿐이다. 서구 국가들이 200여 년에 걸쳐 경험한 일을 단기간에 겪은 것이다. 이런 과정에서 서울과 대도시에는 인구 폭발이 일어났고, 잠잘 곳을 찾지 못한 이농빈민들이 넘쳐나게 되었다.

이들은 어떻게 서울에 집을 구할 수 있었을까?

남의 집에 세 살기

농촌에서 쫓겨나다시피 떠난 농민들은 서울에 어떻게 잠자리를 마련했을까? 우선 남의 집에 세를 드는 방법이 있다. 산업화가 본격화되던 1960~1970년대, 서울에는 집이 절대적으로 모자랐다. 1970년에는 주택부족률이 45%에 이를 정도였다(《표 1-1》). 집보다 가구수가 많으니, 결국 그나마 있는 주택을 알뜰히 나눠 쓸 수밖에 없었다. 주택당 인구수는 1958년 8.8명에서 1966년 10.5명으로 늘어나기도 했다.[1]

그런데 한 집을 어떻게 여러 가구가 함께 썼을까? 아파트 생활에 익숙한 요즘 사람들로서는 잘 이해할 수 없을 것이다. 특히 요즘은 단독주택에 세를 살더라도 원룸식으로 독립된 구획을 가진 공간이 대부분이다. 그렇다면 화장실은? 부엌은? 사생활이나 독립적 공간은 고사하고 화장실을 함께 쓰는 건 더 이해할 수 없을 것이다. 그러나 여기에는 우리 특유의 주택

〈표 1-1〉 서울의 주택부족률 추이

연도	인구수	가구수(A)	주택수(B)	주택부족률(%)
1926	306,363	68,682	64,889	5.8
1931	365,432	77,701	69,453	10.6
1935	636,995	131,239	101,767	22.5
1939	930,547	154,223	n.a.	n.a.
1944	1,078,178	220,938	132,000	40.3
1950	1,693,224	318,673	n.a.	n.a.
1960	2,445,402	446,874	275,436	38.4
1970	5,433,198	1,096,871	600,367	45.3

자료: 서울시정개발연구원, 2001, 562쪽, 564쪽에서 재구성.

형태와 주거문화가 자리 잡고 있다. 우리의 전통 가옥들은 대문 근처에 행랑이 있고 안채가 분리된 구조이다. 혹은 남성들이 주로 생활하던 사랑채도 있었다. 행랑은 원래 하인들이나 일을 거들어주던 사람들이 생활하던 공간이었지만, 근현대에 와서는 별도로 세를 놓는 공간으로 쓰이게 된 것이다.

이렇게 집을 나눠 쓰는 것은 당장 서울에 집을 구해야 하는 세입자들에게도, 또 집주인에게도 도움이 되었다. 집주인으로서는 말하자면 남의 돈(전세금)을 이자 부담 없이 빌려서 집을 사는 데 보탤 수 있었다. 세입자는 월세 부담 없이 목돈을 지키다 돈이 좀 더 모이면 이를 종잣돈으로 역시 전세 낀 집을 장만할 수 있었다. 지금은 생소하지만 당시로서는 '방 한 칸 전세'를 얻어 신혼살림을 시작하는 것이 일반적인 서민들의 생활이기도 했다. 그러다 변두리의 넓은 전셋집, 즉 '독채 전세'

를 구했다가 이래저래 '전세를 낀 내 집'을 장만하는 것이 이른바 주거사다리였다. 지금으로서는 이런 주거 상향 이동조차 쉽지 않게 되었지만 그래도 고도성장기에는 주거사다리가 작동했다.

그러나 남의 집에 방 한 칸을 빌릴 형편도 안 됐던 사람들은 어떻게 집 문제를 해결했을까?

남의 땅에 집 짓기

판자촌에 온정적이었던 사회

서울은 조선 후기부터 극심한 빈곤과 사회 변화 속에서 농촌을 떠난 유민들이 몰려들던 곳이었다. 때로는 해외 이주를 위해 경유하는 길목이었으며, 때로는 귀환 동포들이 고국에 돌아와 우선 상황을 보기 위해 머물러야 하는 곳이었다. 한국전쟁과 분단으로 고향을 떠나야만 했던 사람들은 더 말할 것도 없었다. 이렇게 서울 인구는 빠르게 늘어났다. 하지만 집은 턱없이 부족했다. 남의 집에 세라도 살 수 있는 주택조차 터무니없이 부족하다면 어떻게 할까? 우선 추위를 피하기 위해서라도 뭐라도 대충 엮어서 지붕을 씌우지 않을 수 없었을 것이다. 그러다 보니 무허가 판잣집을 짓는 일이 대단한 범죄행위라는 생각도 없었다. 조선 후기부터 일제시대에 이미 도성

주변 구릉지에 가마니를 얼기설기 얹은 토막土幕이 등장했다. 강한 행정력을 갖고 있던 일제 총독부도 토막에 대해서는 온정적으로 대처했다. 무조건 철거하기보다는 오히려 집단 재정착을 추진했고, 거주자의 건강 상태에 대한 조사도 실시했다. 식민 정부로서도 토막을 불법적인 사회질서 침해 사범으로까지는 규정하지 않았다.

1950년대는 전쟁 이후 절대빈곤 상황에서 농촌도 피폐해졌기 때문에, 농촌에서 도시로 떠밀린 사람들이 많았다. 이 때문에 종전의 토막촌에 더 빽빽이 판자촌이 들어섰다. 청계천변이나 전쟁 중 방화 띠를 만들기 위해 소개했던 종묘 앞부터 남산까지(현재의 세운상가가 있는 곳) 판자촌이 들어찼다. 더 먼 하천변, 구릉지 등에도 판자촌이 지어졌다. 그러다 1960년대 산업화가 본격적으로 진행되면서, 농민들은 농촌에서 떠밀리는 한편 기회를 찾아 도시로 더욱 많이 몰려들었다. 그러다 보니 정부는 기존 판자촌 공간으로는 넘쳐나는 인구를 감당할 재간이 없어서, 1960년대 후반부터는 오히려 서울시가 나서서 판자촌을 집단으로 옮겨주었다. 그러니 판잣집이 불법이라는 생각은 더욱 하기가 어려웠다. 또한 혼자라면 용기가 나지 않았겠지만, 동향 사람들이 동네에 모여 있었다. 친척들이 미리 와서 판잣집을 짓고 있는 경우가 허다했다. 이른바 연쇄 이농chain migration을 통해 서울에 정착했던 것이다.

판잣집은 거래도 자유로웠고 나름대로 재산권도 지켜졌다. 정 문제가 되면 촌지조의 뇌물을 쓰거나, 시위나 농성으로 문제를 해결하기도 했다. 수시로 닥치는 선거철에는 선심성 양성화 혜택이 쏟아지기도 했다. 다만 1970년대 들어 항공사진을 통해 신규 판자촌 발생을 단속하기 시작하고부터는 온전히 새로 짓는 것이 쉬운 일은 아니었다. 따라서 정부가 무허가 판자촌의 점유권을 인정하고 있는 최종적인 시기는 1982년 이전에 지어진 것들까지다.

판자촌에 대한 여론도 우호적이었다. 과거 신문들을 살펴보면, 판자촌의 화재, 수재나 강제철거에 대해서는 정부를 질타하는 목소리가 높았다. 일제시대나 해방 시기, 한국전쟁 전후 등의 혼란기에는 누구나 그만한 사연을 가지고 있었다. 모두가 가난한 시대였기 때문에 살아보겠다는 사람들에게 가혹할 수가 없었다. 무엇보다 급격히 산업화가 이루어지면서 판자촌 주민들이 바로 도시의 건전한 노동력이자 경제발전의 원동력이라는 사실을 사회는 잘 알고 있었다. 판자촌 주민들의 범죄율은 오히려 낮았으며, 새벽부터 밤늦게까지 일하는 사람들로 분주했다. 서울을 포함한 대도시들이 이들 경제역군들을 번듯한 집에 모실 수 있는 상황이 아니었기 때문에 불법이라는 인식보다도 '살아보겠다'는 생활의지로 이해했던 것이다.

더구나 판자촌에 산다는 것이 특별히 부끄럽지도 않았다. 그만큼 많은 사람들이 살았기 때문이다. 1966년 조사에서는 서울시 인구의 38%가 판자촌에 사는 것으로 추정되었고, 1970년대에는 대체로 20% 내외, 1980년대 초에 들어서도 10% 이상의 서울 시민들이 판자촌에 거주할 정도였다.

판자촌 용어 정리

판잣집: 말 그대로 판자로 지은 집. 헌 목재 등으로 마구 지은 집을 뜻한다. 1950년대부터 가난한 사람들이 사는, 날림으로 지은 집들을 부르는 명칭으로 굳어졌다.

하꼬방: 일본어의 상자를 나타내는 하꼬箱, はこ에 우리말 방房을 조합한 것이다. 판잣집은 그 순화어라고 할 수 있다. 상자로 지은, 혹은 상자만큼 작은 집을 뜻한다. 참고로 일본어에는 하꼬방箱房, はこばん이라는 단어가 없다. 일본에서는 바라크バラック 또는 이타야板屋, いたや로 부른다.

불량주택: 건물이 노후하거나 구조상 위험이 있어 사람이 살기에 적합하지 않은 주택을 뜻하며, 주로 행정용어로 쓰인다.

무허가주택: 허가를 받지 않고 불법으로 지은 주택을 뜻하며, 행정에서는 불량주택과 묶어서 무허가불량주택이라는 말로 자주 쓴다.

판자촌: 판잣집들이 모인 가난한 동네. 이 책의 기본 표현이다.

산동네: 판자촌이 주로 구릉지에 있었기 때문에, 산등성이나 비탈의 가난한 사람들이 사는 동네를 뜻한다.

달동네: 산동네와 같은 의미이지만 순화 또는 미화된 측면이 있다. 과거 '달동네'라는 단어가 포함된 드라마들로 인해 그런 인상을 남겼다.

무허가정착지: 무허가로 지은 집들이 모인 곳으로 행정 또는 학술용어에서 많이 쓰인다.

집단정착지: 우리나라 판자촌들이 주로 행정에 의해 집단적으로 조성되었기 때문에 쓰이는 말이다.

비닐하우스촌: 1980년대 후반부터 농지 등의 비닐하우스를 이용해 들어선 신발생 무허가정착지를 일컫는 말이다.

판자촌 정책의 흐름

① 일제시대: 토막촌의 제한적 관리

토막촌은 우리나라 판자촌의 원형이라고 할 수 있다. 조선 후기부터 사대문 바깥의 버려진 땅에 들어서기 시작한 토막은 일제시대에 상당히 확산된다. 일제 식민 정부는 토막촌을 집단화해서, 종교법인으로 하여금 토막민들에 대한 교육 및 복지를 제공하도록 했다. 그러나 태평양전쟁이 본격화되면서 토막촌에 대한 체계적 관리는 중단되고 주변 지역으로 더 확산되었다.

② 1965년까지: 묵인과 방치

해방 이후부터 1960년대 중반까지는 기존의 토막촌이 확장되는 한편 하천변, 남산 주변, 도심 인근의 빈 땅 등에 판자촌이 빠르게 늘어난다. 하지만 전체적인 경제력이 낮고 절대빈곤이 만연한 상태에서 정부는 판자촌을 묵인 또는 방치했다. 일부 지역에 대해 철거가 있기도 했지만, 이는 풍수해 위험지, 도로 개설이나 관공서 신축 등 예외적인 경우에 한정되었다. 당시 한국 정부는 판자촌을 정비할 의지도 능력도 없었다고 할 수 있다.

③ 1966년부터 1971년까지: 판자촌 철거와 재배치, 그리고 확대

1960년대 중반부터는 서울이 본격적으로 경제성장의 중심지가 되면서 판자촌 정책은 이전과 확연히 달라진다. 서울의 도심부를 현대적 용도로 개발할 필요가 생겼을 뿐 아니라, 급격히 늘어난 도시 인구를 수용하기 위해 판자촌의 확대 및 재배치가 필요했던 것이다. 따라서 기존의 도심 주변 판자촌을 외곽으로 확대 재배치한다. 또한 서울의 판자촌 대부분을 당시 광주군 중부면(지금의 성남시 일대)에 신도시(광주대단지)를 만들어 옮기려는 계획이 추진되기도 했다.

④ 1972년부터 1982년까지: 판자촌의 안정화와 포섭

판자촌 재배치에 성공한 서울시는 1972년부터 정책을 전면 전환하여 사실상 점유권을 인정하면서 현지개량을 허용하고 나아가 장려하기 시작한다. 이미 공간 재배치가 완료된 이유도 있었지만, 유신헌법 선포와 비상계

엄 확대 등 정치적 불안정 상황에서 빈곤층을 포섭해야 할 이유도 작용한 결과이다. 또한 이 기간에는 새로 판자촌을 만드는 것을 엄격하게 통제했기 때문에, 새로 유입된 빈곤층들은 기존 판자촌에 세를 드는 방식으로 살아가게 된다. 현지개량과 함께 내부 고밀화가 시작된 것이다.

⑤ 1983년부터: 상업적 재개발을 통한 해체와 공공임대주택 공급

그러나 안정기는 오래가지 않았다. 1980년대 초반부터 서울의 개발 가능 택지가 부족하게 되자 판자촌이 개발 압력을 받게 됐다. 이들 지역 주변으로 지하철 노선이 신설되었기 때문에 개발 가능성이 더욱 커진 상태였다. 이에 새로운 재개발사업 방식이 도입되었는데, 무허가주택 가옥주들에게 새로 짓는 아파트 입주 자격을 주면서 소요 비용은 건설업체가 부담하는 방식이었다. 건설업체와 조합원(토지 및 건물주)이 합동으로 재개발사업을 시행한다는 뜻에서 '합동재개발사업'으로 불렸다. 이는 재개발을 통해 발생한 개발이익의 일부를 무허가주택 가옥주들에게 나눠줌으로써, 정치적 반발을 줄이고 효과적으로 상품시장에 편입시키는 전략을 택한 것이다. 더구나 1988년 올림픽을 유치한 상태에서 도시 미관을 개선해야 될 필요성 역시 이러한 재개발사업을 서두르게 되는 계기가 된다.

이 과정에서 주거사정이 악화된 판자촌 세입자들은 주거 대책을 요구하는 철거반대운동을 전개했다. 더구나 1988년 올림픽 무렵, 급등한 서울의 전셋값은 서민 경제에 심각한 영향을 끼쳤다. 이에 1990년부터 재개발구역 내 세입자들에게 공공임대주택을 공급하게 되었다. 종전 판자촌이 수행해왔던 저렴주거 제공 기능이 더는 작동하지 않게 되자, 공공임대주택 공급을 통해 보완할 수밖에 없게 된 것이다.

뒤늦은 공공임대주택 공급에도 판자촌 주민들의 대다수는 새로 지어지는 아파트에 입주하지 못했다. 90% 이상이 떠날 수밖에 없었고 특히 세입자들의 주거사정이 악화되었다. 이 때문에 1980년대 후반부터 서울·수도권의 개발제한구역이나 체비지 등에는 비닐하우스촌과 같은 신종 무허가주택이 만들어졌다.

시기별 서울의 판자촌 분포를 그림으로 그려보면 대체로 다음과 같다.

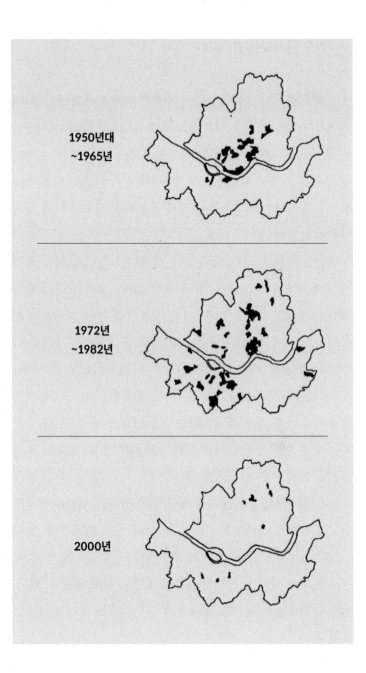

가장 원시적인 집: 토막

서울에 무허가주택들이 들어선 역사는 오래되었다. 이미 조선시대에도 '임시로 지은 집'이라는 뜻의 가가假家가 시장터는 물론이고, 관리가 소홀한 장소에도 몰래 들어섰다. 시장터에 세워진 가가는 지금 우리가 쓰는 '가게'의 어원이 되었지만, 구석구석 들어선 가가들은 말하자면 무허가 점포나 그에 딸린 방이라고 할 수 있다.

반면 토막은 조선 말기, 극빈층들이 주인이 없거나 버려진 곳에 땅을 파고 가마니 등을 덮어 잠자리로 삼으면서 등장했다. 그야말로 석기시대의 '움집'처럼 땅을 파서 자연적인 토벽을 만든 다음 지붕만 덮는 형태였다. 개중에는 나름대로 나무로 네 기둥을 세운 것들도 있었지만, 기본적으로 집이라고 할 수 없는 수준이었다. 극심한 가난에 처한 유민이나 도시빈민들이 추위를 겨우 피해보려는 정도였다. 이름도 흙 위에 가마니 같은 덮개를 덮었다는 뜻의 토막土幕이었다. 토막이 모여 있는 곳은 토막촌이라 불렀다.

우리가 고등학교에 다닐 때 근대 리얼리즘 희곡의 선구자라고 암기했던 유치진이 지은 〈토막〉이 바로 이 토막을 말한다. 1920년대 우리 농촌의 극심한 가난과 유랑을 그린 이 희곡에서 토막은 당시 빈곤층의 삶을 압축한 단어라고 할 수 있다. 식민지 민중들의 고단한 삶과 농촌의 현실을 토막에 비유했던 것이다.

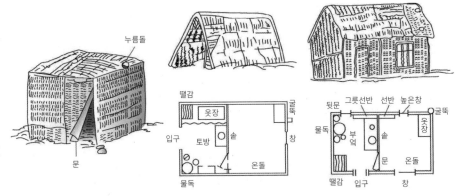

〈그림 1-2〉 토막의 모습과 구조

자료: 경성제국대학 위생조사부가 지은 《토막민의 생활과 위생》에 나온
토막 그림을 국사편찬위원회가 다시 그린 것.

　서울에서 토막이 본격적으로 늘어난 것은 1920년대부터
이다. 근대적 토지 소유권을 정립한다는 명목으로 진행된 전
국적인 토지조사사업으로 오히려 농토를 잃게 된 농민들이 속
출한 데다, 일제와 지주의 수탈로 몰락한 농민들이 극빈층으
로 전락했기 때문이다. 당시 표현으로 세궁민細窮民(요즘 사용하
는 표현으로 영세민零細民)들이 대도시에 늘어나면서, 날품 등으
로 생계를 연명하던 상황이었다. 더구나 당시 경성은 만성적
인 주택 부족에 시달리고 있었다. 1921년에 경성부가 행한 가
옥조사 결과, 경성에 있는 가옥은 3만 9,000호였고, 한 호에
월세, 전세의 형태로 거주하는 가구를 모두 합해 5만 4,000호
였다. 가구수로 따지면 1만 5,000호 정도의 집이 부족했던 것
이다. 이 같은 집 부족 현상은 결국 집세의 폭등으로 이어졌다.

당시 경성의 초가 한 칸의 월세가 종전의 1~2원에서 대략 5원 정도로 올랐다.[2] 이런 사정이 반영되어 서울에서는 토막민들이 계속 늘어나 1939년 말 기준으로 경성부 사회과가 밝힌 토막민의 숫자는 7,625호에 3만 6,420명에 이르렀다.[3] 당시 서울 인구의 4% 내외가 토막에 살았다고 할 수 있다.

토막의 구조와 토막민의 삶에 대해서는 비교적 자세하고 정확한 조사 결과가 전해진다. 당시 경성제국대학 의과대학 학생들이 토막촌에서 의료봉사를 하면서 건강검진과 주민 실태조사를 실시한 결과가 《토막민의 생활과 위생》(이와나미쇼텐, 1942)이라는 제목으로 발간되었기 때문이다. 이 책은 2010년 국내에도 같은 제목으로 번역·출간되었다.

조사에 따르면, 토막이 자리 잡은 곳은 주로 산비탈이나 성벽·하천 주변, 철로 주변, 다리 밑이나 제방, 화장장과 공동묘지 주변 등 사람이 살아갈 수 없는 곳이었다. 행정구역상으로는 사대문 바로 바깥에 위치한 신당동, 돈암동, 홍제동, 아현동, 영등포, 공덕동 등지에 분포했다. 이곳 사람들은 주변에서 쉽게 구할 수 있는 갖은 재료를 활용해 거처를 꾸렸다. 산비탈에 구덩이를 파서 멍석이나 가마니 등을 덮는 방식이 제일 많았다. 평균 가구원 수가 4.8명에 이르렀는데, 이들이 모두 단칸방에 사는 경우가 전체의 80% 이상이었다. 그만큼 과밀해서 1인당 거주공간은 0.45평에 그쳤다. 사계절 옷을 다 합쳐도 1인당 3.5벌에 불과했고, 옷 한 벌로 지내는 경우도 과반수에 달했다. 침구는 한 집에 이불이 1.6장, 요는 1.4장이었다.

토막민의 돈벌이는 날품팔이, 잡부, 목수, 직공, 행상 등 육체노동이 대부분이었다. 특별한 기술이 있는 경우는 찾을 수 없어서 뛰는 물가에도 하루 평균 수입이 남자 1원 20전, 여자 56전에 그치는 등 생계를 정상적으로 이어갈 형편이 못 되었다. 게다가 수입의 71.1%가 먹는 데 쓰였다. 토막민의 8할 이상은 글을 읽지 못했다.

이 조사는 결론적으로 토막민의 생활 상태는 의식주 기타 모든 점에서 볼 때 일본 영토(즉 본국과 식민지) 내에서 가장 비참한 것으로 나타났다. 여러 유형의 가난한 계층細民 중에서도 최하위를 차지했다. 또 토막민은 해마다 급격히 증가하고 있는데, 그 3분의 2가 빈농 출신이라는 점을 강조하면서 농촌 빈곤이 결국 도시빈곤으로 이전되는 것으로 설명하고 있다.

버려진 재료로 집 짓기: 합판, 양철, 루핑

해방과 함께 해외 귀환 동포들이 몰려들고, 혼란한 정치 상황에다 아무도 민생을 챙기지 못하는 상황에서 도시빈곤층이 급증하기 시작했다. 비록 해방 이후 농지개혁이 상당한 수준으로 실시되기는 했지만 농촌 빈곤을 막기는 어려웠다. 더구나 한국전쟁은 한국사회의 신분, 계층, 지역의 대격변을 일으켰다. '양반-상놈'이라는 봉건적 신분질서는 일제강점기와 한국전쟁을 겪으면서 완전히 무너졌다. 북에서 내려온 피란민들로 넘쳐났고, 전례 없는 인구 이동이 시작되었다. 이런 상태에서 미국의 잉여 농산물을 활용한 저곡가 정책은 농촌의 피폐를 가속화시켰다. 또한 1960년대부터 산업화가 추진되자 이제 도시는 농촌에서 떠밀려오는 곳이자, 기회를 찾아 오는 곳이 되었다. 농촌이 밀고push, 도시가 끌어당기는pull 도시화의 시대가 본격적으로 열리기 시작했다.

서울의 인구는 1960년 244만 명에서, 1965년 347만 명, 1970년 543만 명으로 10년 만에 두 배 이상으로 늘어났다. 이 인구를 수용할 변변한 집이 있을 리 만무했다. 우선 과거 토막촌 일대에 조금씩 덧대서 판자촌이 늘어났다. 하지만 그 정도로는 늘어나는 이농 인구를 감당할 수 없었다. 새로운 공간이 필요했다. 이촌동, 마포 등 한강변, 청계천변, 중랑천변, 종묘 일대 등 기존 도심에서 가까운 곳에 판자촌이 마구 들어섰다. 폐 함석, 합판, 루핑 등이 집을 짓는 데 사용됐다. 요즘 남아 있는 사진들을 보면 이 초기 판자촌들은 기상천외한 수준의 재료로 지어졌다.

1968년부터 청계천 일대의 빈민야학 등을 자주 방문했던 일본인 노무라 모토유키野村基之 목사는 여러 사진을 남겼다. 2016년에는 서울에서 사진전을 개최했고(〈제정구의 청계천 1972-1976〉, 청계천박물관), 사진집도 발간했다. 또 다큐멘터리 사진작가 구와바라 시세이桑原史成도 1960~1970년대 한국사회에 대한 다양한 사진을 남겼는데, 2017년에 전시회(〈다시 보는 청계천 1965-1968〉, 청계천박물관)도 열었다. 지금 인터넷에서 찾

1967년 수해를 입은 청계천 판자촌에 아이들의 모습이 보인다. 1967년 청계고가도로
(3·1고가도로) 건설을 위한 구조물도 눈에 띈다. 이 공사는 1976년에 마무리되었다.

1972년 청계천 판자촌 풍경. 군데군데 마을 사람들이 보인다.

노무라 모토유키가 찍은 청계천 판자촌 풍경. 노무라 모토유키는 1968년 첫 한국 방문 때 청계천 판자촌의 참상을 보고 충격을 받아 1980년대 중반까지 50여 차례 서울을 오가며 빈민 선교를 했다.

아볼 수 있는 사진의 대부분은 이 두 분의 전시회나 사진집에 수록된 것들인데, 집을 지은 재료나 모양은 가히 눈물겨운 수준이다. 청계천 뚝방을 따라 답십리까지 이어지는 곳에는 이전 토막 수준의 집에서부터 합판, 함석, 루핑을 얼기설기 엮은 판자촌들이 즐비했다. 또 사진집에는 공사장 아래에 땅을 파굴을 만들어 살던 부녀자의 사진까지 소개되어 있다.

지금 세대에게 당시 청계천 판자촌 상황은 충격적일지도 모른다. 무엇보다 생태하천으로 다듬어둔 그곳이 한때 판잣집으로 빼곡했다는 사실이 놀라울 것이다. 나이 든 세대는 역경을 헤치고 나온 우리나라가 자랑스러울 수도 있을 것이다. 이 때문에 서울역사박물관 청계천 분관(청계천박물관)에는 당시 판자촌 사진은 물론이고 그 모형도 전시되어 있다. 천변에 재현한 판잣집은 당시와는 분명 다르지만, 그래도 수많은 관광객이 찾는 곳이 되었다.

당시 판자촌 사진은 청계천 외에도 이촌동이나 다른 곳의 모습도 알려준다. 서울시의 사진아카이브 등을 보면, 판자나 양철판을 이리저리 엮어서 지은 그 무렵 집들을 볼 수 있다.

정부가 나눠준 천막 집

1960년대 초 판자촌은 우후죽순 서울 전역으로 퍼져나갔지만, 여전히 농촌에서 들어오는 인구를 수용하기에는 턱없이

1966년 서울시 이촌동 판자촌 모습.

1965년 서울시 양동 판자촌이 철거되고 있는 모습.

부족했다. 산업화가 요구하는 노동력을 도시에 확보해야 하고, 또한 도시 건설에 필요한 인력도 필요했다. 청년층은 제조업으로, 장년층은 건설업에 투입되었다. 노인들만 농촌에 남기로 하고, 조금이라도 젊다면 서울과 대도시로 떠나는 것이 상례였다. 한 해에 서울 인구가 30만 명 가까이 늘어나던 시절이었다. 이호철의 소설 《서울은 만원이다》가 나온 게 1966년이었으니, 당시만 해도 그 정도 인구 폭증을 감당할 수 없을 것처럼 보였다. 물론 그로부터도 무려 25년 동안 서울 인구는 더 늘어났다.

이렇게 만원이 된 서울에서 더 많은 이농 인구를 체계적으로 수용할 수 있는 긴급 처방은 이미 미어터지는 판자촌을 더 넓게 확대하는 방법이었다. 너무 무질서하게 들어선 기존 판자촌들은 재난에도 취약했다. 수재, 화재 등이 빈발하고 있었다. 이에 서울시는 1966년부터 본격적으로 판자촌 문제에 관여하기 시작한다. '불도저 시장'으로 불렸던 김현옥 서울시장이 그해 4월 취임하면서 본격화되었다. 서울시는 한강 남쪽으로는 시흥2동, 구로동, 사당동, 신림동, 봉천동, 오금동, 천호동, 북쪽으로는 미아동, 성북동, 면목동, 수색, 남가좌동, 홍은동 등으로 도심 인근의 기존 판자촌들을 이전시켰다. 더구나 당시 광주군 중부면(현재의 성남시)으로는 서울시 판자촌 5만 5,000동을 옮기려는 계획까지 추진되었다. 1966년부터 1971년까지 줄잡아 15만 동의 판자촌이 정리·재배치되었으며 시민 아파트 449동 약 1만 7,000호가 지어졌다.

그 5년간은 서울 전역의 판자촌을 짓고, 뜯고, 옮기는 대전쟁이 벌어진 시기였다. 그 무렵 판자촌 주민의 거의 대부분은 한 번 이상 비자발적으로 이주할 수밖에 없었다. 새로 옮길 곳에는 횟가루로 대충 줄을 그어 한 가구가 들어갈 공간을 구획했다. 좁은 골목길을 제외하면 모두 집이 들어차는 식이었다. 8평이 일반적이었지만 4평으로 구획을 나눈 곳도 있었다.

이렇게 낯선 황무지에 세간을 부려놓았을 때, 우선 비를 피하게 해준 것은 정부가 나눠준 천막이었다. 대형 군용천막이었기 때문에 한 가구가 쓰기에는 넓기도 했고, 그렇게 여유 있게 수용할 상황도 아니었다. 보통 3~4가구가 천막 한 동을 쓰는 것으로 배정했는데, 수재나 화재 등이 일어났을 때는 사람들이 겨우 몸만 누일 수 있을 정도로 수용하기도 했다. 그런데 그나마 천막도 배당을 받지 못한 가구들이 속출했다. 같은 철거민이라도 세입자나 무허가로 등재된 집이 아닐 경우에는 천막 배정에서 제외했고, 이 때문에 주민들이 시위를 벌이기도 했다.

그런데 생각보다 천막 생활이 길어져서 주민들이 힘들어하는 일도 많았다. 광주대단지 같은 경우, 서울에서 판자촌 철거민들이 트럭을 타고 오면 일단 천막에 수용한 다음 일정 숫자가 되어야 구획된 땅을 '분양'하는 방식이었는데, 그 기간이 길어지곤 했다. 또 땅을 배정받더라도 집 지을 재료를 구하지 못해 시간이 오래 걸리기도 했다. 판자촌 이재민들도 대체 공간을 배정받거나 짓기까지 비슷한 일이 벌어져서, 천막 생활

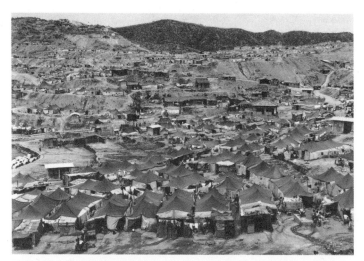

정부가 제공해준 천막으로 둘러싸여 있는 서울시 봉천동 철거민 집단정착지 모습.

1961년 판잣집 철거로 서울시 수색동으로 옮겨온 학생들이 천막으로 만든 학교에서 체조를 하고 있다. 그 뒤로 주민들이 기거하는 천막이 보인다.

광주대단지 풍경.
처음은 천막촌이었다가
점차 판자촌으로 변해가는
모습을 볼 수 있다. 맨 아래
사진은 달구지처럼 생긴
리어카로 시멘트 블록을
옮기는 모습이다.

기간 중 수인성 전염병이 돌기도 했다.

또 갑자기 낯선 곳에서 천막 생활을 하다 보니 불편한 일이 한둘이 아니었다. 사생활 같은 것은 사치였고, 씻는 것, 추위, 일자리, 교통, 아이들 학교 문제, 심지어 마실 물이나 배고픔까지 극복해야 했다. 전기나 수도가 들어올 리 없었다. 구호식량으로 밀가루 몇 부대를 나눠주는 것 말고는 정부는 "곧 해결하겠다"거나 "알아서 해결하라"며 나 몰라라 했다. 여러 이유가 겹쳤지만, 1971년 광주대단지사건도 결국 짐짝 취급하듯 한곳에 부려놓은 천막촌 주민들의 절규가 터져나온 것이라고 할 수 있다.

판자촌의 전형이 만들어지다:
붉은색 시멘트 기와, 미장한 블록 벽

더 이상 철거하지 않겠다: 양성화와 현지개량

드디어 판자촌 대이동의 시대가 끝났다.

1960년대 후반부터 시작됐던 전면적인 판자촌 재구조화 과정은 여러 곳에 파열음을 일으켰다. 대표적인 사건이 1970년의 와우아파트 붕괴와 1971년의 광주대단지사건이었다. 두 사건 모두 조급하게, 대규모로 판자촌을 정비하거나 집단이주시키는 과정에서 발생했다. 정부는 사과했고, 정책 선회를 약속할 수밖에 없었다. 시민아파트 사업은 중단되었고, 광주대단지를 포함한 대규모 철거 이주 사업도 속도 조절을 하지 않을 수 없었다. 그동안 주요 민원이었던 이른바 전매주택 입주자 문제에 대해서도 사실상 모든 권리를 인정했다. 줄잡아 100만 명이 영향을 받았던 판자촌 재구조화가 이렇게 끝이 났다.

이제 웬만한 조건을 갖춘 지역, 즉 너무 고도가 높은 곳이나 수해 등의 재해 위험이 있는 곳, 도로 개설 등 도시계획이 예정된 곳을 제외하고는 기본적으로 양성화하는 방향으로 판자촌 정책을 바꾸게 된다. 당시까지 존속하던 판자촌은 사실상 점유권을 인정하고 스스로 고쳐서 집답게 만들어 살도록 허용한 것이다. 이를 위해 판자촌이 들어선 곳이라면 국방부, 산림청, 철도청 등이 소유하고 있는 국유지를 일괄 서울시에 관할권을 넘겨주는 '주택개량촉진을 위한 임시조치법'이 1973년에 제정되었다. 대신 새로 들어서는 판잣집은 엄격히 제한했는데, 당시 신기술이라고 할 수 있는 항공사진을 판독해 연중 2회 단속했다.

이와 같은 정책 전환은 표면적으로는 각종 대형 사건에 따른 무마책으로 보였다. 또 정치적으로도 대도시 영세민들을 계속 불안정하고 고통스럽게 하는 게 박정희 정권에 도움이 되지 않았기 때문이기도 했다. 이른바 '여촌야도' 현상으로 집권당이었던 공화당이 도시에서 고전하는 상황을 수습할 필요가 있었던 것이다. 1971년 대통령 선거에서 아슬아슬하게 권력을 지켰던 것도 영향을 끼쳤다. 그러나 본질적으로는 판자촌 재구조화, 즉 범위를 외곽으로 넓혀서 수용 인구를 확대하는 일이 이미 충분한 성과를 거두었기 때문이다. 특히 1970년대 초부터는 서울 인구를 억제하는 기조로 정책을 바꾸었다. 1971년에는 전격적으로 개발제한구역을 지정하고, 강북 개발을 억제했으며 더 나아가 서울을 대체하는 행정수도까지 구상

했다. 따라서 판자촌 확장과 재배치를 통해 늘어나는 서울 인구를 수용하려던 방향도 중단될 수밖에 없었다.

이제 과제는 불량한 판자촌을 그래도 살 만한 곳으로 바꾸는 일이었다. 천막촌에서 시작해 블록으로 얼기설기 지은 데다 수도조차 들어오지 않은 상태였다. 상수도, 하수도, 소방도로 같은 도시기반시설을 갖추는 한편 가파른 산동네 골목길도 정비해야 했다. 집도 더 견고하게 고칠 필요가 있었다. 여기에 좋은 계기가 되었던 것이 도시새마을운동이었다. 마침 전국적으로 새마을운동 열풍이 불었는데, 이를 판자촌 개량과 연결했던 것이다. 정부가 시멘트나 블록을 지원하면 주민들이 스스로 골목길을 정비하도록 하고, 수도 인입도 주민들이 일부 비용을 부담하는 가운데 신속하게 진행되었다. 말하자면 개량된 표준형 판자촌이 등장하기 시작한 것이다.

붉은색 페인트를 칠한 시멘트 기와, 블록 담장과 벽, 그리고 내부는 기존의 목재를 활용했다. 연탄가스 사고가 빈발했던 온돌난방은 1970년대 후반부터 굴뚝에 가스 배출기를 다는 방식으로 보완했고, 형편이 되는 집은 간이형 배관을 까는 새마을보일러로 대체했다. 너도나도 안마당에 수도꼭지를 연결했다. 공동화장실을 사용하는 곳도 여전히 있었지만, 대개는 대문 안쪽에 재래식 개별 화장실을 만들었다. 골목길은 시멘트로 포장했는데, 가파른 곳은 어떻든 계단 모양을 갖추도록 했다. 물론 눈이라도 내려서 얼면 그야말로 길바닥을 기다시피 걸어야 하는 불편도 있었다. 1980년대부터는 골목길에 주황색 방범등(나트륨등)을 설치했고, 이 때문에 멀리서 보면 동네가 저절로 푸근하게 보였다. 이것이 표준화된 전형적인 판자촌 모습이었다. 1980년대 중반부터 합동재개발사업으로 본격적으로 철거되어 사라지기 전까지는.

한 뼘도 허비하지 않는다: 판잣집의 공간 활용

판잣집은 대개 8평 공간 안에 평균 두 가정 약 5~6명이 살았다. 요즘 아파트 평형에 익숙한 분들은 도무지 상상이 안 될 것이다. 거실과 부엌만 해도 8평이 넘는 집들이 수두룩한데, 거기서 두 가족 6명이 생활하다니? 도대체 방이 몇 개나 되기에? 그야말로 허실이라고는 없고, 한 뼘도 허비하지 않는 공간이었다. 공간 활용 사례를 보면 기상천외했다. 집의 구석구석 공간이 생활의 필요에 맞추어 생명체처럼 진화했다. 획일적으로 8평을 배정한 땅이었지만, 그 위에 지은 집은 재료, 공간 분할과 배치, 용도 등이 그 집에 사는 사람과 일체가 되어 바뀌어갔다. 마치 판잣집이 살아 있기라도 한 것처럼.

당시 판잣집 구조와 공간 활용이 어땠는지에 대한 자료는 많지 않다. 하지만 서울대 환경대학원 양윤재 교수의 《저소득층의 주거지 행태 연구: 거대도시 서울의 또 다른 삶터》(열화당, 1991)는 기념비적인 저작이다. 서울 시내 판자촌 10곳에 대한 실측조사를 통해 판자촌의 집과 골목이 어떻게 구성되어

1980년대 봉천5, 9동 전경.

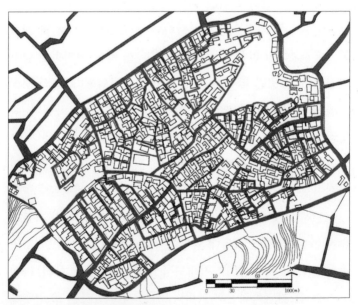

봉천5동 가로망도. 자료: 양윤재, 열화당, 1991, 54쪽..

있는지 최초로 정리했기 때문이다. 2010년대 들어 백사마을이나 장수마을 등에 대한 조사가 진행되기는 했지만, 이 책은 1980년대 판자촌의 원형을 가장 잘 보여주고 있다. 아쉽게도 이 책은 절판된 지 오래여서 구할 수 없기에, 그중 필자에게도 익숙한 두 군데를 소개하고자 한다.

우선 봉천5동. 이곳은 봉천9동, 상도동, 본동과 능선으로 연결되어 있는 거대한 판자촌이었다. 1996년부터 재개발되어 현재 아파트가 들어서 있다. 워낙 큰 판자촌이어서 여러 활동가 그룹들이 들어와 있었고, 성공회 나눔의집이 주민들의 자활사업 모델을 처음으로 개발했던 곳이기도 하다. 자활사업은 이후 기초생활보장제도의 일부로 제도화되었다.

다음으로 판자촌의 대명사처럼 알려진 난곡(행정구역으로는 신림7동)이다. 난곡은 판자촌 중에서도 교통 사정이 안 좋은 데다 가구당 면적도 다른 곳보다 작은 4평짜리가 많아서 특별히 더 열악했다. 그만큼 민간 차원에서는 수익성이 나오지 않아 재개발사업도 늦게 이루어졌다. 2001년에 공공기관인 대한주택공사가 직접 재개발사업에 착수했으며, 세입자들을 위한 공공임대주택을 인근에 미리 확보해서 '선 이주, 후 철거' 방식으로 추진했다. 난곡에는 여러 주민 활동가 그룹이 1970년대부터 일하고 있었는데, 의료협동조합, 신용협동조합, 주민도서관 등의 활동이 활발했다.

집 내부는 어떻게 활용했을까? 몇 개의 도면이 그 상황을 직관적으로 보여준다. 우선 방의 활용이다. 〈그림 1-3〉의 여섯

1980년대 신림7동(난곡) 전경. 능선 건너 보이는 아파트는 신림10동(밤골) 판자촌이 재개발된 것이다.

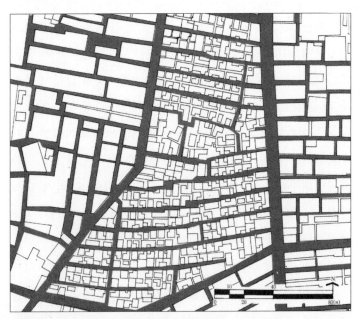

신림7동(난곡) 가로망도. 자료: 양윤재, 1991, 86쪽.

〈그림 1-3〉 판잣집 방 이용 사례

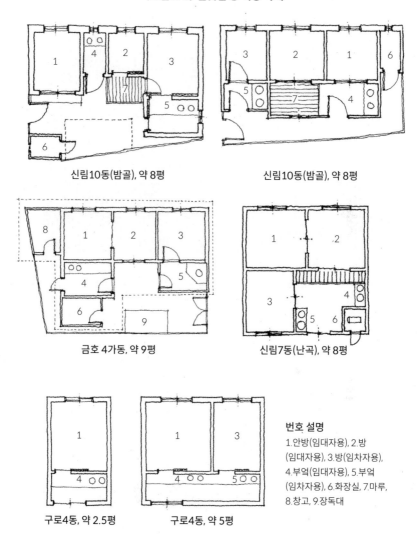

신림10동(밤골), 약 8평

신림10동(밤골), 약 8평

금호 4가동, 약 9평

신림7동(난곡), 약 8평

구로4동, 약 2.5평

구로4동, 약 5평

번호 설명
1.안방(임대자용), 2.방
(임대자용), 3.방(임차자용),
4.부엌(임대자용), 5.부엌
(임차자용), 6.화장실, 7.마루,
8.창고, 9.장독대

자료: 양윤재, 1991, 40쪽, 50쪽, 51쪽, 75쪽, 92쪽.

〈그림 1-4〉 판자촌 공간 활용 사례

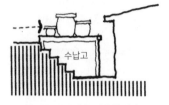

금호3가동 사다리를 이용하거나
집 바깥에서 진입하는 장독대

신림7동(난곡)
골목길에 위에 걸쳐놓은 화분

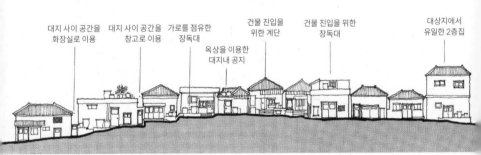

대지 사이 공간을
화장실로 이용

대지 사이 공간을
창고로 이용

가로를 점유한
장독대

옥상을 이용한
대지내 공지

건물 진입을
위한 계단

건물 진입을 위한
장독대

대상지에서
유일한 2층집

신림7동(난곡)

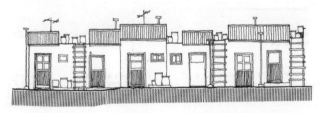

구로4동

자료: 양윤재, 1991, 41쪽, 70쪽, 91쪽, 94쪽.

장의 도면에서 보는 것처럼, 판잣집은 4~8평에 불과했지만 주인집 혼자 사는 경우는 거의 없었다. 기본적으로 세입자들과 함께 살았으며 간이 부엌이라도 구비해서 집에서 조리가 가능하도록 했다.

이와 함께 집 내외의 수납공간, 화단, 그리고 각 공간에 대한 진입 방법 등은 공간의 유기적인 진화 과정을 보여준다. 지붕이나 담장 위, 벽과 담 사이, 벽과 벽 사이, 담장 옆 등 조금이라도 틈이 보이는 곳이라면 어떻게든 활용했다. 〈그림 1-4〉의 그림들은 그 사례를 보여준다. 지금도 백사마을이나 장수마을처럼 판자촌의 옛 모습을 간직하고 있는 곳에서는 흔히 볼 수 있지만, 요즘 세대들에게는 신기한 장면일 것이다.

판자촌 골목: 기억해야 할 '터의 무늬'

판자촌은 집도 집이지만 골목길이 중요하다. 판잣집이 처음 8평으로 구획될 당시에는 지형을 봐서 대충 잘랐다면, 실제 집이 지어지고 사람이 살아가면서 집터는 서로 영향을 끼치면서 변화해갔다. 때로 두 집을 하나로 합치기도 하고, 하나의 집을 둘로 나누기도 했지만, 지형에 절묘하게 맞아떨어졌다. 판잣집들을 연결한 골목길은 바로 이런 유기적인 변화를 담아내는 그릇이자 그 변화의 결과였다. 다시 말해 터를 만들고 변화해온 과정이 곧 판자촌의 생명력이라고 할 수 있다.

앞의 두 동네 가로망에서도 볼 수 있지만, 판자촌의 필지와 골목길 실측치를 보면 그야말로 부정형의 복잡한 구조로 되어 있다. 군데군데 집을 늘리면서 합필하기도 했고, 꼭 필요한 곳에 공터가 만들어지기도 했다. 공터에는 평상이 놓여서 시간대에 따라 모이는 사람, 활용하는 용도가 달라졌다. 모여서 먹을 것을 나누거나 부업을 하기도 하고, 때로는 아이들이 숙제를 함께하는 공간이기도 했다. 이렇게 골목길과 공터는 다양한 이웃 활동이 일어나는 장소였다. 아이들의 놀이터이기도 했고, 작은 화초나 고추, 상추, 가지를 키우는 텃밭으로 활용되기도 했다. 골목이 시멘트로 포장되어 있으니, 흙을 담은 큰 대야나 화분을 가져다가 심는 방식이었다. 그러다 보니 골목길은 그야말로 다용도의 살아 있는 커뮤니티 공간이 되었다. 2005년 작고한 김기찬 작가의 연작 사진집《골목 안 풍경》은 이런 판자촌 골목 풍경을 담은 책이다. 특히 골목 안 사람들을 담아낸 그의 사진은 지금도 심금을 울린다. 2010년 서울역사박물관 주최로 〈골목 안, 넓은 세상〉이라는 이름으로 중림동 판자촌 전시회를 갖기도 했다. 유족들은 그의 사진을 모두 서울역사박물관에 기증했다. 홈페이지에서 다양한 사진들을 볼 수 있을 것이다.

이런 차원에서 판자촌 골목길과 집터의 중요성에 특별히 주목한 분이 건축가 승효상이다. 그와 동료들은 판자촌의 공간적 중요성은 집 자체보다 집터와 골목길에 있다고 볼 정도였다. 이들은 '터의 무늬'를 살리는 것이 진정한 의미의 판자촌

서울에 남아 있는 마지막 판자촌의 모습을 간직하고 있는 백사마을 전경.

건축가 승효상과 그와 동료들이 제안한 백사마을 세입자용 임대주택 건축 설계안. 골목길과 지형, 필지 모양이 보존되어 있다. 자료: 정철근, 2016.2.6.

을 보존하는 것이라고 여겼다. 이런 관점에 따라 노원구 백사마을 재개발사업에서 집은 새로 짓더라도 터의 무늬, 즉 골목길과 지형, 필지 모양은 보존하는 방식의 공공임대주택 건설을 제안했다.[4]

이렇게 판자촌은 집도, 집터도, 그리고 마을도 가난한 사람들의 삶이 변화하는 데 맞춰 진화하고 바뀌어왔다. 인간과 공간이 상호작용하면서 끊임없이 변용되어온 것이다. 콘크리트나 흙덩이에 불과한 공간이 살아 있는 유기체가 된 과정을

봉천5동 판자촌 재개발 진행 사례

봉천5동 재개발사업,
철거가 진행 중이다.

철거 완료 후
정지 작업 중.

왼쪽 구릉이 철거된 현장이고, 가운데가 상도동 재개발 아파트다.

재개발이 끝난
봉천5동의 모습.

상도동 쪽에서
봉천고개
방향으로 본 전경.
구릉지 위로 모두
아파트만 보인다

왼쪽 부분이 봉천5동 재개발 아파트이며, 오른쪽 먼 곳이 상도동 재개발 아파트.

가장 확실히 볼 수 있는 장소가 바로 판자촌이었다. 그러나 진화하던 판자촌은 1980년대 이후 일거에 모두 철거되어 민둥산으로 변하고, 그곳에 아파트가 들어서고 말았다. 약 20년간 살아 있는 생명체처럼 진화를 거듭했던 판자촌은 이후 20년 동안 모두 해체되어 사라졌다. 그것도 공간의 진화이며 변신이라고 봐야겠지만, 그 폭력적 변화를 움직인 동력은 사람이라기보다는 자본과 욕망이었다.

우리가 판자촌을 회고하는 것은 과거 공간에 대한 추억이나 향수 때문이 아니다. 판자촌 공간에는 가난한 사람들이 도시에 적응하고 생활하는 과정이 그대로 각인되어 있었다. 일거에 아파트로 바뀐 것은 판자촌이라는 공간만 파괴된 것이 아니라, 가난한 사람들이 살던 터전이 사라졌다는 의미이기도 하다. 그런 점에서 필자는 백사마을의 '터의 무늬' 보존 계획에 대해, 그것은 '판자촌 사람들'이 살았을 때 의미가 있지 여기에 임대주택을 지어 직장 생활을 하는 청년들, 신혼부부들이 입주할 경우에는 그저 불편한 골목길이기만 할 것이라고 우려했던 적이 있다. 즉, 각 공간은 그곳에 상호작용하는 사람들의 삶이 함께하고 있을 때 진정한 의미의 살아 있는 공간이라고 본 것이다.

새로 들어선 무허가주택

강남 한가운데에 판잣집이 들어서다

1970년대 들어 정부는 판자촌을 양성화하고 현지개량에 들어가는 한편, 새로 판잣집을 짓는 것은 엄격하게 단속했다. 그러나 조금이라도 행정력에 빈틈이 생기는 곳에 새로운 형태의 판자촌이 들어섰다. 정부는 이를 완전히 막을 수는 없었다. 특히 1980년대, 기존 판자촌들이 대대적인 재개발사업을 통해 해체되기 시작하자 새로운 유형의 판자촌들이 등장하기 시작했다. 이번에는 구릉지나 하천변이 아니라, 땅값이 가장 비싼 강남권에서였다. 강남 일원에 구석구석 남아 있던 빈 땅이나 교통 여건이 양호한 개발제한구역 또는 녹지가 주 대상이었다. 서울시는 이렇게 발생하는 불법주택들을 보상 또는 정책 대상이 되는 기존 판자촌과 구분하기 위해 '신발생 무허가

주택'으로 불렀다. 신발생 기준 시점은 몇 차례 변경이 있기는
했지만 기본적으로 1982년 이후부터 발생한 것이 해당된다.

서울특별시 도시 및 주거환경 정비조례 제2조 제1항. "기존
무허가건축물"이란 다음 각 목의 어느 하나에 해당하는 무허
가건축물을 말한다. (개정 2008.09.30.)
가. 1981년 12월 31일 현재 무허가건축물대장에 등재된 무허
가건축물
나. 1981년 제2차 촬영한 항공사진에 나타나 있는 무허가건
축물
다. 재산세 납부대장 등 공부상 1981년 12월 31일 이전에 건
축하였다는 확증이 있는 무허가건축물
라. 1982년 4월 8일 이전에 사실상 건축된 연면적 85제곱미
터 이하의 주거용 건축물로서 1982년 제1차 촬영한 항공사
진에 나타나 있거나 재산세 납부대장 등 공부상 1982년 4월
8일 이전에 건축하였다는 확증이 있는 무허가건축물

신발생 무허가주택의 첫 번째 빈발 지점은 주인 없이(정확
히는 주인이 관리하지 않거나 관심을 잘 두지 않는 곳) 방치된 시가지
의 자투리 땅들이었다. 그것도 강남구, 송파구, 서초구 등 가장
집값이 비싼 곳에 있는 '체비지替費地'였다. 체비지란 토지구획
정리사업을 하고 그 비용을 충당하기 위해 서울시나 공공기관
소유로 남겨둔 땅을 말한다. 1970년대 시작된 강남 개발은 지

금 같은 신도시 방식이 아니라 토지 소유자들이 조합을 구성해서 구획정리하는 방식이었다. 말하자면 농지를 경지정리를 하듯이 강남의 미개발 토지를 반듯반듯하게 택지로 만드는 과정이었다. 이 구획정리사업에 소요되는 비용을 충당하기 위해 공공 소유로 확보해둔 땅이 체비지이다. 대표적인 체비지가 지금의 무역센터가 들어선 자리다. 그런데 1970~1980년대에 걸쳐 시행된 토지구획정리사업의 체비지가 계속 남아 있었지만 이를 서울시가 제대로 관리하지 않았다. 예를 들면 현재 타워팰리스가 있는 자리도 서울시 체비지로 경찰기동대가 한동안 활용해왔는데, 그런 곳에도 합판으로 얼기설기 지은 집들이 들어섰던 적이 있다.

이런 방식으로 강남권 요지의 구석구석에 판잣집들이 소규모로 산재하게 되었다. 대부분 1980년대 중반 이후, 합동재개발사업으로 기존 판자촌들이 사라질 시점에 만들어졌다. 갈 곳 없던 가난한 세입자들이 관리가 잘 안 되고 있던 땅에 숨어들듯 집을 지은 것이다. 국악예고 부근, 남부혈액원 옆 재건마을, 양재2동 잔디마을, 가락시장 맞은편 통일촌 등이 그런 곳이었다. 지금은 대부분 부동산 개발이나 화재로 사라졌다.

조직적으로 만들어진 비닐하우스촌

체비지의 신발생 판잣집들이 비교적 소규모로, 또 알음알음으로 형성되었다면 비닐하우스촌은 대규모로 만들어졌다. 주로 강남권이나 수도권에서 농지로 이용되고 있던 개발제한 구역 또는 자연녹지에 집단적으로 들어선 것이다. 역시 1980년대 합동재개발사업으로 판자촌이 해체될 무렵부터이다. 대표적인 곳이 강남구 대모산 자락 자연녹지에 자리 잡은 구룡마을이다. 세곡동의 은곡마을은 화훼단지, 과천시 비닐하우스촌은 개발제한구역, 또 지금은 사라졌지만 서초동 법원, 검찰청 건너편의 꽃동네 등은 화훼단지에 자리 잡았다.

농민들이 개별적으로 비닐하우스 내에 주거용 설비를 갖추는 일은 지금도 많은 곳에서 일어나고 있다. 농촌 지역은 물론이고 수도권 화훼농가들도 주거 겸 농업용으로 곧잘 쓰고 있다. 이를 정부가 엄격하게 문제 삼는 분위기는 아니다. 적발하기도 쉽지 않은 데다, 영농 필요에 따라서는 그렇게 하는 것이 편리할 수도 있기 때문이다. 또 기존 농가주택이 너무 노후해져서 임시로 비닐하우스에 방을 들이는 경우도 있다. 그러나 수도권의 비닐하우스촌은 이런 방식이 아니라 조직적이고 체계적으로 단지를 조성했다. 굳이 설명하자면 시행사, 시공사, 분양대행사까지 있는 구조였다.

비닐하우스촌 설치의 첫 번째 단계는 땅을 확보하는 일이다. 대중교통과 비교적 가깝고, 편의시설도 이용할 수 있는 곳이 중요하다. 물론 개발제한 등으로 농업용 외에는 이용할 수 없는 곳들이다. 수도권 지하철 4호선, 경마공원역 바로 인근의 개발제한구역 농지에 비닐하우스촌이 크게 들어선 것을 보면

개포동 구룡마을 전경.
멀리 타워펠리스가 보인다.

이해할 수 있을 것이다. 개포동 구룡마을 역시 길 하나만 건너
면 대규모 아파트 단지가 있는 곳이다. 그렇다고 땅 주인 몰래
하는 일은 없다. 임대료를 얼마씩 내기로 하고 이용을 허락받
는다. 물론 이렇게 주거용이 많이 지어질 것이라고는 생각지
못했을 수도 있다. 하지만 땅 주인 입장에서는 녹지 훼손이 많
이 되면 용도전환이나 활용이 수월할 수 있을 것이라는 기대
를 했을 수도 있다. 구룡마을이 그런 경우이다.

　　일단 땅이 확보되면 한편에서는 공사에 들어간다. 대개

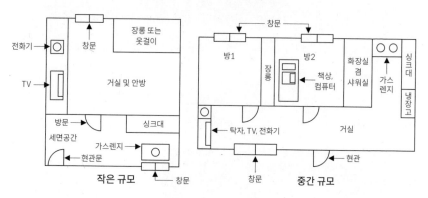

작은 규모

중간 규모

자료: 서울시정개발연구원·한국도시연구소, 2002, 42~43쪽.

1주일이면 공사를 마친다고 한다. 땅을 다져 비닐하우스를 짓고 그 안에 방을 만드는 작업을 한다. 일반적으로 8평 정도 규모라고 보면 된다. 초기에는 연탄을 쓰는 새마을보일러가 주였지만 요즘은 기름보일러가 많다. 합판으로 벽을 만들고 천장도 붙여서 도배까지 한다. 바깥은 농사용 보온덮개를 덮어서 나름대로 단열에도 신경을 쓴다. 부엌 바닥을 시멘트로 미장을 하고, 어떻든 하수구까지 만들어둔다.

　따라서 비닐하우스촌은 그 구조상 불가피하게 화재에 취약하다. 집의 기능을 하는 모든 구조, 즉 벽, 천장, 지붕이 전부 가연성 재료이기 때문이다. 여기에 연탄 난방, LPG 가스 취사를 집집이 하다 보니 불이 나기도 쉽고, 한 번 나면 걷잡을 수 없이 번진다. 화재에 대해서는 이 책의 3장 〈사건〉 편에서 자세히 다룰 예정이다.

더 중요한 일은 입주자 모집이다. 비닐하우스 거주는 불법일 뿐 아니라 화재의 위험, 더위, 추위에 취약하기 때문에 선뜻 내키는 주거지가 아니다. 따라서 여기에 브로커들이 개입된다. 주로 판자촌 재개발구역 세입자들이나 지하셋방에 사는 사람들이 대상이다. "판잣집 전세금만 부담하면 내 집을 가질 수 있다"는 것이 가장 솔깃한 제안이다. 한 채에 500만 원 정도만 내면 비록 무허가이기는 하지만, 집주인이 될 수 있고, 나중에 재개발할 경우 보상을 충분히 받거나 잘하면 입주권을 받아서 아파트 분양도 받을 수 있다는 유혹까지 덧붙인다. 1989년 평촌 신도시 예정지구에 있던 비닐하우스촌 주민들은 입주권을 받았다는 '성공 사례'까지 내세우기도 한다. 어차피 전세금도 오르는 마당에 밑져봐야 본전이라는 생각에 비닐하우스촌 입주를 결심한 사람들이 늘어나고, 이들은 신호가 떨어지면 일시에 이삿짐을 나르게 된다. 불과 1~2주 사이에 몇백 가구의 입주민들이 들어오는 것이다.

실제 1988년 9월 1일 정부가 평촌 신도시 개발 계획을 발표했을 때 평촌에는 불과 500여 가구만 거주했다. 건물도 허가 건물 177동에 무허가 건물은 수십 동에 불과했다. 그러나 계획 발표 후 투기꾼들이 몰려들어, '아파트를 특별 분양받을 수 있다'고 선전해 무허가 신축 비닐하우스나 축사, 공장 등을 개조한 가건물 등을 가구당 300만~500만 원씩 마구 팔아 거주 가구가 당초보다 무려 7배가 넘는 3,735가구로 급증했다. 정부는 개발 계획 발표 시점 이전 거주자에게만 아파트를 특별 분양할 예정이었으나 투기꾼들로부터 가건물을 매입한 위장 거주자들이 반발, 결국 1989년 3월 4일 이전 전입자까지 특별 분양해주기로 양보하지 않을 수 없었다.[5]

송파구의 개미마을도 1988년 이전에는 화훼용 비닐하우스가 있던 허허벌판이었다. 그러나 각 지역에서 철거가 진행되면서, 많은 철거민이 개미마을로 몰려들기 시작했다. 그전에는 농사짓던 사람들이 일부 거주하고 있었는데, 이들이 화훼용 비닐하우스를 사람들에게 전매하기 시작했다. 당시 비닐하우스 한 동이 약 200만 원 정도에 거래되었는데, 한 동을 산 사람은 다시 반으로 쪼개 전매하고, 이를 다시 쪼개 전매하는 방식을 통해 한때 100여 가구가 사는 주거지가 되어버렸다.[6]

지금도 가장 큰 비닐하우스촌으로 남아 있는 구룡마을도 비슷한 경우다. 대모산 자락에 있는 이곳은 1980년대 초만 해도 목장과 농사용 비닐하우스, 논 등으로 사용되었고, 그 주변은 허허벌판으로 방치되어 있었다. 군데군데 농사를 짓는 사람들 약 40여 가구가 거주하는 정도였다. 그런데 1986년부터 사람들이 구룡마을로 슬금슬금 이주하기 시작했다. 그러다 1988년 당시 광명시 하안동이 철거되면서, 철거민들이 집단적으로 구룡마을로 이주했다. 당시 원주민들의 이야기에 따르면, 하루 자고 나면 몇십 채의 집들이 생기고, 새로운 사람들 몇십 가구가 들어와 살기 시작했다고 한다. 이렇게 집들이 급속하게 늘어난 것은 브로커들에 의해 집들이 대량으로 지어졌기 때문이다. 이들은 밤사이에 집을 수십 채씩 지어서 팔았던

것이다.[7]

　뒤늦게 행정 당국이 무허가주택이 새로 들어섰다는 것을 알았을 때는 속수무책이었다. 이미 수십, 수백 가구가 입주를 마친 상태여서 철거하거나 단속하는 것은 불가능했다. 그런 시도를 하게 되면 바로 현수막을 걸고 주거권 침해를 규탄하는 시위와 농성이 시작되기도 했다. 그렇다고 입주자들의 불법행위를 비난만 할 수도 없었다. 결국 재개발사업 등으로 가난한 사람들의 싼 주거가 사라지는 과정에서 생긴 자구적 대응책이기도 했기 때문이다. 지금이야 공공임대주택이 많이 늘어났고 전월세 보증금 지원이나 주거급여까지 확대된 상태지만, 1980년대는 그런 상황이 아니었다.

　행정 당국은 당연히 신발생 무허가주택에 단호할 수밖에 없었다. 1960~1970년대와 상황이 다르다고 봤다. 하지만 비닐하우스촌 주민들은 나름대로 정당성을 지킨다는 취지에서 (즉 투기 목적이 아니라 불가피한 주거 목적) 자신들끼리 자치회를 만들어 사람이 살지 않는 비닐하우스는 나중에 대책에서 제외한다거나 하는 원칙을 세우고, 집집마다 번호를 매기기도 했다. 동네에 새로 들어서는 비닐하우스를 감시하는 곳도 있었다. 그러다 보니 사람이 사는 것으로 위장하기 위해 헌 농짝이나 세간을 갖다 둔 곳도 많았고, 노모나 친척이 살도록 한 경우도 있었다. 긴박한 주거문제로 인해 시작된 비닐하우스촌이라고 하지만, 너무 많은 비리와 불법, 편법들이 판을 치는 곳이 되어버린 것이다. 더구나 수시로 불이 나면서, 이곳은 도시 속의 막장 같은 곳으로 비치게 되었다.

하지만 비닐하우스촌에도 엄연히 사람이 살아가고 있었고, 아이들이 자라고 또 학교도 다녀야 했다.

신발생 무허가주택의 운명: 옥석 나누기?

1960~1970년대 서울 전역에 퍼져 있던 그 많던 판자촌들은 대개가 무허가였다. 그럼에도 그때 지어진 판잣집들은 정부의 각종 대책에 포함시킨 반면, 1982년 이후에는 원천적으로 배제하는 입장이었다. 같은 무허가인데 시점에 따라 나누는 것을 어떻게 정당화할 수 있을까? 정부는 '기존' 무허가주택은 절대빈곤 시대에 급격한 인구 증가를 감당하기 어려운 상황에서, 정부가 국공유지를 활용해 사실상 판자촌 형성을 유도했기 때문에 신발생과는 조건이 완전히 다르다는 생각을 가지고 있었다. 무엇보다 형성 시점의 사회·경제적 상황과 정부의 인정 내지 관여가 '기존'과 '신발생'을 나누는 차이라고 할 수 있다.

그럼에도 신발생 무허가주택에 사는 사람들은 사회·경제적 상황에서 정당성을 찾았다. 1980년대의 합동재개발사업으로 판자촌이 철거되면서 가난한 세입자들의 주거 상황이 악화되었는데, 이에 대한 대책이 없었다는 것이다. 세입자용 공공임대주택은 1990년대에 들어서야 본격화되었기 때문에, 그 이전 철거민들은 자구책으로 비닐하우스촌 등을 찾을 수밖에 없었다는 주장이다. 그럼에도 이런 상황론은 정부에 받아들여지지 않았다. 사회적 분위기도 마찬가지였다. 그 이유는 주택시장 상황이 1960~1970년대와 달라진 점도 있지만, 무엇보다 신발생 무허가주택의 형성 과정에 브로커가 개입하고 하룻밤 사이에 수십 채가 늘어나는 등 투기적 속성이 개입되었다고 보기 때문이다. 더구나 2000년대에 들어온 입주민들은 조선족 등 외국인도 포함되어 있었다. 따라서 진짜 주택문제에 어려움을 겪는 사람들도 있지만, 투기나 입주권을 바라고 들어온 가짜 주민도 있으니 이를 잘 구분해서 대응해야 한다는 것이 정부의 기본 입장이다.이 때문에 신발생 무허가주택에 대한 대책은 가난한 무주택자들에게는 공공임대주택 입주를 알선하지만, 현금이나 재산권으로 치환될 수 있는 혜택은 주지 않는다는 것이 원칙이다. 평촌 신도시에서 5년 후 분양받을 수 있는 아파트 입주권을 준 것이 두고두고 비닐하우스촌 투기심리의 빌미가 되었던 것을 잘 알고 있다. 따라서 구룡마을의 경우에도 주민들은 지속적으로 아파트 입주권을 요구했지만, 강남구청을 비롯해서 정부는 공공임대주택 이외의 대책은 제공할 수 없다는 원칙을 가지고 대응해왔다. 물론 그럼에도 일부 체비지 판자촌들은 상당한 보상, 심지어 수천만 원의 현금 보상을 받고 떠난 사례들이 있었다. 이는 체비지를 불하받은 업체가 서둘러 개발하기 위해 현금을 제공했기·때문이다. 이런 사례들이 여전히 신발생 무허가주택 주민들에게 기대감을 갖게 하지만 기본적으로 옥석을 가리는 대응 방향은 불가피하다는 게 정부 입장이다.

그런데 이들 비닐하우스촌에서 자라는 아이들은 학교를 어떻게 다닐까? 정부는 이곳이 기본적으로 불법주택이기 때문에 주민등록 이전을 허용하지 않았다. 불법을 묵인하고 인정하는 모양으로 비칠까 염려했던 것이다. 이 때문에 아이들은 이사 전에 다니던 학교로 장거리 통학을 하거나, 인근 다른 집에 동거인으로 주민등록을 옮겨서 주변 학교를 다니는 편법을 쓸 수밖에 없었다. 주민등록이 안 되어 있으니 공식적인 복지 혜택에서 제외되기도 했다. 그래서 비닐하우스이지만 안정적으로 살 수 있는 권리, 즉 주거권을 주장하면서, 주민등록을 옮길 수 있도록 해달라는 소송을 제기했다. 2000년 송파구 화훼마을과 개미마을 주민들이 주소 이전 요구 소송을 제기해서 승소한 이래, 현재는 실거주할 경우 사실상 주민등록 이전에 제한이 없다. 이에 따라 신발생 무허가주택에 거주하는 사람들도 주민등록을 옮기는 한편 자녀들도 합법적으로 인근 학교를 다닐 수 있게 되었다. 복지 혜택도 받을 수 있게 된 것은 물론이다.

전기, 수도, 자녀들 학교, 복지 혜택 등에서는 신발생 무허가주택도 어느 정도 사람이 사는 곳으로 인정받고 있다. 그러나 화재에 취약하고, 각종 시설이 도무지 집이라고 할 수 없는 이런 곳들을 계속 방치하거나 인정할 수는 없다. 결국 옥석을 구분해서, 정말 주거가 필요한 가족들이라면 지역 내나 바깥의 저렴한 공공임대주택으로 유도하는 것이 유일한 해법이다. 물론 신발생 무허가주택이 들어서게 된 상황 그 자체, 즉 저렴 주거가 사라지고 가난한 사람들의 주거문제가 어려워진 것 자 체를 해결하려는 노력은 중요하다. 그 부분에서 정부와 사회 전체가 최선의 노력을 기울여야 하는 한편, 이미 발생한 무허 가주택에 대해서는 옥석 구분의 원칙 아래 단계적으로 해소 해나가야 한다. 이곳에 사는 가구는 2000년대 초 서울 인근에 모두 30여 곳 4,000~5,000가구에 달했지만, 그사이 개발되거 나 철거된 곳들이 많아 현재는 가장 큰 구룡마을 약 1,300가구 등 10여 군데 2,000가구 이하만 남은 것으로 추정된다. 서초 구 잠원마을, 약수터마을, 두레마을, 성뒤마을, 접시꽃마을, 강 남구 재건마을, 구룡마을, 송파구 화훼마을, 과천시 꿀벌마을 등이다.

2장. 사람

판자촌 사람들

가난이 모인 곳

판자촌의 전성기였던 1960~1970년대는 온 나라가 가난했다. 1965년 추정으로는 전 국민의 40.9%가 절대빈곤 상태에 있었는데, 도시 지역의 빈곤율은 더 높아서 54.9%나 되었다. 두 가구 중 한 가구 넘게 절대빈곤 상태였던 것이다. 1970년에는 5년 전보다 대폭 개선되기는 했지만 전국 23.4%, 도시 16.2%로 여전히 높은 상태였고, 1978년이 되어서야 전국 12.3%, 도시 13.8%로 나아졌다.[1]

이렇게 모두가 가난했지만, 특히 농촌을 떠나 도시로 막 들어온 사람들의 사정은 더 어려웠다. 일단 몸을 누일 싼 곳을 찾는 일이 급선무였다. 그런 점에서 불법적이고 불량한 주택이 모여 있던 판자촌은 대도시에서 가장 싼 곳이었다. 당시는

〈표 2-1〉 영세민 가구주의 출신지, 고향 (단위: %)

	출생지	20세 이전 주 성장지
서울	14.2	18.6
부산	0.9	1.1
경기	11.2	9.7
강원	4.7	4.7
충북	7.1	6.4
충남	10.4	10.1
전북	10.4	9.9
전남	18.1	17.4
경북	7.7	7.1
경남	4.0	3.5
제주	0.3	0.4
북한	10.7	10.5
해외	0.3	0.6
계	100.0	100.0

자료: 서울시, 1979.

고시원이나 지하셋방 같은 곳이 없던 때였으니, 판자촌은 가난한 사람들이 싼 주거비로 살아갈 수 있는 유일한 곳이었다. 이뿐 아니라 판자촌은 이농민들이 도시에 적응하고 생계를 꾸리는 데 좋은 조건을 고루 갖추고 있었다. 일자리나 부업을 동네에서 구했고, 친척이나 동향 사람들이 인근에 살아가고 있었기 때문이다.

게다가 정부가 정책적으로 판잣집들을 집단화시켰기 때문에 판자촌은 곧 가난한 사람들이 모여 사는 곳으로 공식화되기도 했다. 실제 1980년경 법정 영세민(지금의 기초생활보장 수급자 개념)들의 거주지를 조사한 데 따르면, 서울시의 경우 5만 8,512세대 33만 3,582명이 주로 40개 지역에 집단 거주하는 것으로 나타났다. KDI의 사례조사에서도 영세민의 95%가 무허가주택에 거주하고 있었다. 이에 KDI는 법정 영세민을 포함한 저소득 영세민의 대부분이 무허가불량주택, 즉 판자촌에 거주하는 것으로 보았다.[2] 그만큼 판자촌 주민들의 전체적인 소득은 매우 낮은 편이었다. 조사에 따라 차이는 있지만 대체로 도시근로자 평균 소득의 50~60% 정도에 불과했다. 말하자면 판자촌 주민 전체가 대개 가난했고, 동시에 대도시의 가난한 사람들은 거의 모두 판자촌에 살았다고 할 수 있다.

판자촌 주민의 대다수는 이농민이거나 그 자녀들이었다. 상대적으로 산업화에 뒤처졌던 호남 출신이 판자촌 주민의 거의 3분의 1을 차지하는 것도 그런 상황이 반영되어 있었다(〈표 2-1〉). 기본적으로 빈농 출신들이 별다른 기술과 자산 없이 도시에 들어와 적응하려고 모인 곳이 판자촌이었던 것이다.

벗어날 수 없는 가난

판자촌 주민들의 가난은 이농 이후 도시 정착 과정에서 나타난 일시적 어려움이 아니었다. 빈농이거나 빈농의 자녀에서 출발해서, 도시 저임금 노동력으로 근근이 생활하다 결국 자신의 자녀에게까지 빈곤이 전승되는 일련의 과정 속에 있었다. 물론 우리 판자촌이 서구의 슬럼가와 달랐던 것은 분명하다. 1960~1970년대 서구의 빈민가에서는 마약, 범죄 등이 난무하면서 '희망이 없는 슬럼'이 만연해 있었지만, 적어도 우리나라 판자촌에서는 한 사람이라도 더 일하고 자녀 교육에 몰두하는 등 희망이 숨 쉬고 있었다. 그렇다고 이 희망이 빈곤 탈출까지 약속해준 것은 아니었다. 한국경제가 급속 성장한 만큼 밥을 굶을 정도의 절대빈곤에서는 빠르게 벗어날 수 있었지만, 그렇다고 판자촌 주민들이 가난하다는 사실은 바뀌지 않았다.

판자촌 주민 중 어느 정도가 자신의 부모 세대부터 가난했으며, 자녀 세대는 그 비율이 어떤지 통계 수치를 찾아보기는 쉽지 않다. 믿을 만한 자료도 부족하거니와 수치로 그 전체 모습을 그려내는 데도 한계가 있다. 그런 점에서 판자촌 주민들에 대한 참여관찰과 후속 조사를 계속했던 조은·조옥라 교수의 연구 《도시빈민의 삶과 공간》(서울대학교출판문화원, 1992)은 의미 있다. 1980년대 중반 사당동 판자촌에서 주민들의 삶을 조사했던 두 분의 연구는 판자촌 사람들의 모습을 이해하는 데 큰 도움이 된다.

두 분의 연구에 따르면, 판자촌 사람들은 일단 가난에 빠진 뒤에는 빈곤의 악순환에서 벗어나는 것이 매우 어렵다. 빈곤의 지속성이나 세습 가능성은 거의 모든 (조사) 사례에서 나타날 만큼 보편적이었다. 그러나 그 원인이 성취욕 부족이나 게으름, 음주, 도박 등 개인적인 결함으로 설명될 수 있는 경우는 거의 없었다. 질병 또는 가구주의 사망 등 비자발적인 개인적 원인이 몇 사례가 있으나 이들 또한 빈곤의 원인이라기보다는 (이미 빠져 있던) 빈곤이 가중화된 원인으로 볼 수 있었다. 이들 빈곤의 더 근본적인 원인은 무일푼에서 시작해야 했던 그들의 사회·경제적 배경과 불안정 고용, 생계비에 미치지 못하는 저소득 때문이었다.

빈곤 가구주나 그 배우자의 일생을 보면 이들의 10대는 모두 학교 중퇴와 이런저런 막일로 점철되었다. 당장 갈 데가 없고 먹을 것도 없이 맨몸으로 뛸 수 있는 곳에서 그들의 일자리가 시작되었고 맨몸을 유지하는 데 급급한 생활의 연속이었다. 이들의 생계 전략이란 우선 맨손으로 할 수 있는 일에서 시작했으며, 이들의 빈곤으로부터의 탈피 전략도 여기서 출발했다. 자본금 없이 할 수 있는 일, 즉 공장이나 가게의 임시고용직, 또는 일용건설노동 등을 하며 이를 통해 빈곤의 출구를 찾았다. 이들의 꿈이란 조그만 가게를 열어 자영업을 하는 것, 아니면 노동 현장에서 재료값이나 일꾼을 부릴 수 있는 정도의 재력을 갖춰 건설 십장이나 가내공업 하청을 하는 것, 그리고 여기에 덧붙여 방 두 개짜리 집이 있어 방 한 칸은 세를 놓을 수 있게 되는 것 등이었다.

이들이 빈곤의 출구라고 생각하는 것은 언제나 '장사'다. 일용노동이나 임금직은 "입에 풀칠은 할 수 있으나" "돈을 모을 수는 없다"고 생각한다. 그들 주변에서 그래도 돈을 번 사례는 모두 장사를 잘한 경우들이기 때문이다. 그러나 그 장사를 하기 위해서는 우선 목돈을 조금이라도 손에 쥘 수 있어야 하는데, 그 목돈을 만들 길이 없다. (당시 유행했던 중동 건설업) 해외 취업은 맨손으로도 목돈을 쥘 수 있는 거의 유일한 기회라고 생각한다. 초기 해외 취업에서 돈을 좀 벌어와 동네에 싼 집이라도 사고 장사 밑천, 또는 개인택시라도 산 사람들이 부러움의 대상이다. 그러나 이들이 빈곤의 출구라고 생각하는 해외 취업이 (조사 대상 주민들에게) 현실적으로 별로 도움이 안 된 것으로 나타났다.

이들이 의지하는 것은 '맨몸'뿐이므로 건강에 문제가 생기면 더 이상 빈곤 탈출은 불가능하며 오히려 빈곤이 더욱 악화된다. 건강 문제는 이들에게 빈곤의 원인이기도 하고 결과이기도 하다. 일용건설노동자들은 조그만 공사라도 하청을 받아 십장이 되는 것이 꿈이다. 실제로 주위에 이런 사람이 없는 것도 아니다. 그러나 그런 사람은 "천 명에 한 명 날까 말까"이다. 그리고 십장이 되려고 해도 외상 공사도 맡고 인부 돈도 융통할 만큼의 재력이 있거나 아니면 기술이라도 갖춰 십장대리라도 할 수 있어야 한다. 십장 노릇 잘못하면 오히려 빚더미에 올라앉는다. 또한 가내수공업이나 개인사업 또는 구멍가게조차 쉬운 일이 아니다. 크고 작은 장사, 그리고 약간의 돈이 생겨 가내수공업을 시도한 사례들이 모두 실패해서 막노동꾼으로 다시 시작하는 경우도 있다. 실패의 원인은 자본금 부족이 제일 많고 수출 경기의 불황, 과도한 경쟁 등 때문이다.[3]

한편 사례 가구 대부분이 비슷한 노동조건과 주거조건을 가지고 출발했지만, 어떤 가구는 월세에서 전세로, 자가로 옮겨가고 있는 반면 어떤 가구는 오히려 자가에서 전세로, 또는 전세에서 월세로 떨어지고 있다. 이를 분석해보면 몇 가지 요인이 있는데 월세나 전세에서 자가가 되는 가구들은 고용이 안정되고 가구원의 질병 등 큰 사고가 없으며 사업에 실패하지 않고 월수입의 범위에서 지출하여 만성 적자가 나지 않는 경우들이다. 반면 이와 반대로 고용이 불안정하거나 질병 등의 불상사가 생기거나 사업에 실패했거나 만성적인 생활비 적자가 생기면 자가에서 전세로 떨어졌다. 이 세 요인 중 어느 하나가 지속적으로 일어날 경우는 월세를 벗어나지 못했다. 여성 가구주들의 가구가 자가에서 전세, 전세에서 월세로 떨어진 것은 남편의 질병 및 사망, 별거에서 연유했다.[4]

그나마 가난한 가운데서도 지지망이 되어왔던 판자촌 자체가 해체되는 것은 빈곤을 더 악화시키는 사건이 되고 만다. 판자촌의 해체는 가난한 사람들에게는 이중의 어려움을 초래했는데, 첫 번째는 판자촌을 떠나서 주거비가 더 많이 들게 되기 때문이고, 두 번째는 판자촌이 제공하던 사회적 지지망과 일자리 네트워크가 사라지기 때문이다. 각각에 대해서는 더 자세히 살펴보겠지만, 1980년대 합동재개발사업의 광풍이 판자촌을 해체하기 시작하면서 빈곤층이 모여 있는 곳이기도 했지만 안식처였던 그곳이 사라져버렸다.

누구든, 무슨 일이든 한다

판자촌에서는 기본적으로 일할 수 있는 사람들은 모두 일을 했다. 주로 육체노동이기는 했지만 일의 종류도 가지가지였다. 남성들의 경우 단일 종목으로는 건설업 비중이 가장 높았다. 조사에 따라 차이가 있지만 대체로 15~33%까지 차지했다.[5] 공장 등의 생산직도 많은 편이었다. 반면 여성들은 가내부업이 많았다. 주로 여성들에게 친숙한 일거리를 분담해서 하는 방식이었다. 또 집 주변의 소규모 가내공장, 특히 봉제업에 종사하는 경우가 많았다(이때 봉제 일을 경험한 분들이 나이가 들어 지금까지도 서울 곳곳에서 일하고 있다. 여전히 서울의 주력 제조업이 봉제업인 것은 이 때문이다). 심지어 할머니들까지도 자잘한 부업으로 잠시도 손을 놀리는 일이 없었다. 이렇게 판자촌에서는 돈벌이에 나선 사람들의 숫자가 일반 가정보다 훨씬 더 많았다.

통계청에서 실시하는 표준화된 직업 분류로는 일자리 분포가 실감 나지 않을 수 있지만, 당시 사례조사의 분류는 그보다 자세하다. 몇 가지 조사 결과를 보자. 1979년 실시한 서울시 저소득 지역 주민조사에 따르면, 가구주 직업은 무직이 39.3%로 가장 많았고, 단순노동 30.1%, 건물관리·토목·철공·용접 8.2%, 행상·노점 8.0%, 관리·판매·점원 5.5% 순이었다.[6] 1980년대 사당동에서 주민들의 일자리를 연구한 허석렬 교수가 조사 대상 가구 전체를 분석한 데 따르면,[7] 가구주는 단순노동과

	가구주		가구원		합계	
	인원	%	인원	%	인원	%
단순노동	177	34.0	36	3.7	213	22.8
기능노동	61	11.7	43	10.4	104	11.1
행상·노점	77	14.8	53	12.8	130	13.9
구멍가게	24	4.6	7	1.7	31	3.3
상점 경영	28	5.4	7	1.7	35	3.8
공장 직공	60	11.5	213	51.4	273	29.2
공무원·회사원	35	6.7	26	5.3	61	6.5
서비스업	22	4.2	12	2.9	34	3.7
기타	36	5.9	17	4.1	53	5.7
소계	520	100.0	414	100.0	934	100.0
무직	120		-		120	
미상	59		-		59	
계	699		414		1,113	

자료: 허석렬, 1998, 98쪽.

행상·노점이 가장 많은 많았고, 가족은 공장 직공이 가장 많았다(〈표 2-2〉).

조은·조옥라 교수의 연구도 참고해보자. 1980년대 당시 사당동 주민들의 직업은 남성 가구주의 경우에는 일용건설노동이 40.0%로 가장 많았고 다음은 영세 자영업, 판매직, 무직, 생산직, 단순 사무직 순으로 불안정 직업군이 대다수를 차지했다. 여성들의 경우에는 51.1%가 무직이며, 파출부 7.0%, 영세 판매직 7.6%, 가내부업 7.1% 순이었다. 꽤 높은 무직률을 보이지만 실제로는 이 지역에서 일을 안 하고 노는 여성은 거의 없었다. 다만 고용 상태가 불안정해 무직률이 높게 나타났을 뿐이다. 즉 무직 51.1%는 이 지역 여성의 절반 정도가 일을 하지 않는다기보다는 절반씩 교대로 실직 상태라고 해석하는 것이 타당하다.[8] 실제 이 지역 주민들은 1년 내내 같은 곳에서 같은 일을 하는 경우는 별로 없었다. 일생 동안 수십 차례 일자리를 옮기며 1년에도 몇 번씩이나 일을 바꾸었다. 이는 남자나 여자나 별로 차이가 없었다.[9]

남성 가구주 혼자 생계를 꾸리는 경우는 29.2%에 불과했으며, 부부가 함께 버는 경우가 36.4%, 자녀까지 버는 경우가 5.0%였다. 여성 가구주 혼자 버는 경우가 8.1%, 자녀들만 버는 경우가 7.0%, 나머지는 돈을 버는 사람이 없는 경우였다. 그러나 이렇게 경제활동 가구원이 많은 데 비해 가구당 월평균 수입은 38만 7,000원으로 1988년 당시 전국 근로자 가구 월평균 소득 65만 7,215원에 크게 미치지 못했으며, 도시 가구 월 최저 생계비에 미치지 못하는 가구도 60% 이상이었다. 여성 가구주는 전체의 17.0%로 그 무렵 평균에 비해 높은 편이었다.[10]

판자촌은 전체가 일자리 연결망

판자촌은 그 자체가 거대한 일자리 네트워크였다. 앞의 허석렬 교수의 연구는 지금까지도 참고할 수 있는 판자촌 주민들의 일자리 모습을 보여준다. 그는 판자촌 주민들이 종사하고 있는 건설업, 양말 공장, 의류의 가내 하청, 자영 장인, 각종 상업, 가사 서비스업 등 다양한 업종에 대해 일자리 협동구조, 알선 체계, 숙련훈련 체계 등을 분석했다. 또 앞에서 소개했던 조은·조옥라 교수의 연구도 판자촌의 다양한 사회관계망이 일상의 삶을 지탱하는 과정을 보여준다.

남자들이 주로 종사하는 건설업은 이른바 중층적 하청구조로 구성되어 있다. 원청, 하청, 재하청, 다시 전문 분야별로 재재하청 등으로 이어지는 것이다. 이는 원청업체가 경기 등락을 회피하는 차원도 있지만, 워낙 건설업의 공정과 분야가 세분화되어 있기 때문에 전부를 하나의 업체가 상시 고용할 수 없는 특성을 반영한 것이기도 하다. 목수, 조적, 미장, 창틀, 도배, 전기 등 분야도 다양하고, 기능 수준 및 책임 범위에 따라 십장(오야지), 십장대리(세와), 기능공, 잡부(데모도) 등으로 세분화되어 있다. 따라서 각 분야의 인력을 동원하고 일을 배분하며 정해진 공정을 책임지는 일은 십장을 중심으로 한 끈끈한 고용 연결망이 담당하게 된다. 이 건설업 일일 노동의 일자리 연결망을 보면, 같은 동네, 친인척, 친구 등이 촘촘히 연결되어 있다. 예를 들면 사당2동의 한 십장과 함께 일하는 사람들 36명 중 22명이 사당2동, 사당3동 거주자이며, 다른 곳에 살더라도 한때 이곳이나 이 주변에 산 경우가 대부분이다. 또 이들은 동향, 친척, 형제, 친한 친구 등으로 끈끈이 연결되어 있다.[11]

여성들이 주로 종사하는 가내 하청 부업도 동네를 중심으로 한 네트워크가 작동했다. 주로 옷이나 가방 등의 수많은 제조 공정의 한 부분을 하청받아 집에서 처리하는 방식이다. 가내부업은 전형적으로 단가가 낮고 시간 소모적인데 '인형 눈 붙이기'처럼 해도 해도 끝이 나지 않는 지겨운 일일 수 있다. 하지만 가사를 돌보면서도 약간의 소득을 올릴 수 있다는 점에서 부업은 어떻든 판자촌 여성들이 가장 손쉽게 선택할 수 있는 소득 기회였다. 그런데 이 가내부업도 건설업의 노동력 동원구조와 비슷하게 일을 따오고 배분하는 연결망이 작동한다. 또 이 부업 연결망은 동네의 크고 작은 계모임과도 겹쳐 있다. 동네의 인적 연결망이 부업 일을 하는 네트워크 기능을 하는 구조이다. 이들은 각자 집에서 일하기도 하지만, 모여서 일하면서 얘기도 하고 밥을 나눠 먹기도 한다. 그 외 노점상, 파출부 등의 일도 동네를 중심으로 소개, 알선, 역할 분담을 하는 경우가 대부분이었다.

이와 함께 판자촌은 끈끈한 공동체 지지망이었다. 1990년대 초 판자촌 주민에 대한 조사를 보면, "이웃에 돈을 빌린 적이 있다"가 70.9%, "이웃과 친목 모임을 가진다"가 59.3%, "길흉사에 이웃 간에 서로 부조한다"가 78.8%였다.[12] 조은·조옥라 교수의 조사도 이와 비슷한 결과를 보여준다. 요즘 아파트 생활과 신용카드, 대출이 일상화된 사회에서는 상상하기 쉽지 않은 이웃 관계였다. 이처럼 판자촌은 농촌을 떠난 가난한 사람들이 도시 생활에 적응하고, 또 빈곤 속에서도 버틸 수 있도록 한 사회·경제적 공동체였다. 결국 판자촌은 가난한 가족에게 잠자리를 제공하고, 자녀를 키워내는 재생산 공간만이 아니라 거대한 생산 네트워크 조직이었다고 할 수 있다.

하지만 판자촌 사람들의 일자리 네트워크가 결과적으로는 중층적 하청구조의 복잡한 연쇄를 통해 도시 경제의 중심부와 '불리한 관계'로 연결된 측면에도 주목할 필요가 있다. 자본과 노동의 관계에서 호혜적으로 보이기는 하지만, 이 네트워크는 기본적으로 빈곤층의 노동력을 싸게 이용할 수 있도록 동원하는 역할을 했다. 무슨 일이든 해야 하는 빈곤층의 열악한 처지를 중층적 동원 체계를 이용해 싼값에 부릴 수 있었다. 또한 경기변동의 영향도 하청 최말단 노동력에 전가시키는 것이 가능했다.[13] 결국 모두가 일은 했지만 빈곤 상황에서 벗어날 수 없는 구조가 일자리 네트워크를 통해 고착화되었다고도 할 수 있다.

판자촌의 아이들

판자촌의 아이들은 마을이 키웠다. 부모가 모두 일을 하느라 바쁜 상태여서 마땅히 아이들을 돌볼 사람이 없기도 했다. 골목길은 놀이터이자 배움터였다. 동네 형이나 누나가 이웃 동생들과 놀아주고 돌보는 식이었다. 골목길 할머니들은 시장에 내다 팔 채소를 다듬는 틈틈이, 또 부업 일을 하며 아이들을 돌봤다. 그래서 골목길은 언제나 왁자지껄한 아이들 소리로 가득 찼다.

겉으로 보기에 아이들의 모습은 활기찼지만, 실제 이곳 아이들이 가난을 벗어나기는 쉽지 않았다. 판자촌의 부모들은 아이들을 어떻게든 상급 학교에 보내려고 했다. 아이들의 미래는 자신들과 달라야 한다는 부모의 마음이 그대로 투영되었다. 그러나 현실은 달랐다. 공부를 잘하기에는 도무지 물적 기반이 따라주지 않았다. 공부방은커녕 책상조차 없는 경우가 허다했기 때문이다. 과외를 하거나 학원에 갈 수도 없었다. 중산층 자녀들처럼 부모가 숙제나 학업을 돌봐주는 것은 불가능했다.

이런 상황이다 보니 자녀들은 대체로 학교 성적이 좋지 않았으며, 초등학교 때까지 좋은 성적을 유지한 경우도 중고등학교에 올라가면 떨어지기 시작했다. 중학교 때 학교를 그만두고 취직하거나 가출하는 예도 흔했다. 그리고 자연스럽게 부모 세대의 빈곤을 대물림하는 궤도에 들어섰다. 자녀 세대의 직업을 보면 아들들은 건설노동자, 공장노동자, 식당 웨이터 등이며 딸들은 다방 종업원, 가게 점원, 여공, 출판사 사무원, 파출부, 룸살롱 호스티스 등이었다. 이들의 남편이나 동거 중인 남자들 또한 공장노동자, 운전사, 일용노동자 등이었다.

따라서 이들의 빈곤이 세습될 가능성은 매우 컸다. 자녀들의 학력은 부모 세대보다 월등히 높았으나 고용의 성격은 거의 유사했다. 즉 고용이 불안정하고 수입이 낮은 비공식 부문 노동을 하고 있거나, 공단에서 노동 강도가 높고 처우가 나쁜 노동자로 일을 하는 경우가 대부분이었다. 아들뿐 아니라 딸들의 경우도 이런 현상이 뚜렷하게 나타났다. 딸들의 경우 본인의 직업뿐 아니라 배우자의 직업 등에서 같은 현상이 나타났다. 또한 빈곤 가구의 경우 부모로부터 빨리 분가하며 적령기 자녀 중에 결혼식을 안 올린 채 동거를 하는 경우가 절대적으로 많았다. 자녀들 중 외지에 나가 돈을 벌기 시작하면 경제적으로 부모 가구와 분리되는 현상을 보였다. 더욱이 동거를 하기 시작하면 부모와의 경제적 연계가 단절되는 경향을 보였다. 자녀 세대의 가족 형성과 출발은 친척이나 이웃 소개보다는 친구나 같은 직장에서 만난 사이가 많았고, 약간의 전자 제품을 가지고 출발한다는 것을 빼놓고는 부모 세대와 크게 다를 바 없이 사글셋방에서 새살림을 시작했다.[14]

제한적인 생활보호, 만연한 음주

판자촌 사람들은 가계에 보탬이 되기 위해 누구나 일을 하려고 했다. 하지만 질환, 장애 등으로 일을 하지 못하는 사람도 많았다. 실제 1974년 정부의 특별고용통계조사에 따르면, 도시빈곤 가구주 중 여러 이유로 취업 자체가 어려운 취업불능이 21.6%였고, 일은 할 수 있지만 실업인 경우가 13.6%, 주 36시간 미만 취업이 17.9%로 온전히 일을 하고 있는 완전취업은 47.3%에 불과했다.[15] 1980년의 생활보호대상자 건강 상태 조사를 보면, 근로능력이 사실상 없는 '거택보호자'의 경우 장애 29.9%, 질환 14.6%에 달했고, 근로능력은 있다고 판단되지만 자력으로 생계를 꾸려가기 어려운 '영세민'의 경우 장애 7.6%, 질환 10.4%였다.[16]

IMF 외환위기 이후 기초생활보장제도가 도입되기 전까지 우리나라의 빈곤층 보호 방식은 이렇게 근로능력이 없는 '거택보호자'와 근로능력이 있는 '영세민(혹은 자활보호자)'으로 나뉘어 있었다. 생계비까지 지원하는 거택보호자는 전체 인구의 1%도 안 되었고, 교육비·의료비만 지원하는 영세민은 4~5% 정도였다(〈표 2-3〉). 지금은 원칙적으로 근로능력 유무로 지원 대상자를 나누지 않지만, 당시에는 조금이라도 일할 수 있으면 현금 지원은 하지 않는 것이 불문율이던 시절이었다. 물론 지금 기준으로 보면 근로능력이 있다던 영세민들도 현실적으로 스스로 생계유지가 불가능한 수준이었다. 이 때문에 정부는 영세민들의 생계를 지원하는 차원에서 이른바 '취로사업'을 통해 얼마간의 일을 하는 조건으로 현금을 지급했다. 따라서 그 당시 빈곤층에 대한 지원 정책의 핵심은 취로사업이라고 해도 과언이 아니었다. 이를테면 1975년에 연인원 1,590만 명이 취로사업에 참여했고, 1980년에는 834만 명이 참여했다. 물론 가구당 노임 평균은 각각 3만 3,800원, 5만 7,600원으로 적은 액수에 불과했지만, 그나마 정부가 할 수 있는 최대치의 지원이었다.[17] 따라서 판자촌 사람들은 부업이든

〈표 2-3〉 생활보호대상자 추이 (단위: 천 명, %)

	생활보호대상자					생활보호대상자/총인구	생활무능력자/총인구	영세민/총인구
	생활무능력자			영세민	합계			
	거택보호	시설보호	소계					
1965	288	72	360	3,563	3,922	13.9	1.3	12.6
1970	306	63	369	2,116	2,486	7.9	1.2	6.7
1975	375	52	427	904	1,331	3.8	1.2	2.6
1980	282	47	329	1,500	1,829	5.0	0.9	4.1

주: 분류의 표현은 당시 자료를 따랐다.
자료: KDI, 1982, 12쪽을 재구성.

행상이든 닥치는 대로 일을 하는 가운데, 기회가 되면 그나마 취로사업을 통해 생계에 보탬이 되도록 했다.

모두 일하고 분주한 가운데, 아프고 뒤처진 사람들도 있었다. 몸이 아픈 사람도 있었지만 마음이 아픈 사람들이 많았다. 특히 술에 시달린 사람들이 문제였다. 육체노동의 피로를 푼답시고 시작된 술은 대부분 중독에 가까운 상태였고, 술로 인한 가정폭력과 소소한 동네 싸움은 일상이 되다시피 했다. 이를 수치로 알려주는 자료는 드문데, 그나마 예술작품에 더러 나온다.

판자촌에서 살아본 적 있는 사람들이라면, 이런 구절들이 모두 기억에 생생히 남아 있을 것이다. "늦은 밤의 청계천, 늘어선 판잣집들 앞을 지날 때면 남자들의 싸우는 소리, 여자와 남자가 함께 싸우는 소리, 매를 맞고 우는 아이의 울음소리, 고함소리, 그릇이 깨어지는 소리들이 들렸다. 웃음소리보다 고

함과 울음이 더 많이 들렸다"(이경자, 《빨래터》). "성님, 옆집 아저씨가 또 싸웠습니다. / 며칠을 잠잠하더니, 오늘은 / 세간을 다 부수는 것처럼 난리였습니다. / 소주 한 병만 더 먹겠다는 아저씨와 / 돈도 못 버는 주제에 무슨 술이냐는 아줌니가 / 욕지거리로 맞대구하며 / 어스름힐 때까지 싸우다가, 성님, 결국은 / 서로 부둥켜안고 우는 모양이지만 / 판자집 위로 보름달이 떠오르고 ……"(윤중호, 〈본동일기 3: 도혁이 성님께 보내는 편지〉부분).

'상록수 경찰관'을 아시나요?

학교에 다니면서 심훈의 소설《상록수》는 모두 배웠을 것이다. 소설은 열악한 농촌에서 미래의 희망을 심고, 자활의 꿈을 만들어가는 지식인의 계몽적 활동을 그리고 있다. 따라서 '상록수'라는 단어는 그냥 나무의 한 종류를 뜻하는 것이 아니라, 어려운 가운데도 희망을 갖는다는 이미지를 담고 있다. 그 이름을 딴 '상록수 경찰관'이 판자촌에 배치되어 아예 생활을 같이한 것을 기억하는 사람들이 있을까? 실제 1981년 전국 6개 도시의 영세민 집단 거주 지역, 즉 판자촌에 180명의 경찰관을 배치했다. 이들의 역할은 복합적이었다. 주민 지원, 민원 해결과 함께 소요사태를 예방하는 것도 있었던 것이다.

당시 보도 내용에 따르면, "경찰 당국자는 이들의 업무가 주민들의 집단 민원과 불평, 불만이 항상 도사리고 있는 속칭 달동네에 생활 근거지를 갖고, 지역에 대한 봉사와 주민과의 대화로 주민 의식을 순화하고 지역 안정을 유지하는 것을 목적으로 하고 있다고 밝혔다. 이들의 주 업무는 해당 지역의 청소년 선도·경로 위문·응급환자 구호 등 통상업무 외에 대정부 민원 청취·민심 순화·정부 시책 홍보·영세민을 위한 적절한 행정 시혜 추진 등 1인 종합행정 창구 역할을 하는 것이다. 특히 지역 특성상 취약점이 되고 있는 불순분자의 침투·유언비어 확산 방지 등 사회안정 유지를 위한 레이다 역할을 한다"[*]는 것을 당당히 밝히고 있다.

그러나 상록수 경찰관은 서울에서 합동재개발사업으로 판자촌이 사라지고, 또한 김영삼 정부 들어 민주화가 진전되면서 1994년 초 폐지됐다. 이제 상록수 경찰관을 기억하는 이는 없어졌지만, 1980년대 판자촌을 도움과 감시, 그리고 치안 대상으로 봤던 정부의 시각은 기억할 필요가 있다.

---

[*] 〈전국 달동네에 '상록 경찰관' 영세민 집단 거주지역 고정 배치〉, 《중앙일보》, 1984.11.6.

판자촌의 개혁가들

알린스키, 서울에 오다

판자촌은 형성 과정에서 일정 정도 불법이 불가피했지만, 정부와 서울시는 집단정착지 조성이나 양성화, 현지개량 등을 통해 사실상 합법성을 부여했다. 그렇다고 판자촌이 만들어지고 바뀌는 과정이 마냥 평화로웠던 것은 아니다. 주민들의 요구나 의향은 무시되었고, 때로는 강제철거가 무자비하게 진행되기도 했다. 물론 1960~1970년대는 군사독재의 강압적인 사회 분위기였기 때문에 제대로 항의조차 하기 어려운 상황이었다. 광주대단지 소요사태가 1971년 벌어지기는 했지만, 지속성을 띠었다기보다는 '한바탕 들고일어나는' 수준이었다. 판자촌에는 불법의 딱지가 붙어 있었기 때문에 거기서 살 수 있게 해주는 것만으로도 국가의 시혜라는 식의 분위기가 있었다. 그러니 주거권이라든가 생존권을 주장하는 것은 애초 금기시되었다고 할 수 있다. 적어도 1980년대 들어 철거민운동이 민주화운동 내지 민중운동의 한 축으로 부각될 때까지는.

그런데 1971년 6월, 광주대단지사건이 터지기 두 달 전쯤 동아일보에 낯선 이름의 외국 인사 인터뷰 기사가 실렸다. 미국 시카고를 중심으로 주민조직화와 민권운동에 앞장섰던 사울 알린스키Saul David Alinsky, 1902~1972가 서울을 방문해서 판자촌을 둘러보았던 것이다. 최근 우리나라에도 그가 힐러리 클린턴과 오바마 대통령에게 강한 영향을 끼친 조직활동가로 알려졌지만, 당시만 해도 미국의 '데모꾼'으로 각인된 위험인물이었다. 그는 흑인이나 소외된 사람들이 스스로 조직해서 자신들을 짓누르는 문제를 해결해나가도록 촉구하는 실천적 조직활동가였다. 그의 조직론은 매우 현실적이어서 '작은 싸움에서 승리해 점점 큰 싸움으로 나아가게 하는 방식'이었다. 자신들의 권리를 내세우기는커녕 시혜에 고마워하도록 강요받던 판자촌 사람들에게 유효한 조직방법론이었을 수 있다.

알린스키는 현대적인 지역사회 조직론의 창시자이며, 미국뿐 아니라 아시아 민중운동에도 많은 영향을 끼쳤다. 1980년대 학생운동권에서 문고판으로 많이 읽혔던 F. E. 마글라야의 《민중과 조직》(광민사, 1979)도 알린스키 방법론을 필리핀에 적용한 경험을 바탕으로 쓰인 책이다. 알린스키는 《급진주의자를 위한 규칙Rules for Radicals》《급진주의자를 위한 기상나팔Reveille for Radicals》 등의 책을 통해 전 세계 주민조직화 운동에 영향을 끼쳤다.

알린스키는 미국에서 그와 인연이 있던 오재식 등의 요청으로 서울을 방문한 것인데, 그전에 이미 알린스키 밑에서 훈련을 받은 허버트 화이트Herbert White 목사 부부가 서울에 상주하면서 주민조직 방법을 훈련시키고 있었다. 화이트 목사는 1968년 만들어진 연세대학교 도시문제연구소를 중심으로 교육 프로그램을 운영했는데, 여기서 훈련받은 분들이 우리나라 1세대 판자촌 활동가이자 빈민운동가라고 할 수 있는 제정구, 김진홍, 김혜경, 권호경, 허병섭, 이해학, 김영준 등 15명 정도에 이른다. 이들은 청계천, 양평동 등지에서 판자촌 주민조직화를 통해 집단이주나 공동체 생활을 이어갔고, 이후 1980년대 철거반대운동의 밑거름이 되었다.

가난에 맞서다, 판자촌 주민운동

1960년대부터 종교계에서는 가난한 사람들과 더불어 살며 함께 어려움을 해결하려는 활동이 시작되었다. 물론 1960년대 말, 연세대 도시문제연구소의 지역 활동가 양성 프로그램이 활성화의 계기가 되었다. 이들은 특히 알린스키의 지역사회 조직이론을 가난한 지역에서 실천하고자 했다. 이에 1971년 9월 1일에는 박형규 목사, 권호경 전도사 등 개신교 인사들이 주축이 되어, "지역사회 주민 스스로 자기들의 문제를 인식하고 스스로 힘을 모아, 자기가 살고 있는 지역사회의 환경을 개선하도록 하는 것"을 목표로 '수도권도시선교위원회'(1973년부터 수도권특수지역선교위원회로 개칭)를 만들었다. 그 직전에 터진 광주대단지사건이 이 활동을 더 재촉했다고 할 수 있다. 1971년은 우리나라에서 주민운동이 본격적으로 시작된 시점으로 보고 지금도 기념하고 있다.

1970년대 중반에는 판자촌 철거에 대응해 제정구 등의 복음자리, 김진홍의 남양만 두레마을 등과 같은 주거 및 경제공동체 건설이 추진되었다. 그러나 철거가 빈민들이 겪는 문제의 전부는 아니었다. 생계 문제도 있었고, 의료·육아 등 다양한 복지 문제도 그대로 남아 있었다. 철거반대투쟁 이외에도 지역공동체를 형성하고 주민들의 주체적인 역량을 키우는 것도 해결해야 할 과제였다.

이에 따라 1970년대 후반부터 마을의 공부방이나 탁아소 부모 모임, 주민학교, 신용협동조합, 계모임, 공동작업장, 공동창업 등의 시도가 이어졌다. 하월곡동의 산돌어머니회, 해님여성회, 햇살어린이집 자모회, 신림7동 난곡 희망협동회, 인천 만석동 기찻길옆공부방 부모회, 시흥시의 복음자리 신용협동조합, 상계동 어머니학교, 소망·참싹·소나무 공부방, 봉천동 나눔의집 등이 이때 활발히 활동한 곳들이다. 이들은 관련 주민 모임을 통해 조직화를 추진하는 한편, 마을신문 발행, 대동제(단오제), 노래자랑대회, 알뜰시장 개설, 마을버스 운영 또는 마을버스 요금 인하 요구, 불우이웃돕기 등의 활동을 통해 지역 주민들에게 뿌리내리기 위해 노력했다.

이들의 지역 활동에는 종교계가 적극적으로 나섰다. 1980년대부터 천주교 사제나 수녀들은 훈련 프로그램을 빈민 지역에서 열었으며, 천주교도시빈민회나 기독교도시빈민 선교협의회 등이 관련 사업을 연계하고 조직했다. 지역사회탁 아소연합, 지역사회공부방연합 등이 만들어진 것도 이 무렵이었다. 또 대학생들은 방학 기간에 농촌활동과 유사한 개념으로 빈민활동(이른바 '빈활')을 전개하며 빈민 문제를 이해하는데 동참하고자 했다. 그리고 1991년 3월 26일 실시된 기초의회 선거에서는 '도시빈민지자제공동대책위원회'를 구성하고, 지역 활동가들이 직접 후보로 나섰다. 후보가 출마한 지역은 난곡(김혜경), 성남 은행2동(이상락), 인천 십정동(홍미영) 등 12개 지역이었다.

이후 이들 빈민 지역 활동은 경제적 자립을 더 강조하는 운동으로 발전했다. 성공회를 중심으로 자활공동체운동이 활성화되었고, 일부에서는 상당히 큰 규모로 자리 잡기도 했다. 이들은 이후 기초생활보장제도 도입과 같은 빈곤층 대책이 수립되게 하는 밑거름을 제공했다. 특히 정부는 1990년대 중반에 자활공동체 시범사업을 실시했는데, 이는 2000년대 이후 대대적인 자활 후견기관 설치로 이어지는 모델이 되었다.

이와 함께 판자촌 사람들의 가장 중요한 생계수단인 건설업 노동 자체를 개혁하려는 운동도 펼쳐졌다. 앞에서도 설명했지만 건설업은 중층적 하청구조로 운영되었다. 노동자 또한 상시 고용은 극히 적고 대부분 임시·일일 노동자들이 십장과 일꾼의 관계로 연결되어 노동에 참여했다. 이러한 중층적 하청 체제는 원청기업의 위험을 하청업체에 전가하는 구조이며, 건설일용노동 역시 전형적인 불안정노동일 수밖에 없다. 실제 원청업체가 수주한 액수가 100이라면 시공을 맡은 하청업체는 30~40 정도로 공사를 진행하게 된다. 공사에 참여하는 노동자가 일할 수 있는 기간은 1년에 200일 내외이다. 더구나 건설일용노동자들은 당시까지만 해도 퇴직금이 없었을뿐더러 (지금은 건설근로자공제회를 통해 일부 퇴직금이 적립된다) 연금이나 건강보험의 직장 가입 대상도 아니었다. 또한 노동시장이 비공식적인 상태이기 때문에 노동조합을 만들거나 단결권을 행사하는 것도 사실상 불가능했다.

빈민운동은 이런 모순적인 상황을 바꾸려고 했다. 1987년 사당3동이 철거된 뒤, 이 지역에서 주도적으로 일했던 사람들이 인근 봉천동으로 이주했는데, 이들이 중심이 되어 일용노동조합 건설추진위원회가 결성되었다. 영등포 인근 공단에서도 제관, 배관, 용접 일을 하던 노동자 100여 명이 이 무렵 서울일용노동조합을 결성했다. 그리고 포항 지역에는 이미 공단의 플랜트 시공 및 수선을 담당하는 일용노동자들의 조직이 결성되어 있었다. 그리하여 이들을 포함한 '전국건설일용노동조합'이 1989년 출범했다. 이들은 일용노동자수첩제도(일한 날짜만큼 약간의 수당을 적립하는 방식으로, 현재의 퇴직금 제도로 발전했다), 고용보험 적용, 중층적 하청구조 개선과 같은 제도 개선을 목표로 정하고 산업재해 보상, 체불임금 확보 등의 조합원 지원사업도 병행했다.

하지만 공단, 부두 등 대단위 현장이 있는 곳과는 달리, 일반적인 도시 지역에서는 운동을 펼치기가 순탄치 않았다. 노사 관계가 불분명했기 때문이다. 앞서 설명한 것처럼 중층적 하청구조에다 노동력 동원구조가 십장이나 인력센터를 중심으로 이루어지다 보니 투쟁 대상을 명확히 하기가 어려웠다. 조직화가 쉽지 않은 조건이었기 때문에, 조직을 확대하기도 어려웠다.

이런 노동운동 방식의 한계를 극복하기 위해 노동공동체 운동이 시도되었다. 건설업의 중층적 하청구조는 건축주 입장에서는 돈을 다 들이고도 실제 투입되는 공사비가 중간에서 사라지는 문제가 있었고, 노동자 입장에서는 중간 단계에서 알선비 등을 제함으로써 제 몫을 못 받는 문제가 있었다. 이에 건설노동자들은 스스로 공동체 기업을 만들어 건축주와 직거래를 하는 운동을 시작했다. 하월곡동에서 활동하던 허병섭 목사 등은 처음에는 노동조합 결성을 시도하다가 건축주와 직거래하는 방식을 채택하고 노동자공동체 '일꾼 두레'를 조직했다. 도화동 철거민인 정을진은 1990년 마포인력센터를 설치하여 인력 소개, 직업교육, 법률상담 등을 하다가 '마포건설'을 설립하고 건설업공동체를 만들었다. 이외에도 봉천동의 나섬건설 같은 공동체형 건설업체도 만들어졌다. 그러나 이들 대부분은 영세한 규모, 경험 부족, 낮은 기능 수준 등으로 인해 경영상의 심각한 애로를 겪었고, 몇 년 못 가 사업을 중단하고 말았다.

철거민투쟁과 판자촌의 지도자들

자신이 살고 있는 집이 무단으로 철거된다면 어떻게 할까? 그냥 앉아서 당하는 사람은 없을 것이다. 이 책의 3장에서는 그 과정과 사건을 상세히 다루고 있다. 그런데 1970년대까지는 억울하고, 분노했지만 한바탕 소란을 피우는 이상으로 철거 싸움이 지속되기는 어려웠다. 여러 곳에서 크고 작은 다툼과 충돌이 있었고, 부상자나 구속자가 속출하기는 했지만 장기간에 걸쳐 지속된 싸움은 아니었다. 앞서 설명한 수도권특수지선교위원회가 송정18동(1973년 1~6월), 신설동(1974년 7월), 면목2동(1975년 4월), 답십리3동(1975년 4~6월), 중화동(1975년 7~12월), 이문1·3동(1975년 10~12월) 등의 철거 싸움에 관여하기는 했지만,[18] 규모나 지속성에서 1980년대와는 차이가 있었다. 깜짝 놀랄 정도의 큰 규모로 분란이 생겼던 광주대단지사건도 불과 며칠 만에 잠잠해졌고, 그때 앞장섰던 사람들이 지속적으로 사회운동을 했다는 얘기는 들리지 않았다.

그러나 1980년대가 되면 얘기가 달라진다. 그 이전까지 판자촌 철거가 그래도 집단이주나 재정착이 가능한 조건에서 이루어졌다면, 이때부터 판자촌 철거는 사실상 판자촌을 완

빈민의 벗, 제정구

제정구(1944~1999)는 직업도 호칭도 여러 가지였다. 빈민운동가, 조직가, 정치가, 선생(님), 의원, 각종 대표 등으로 불렸다. '빈민의 벗' '빈민운동의 대부'로 불리기도 했다.

대학 입학 이후 1972년 청계천 판자촌에서 야학교사로 일하다가 일생을 도시빈민의 생존권·인권보호 운동에 투신했다. 청계천의 판자촌이 철거되자, 1975년 영등포구 양평동으로 이주했는데, 이때 평생의 동지가 되는 예수회 정일우 신부를 만났다. 1977년 4월, 양평동 판자촌에서 집단이주를 희망하는 170세대와 함께 천주교와 독일 해외지원단체의 도움으로 시흥군 신천리 과수원과 논밭에 '복음자리'를 만들기 시작했다. 이곳에서 그는 작고할 때까지 거주했다.

복음자리 마을의 성공은 또 다른 집단이주의 모델이 됐다. 1979년에는 서울 당산동과 신림동, 시흥동, 봉천동 철거민 164가구가 복음자리 공동체 인근으로 이주해 '한독마을'을 이루었다. 이후 1985년 목동 판자촌이 공

1980년대 초 복음자리에서 공동체 생활을 하던 제정구, 정일우(오른쪽 2인). 왼쪽 끝은 제정구 선생의 부인이며, 김영준, 박재천 가족의 모습도 보인다.

영개발로 철거되자 주민 중 105세대가 다시 근처로 집단이주하여 '목화마을'을 만들었다.

1985년에는 복음자리와 한독마을, 목화마을을 연결하는 '작은자리' 회관이 문을 열었다. 그곳을 중심으로 신용협동조합, 복지공동체 건설을 추진했다. 지금은 일반 기업에 매각되었지만, 시중에 팔리고 있는 '복음자리 잼'은 주민들의 자활을 위해 만든 상품이다. 이런 공로를 인정받아 1986년 제정구와 정일우는 아시아의 노벨평화상이라 불리는 막사이사이상을 받았다.

그는 1980년대 초 판자촌 철거가 본격화되자 목동, 상계동 등 여러 곳의 투쟁에 동참하고 지원했다. 이 과정에서 1985년 천주교 도시빈민회를 창립했고, 같은 해 천주교빈민문제연구소(이후 '도시빈민연구소', 현재의 '한국도시연구소'로 확대)를 만들었다. 그러다 1990년대부터 본격적으로 정치권에 참여해서 재선 의원을 지냈으나, 몸에 맞지 않는 현실 정치를 견디지 못하고 이른 나이에 암으로 세상을 떠났다.

판자촌의 예수, 정일우 신부

본명이 존 데일리(John Vincent Daly, 요한, 1935~2014)인 정일우는 아일랜드계 미국인으로, 40년 가까이 대한민국에서 활동한 예수회 신부이자 빈민운동가이다.

미국 일리노이주 출신인 그는 1953년 8월 8일 예수회에 입회하여 1960년 9월 예수회 신학생 신분으로 처음 한국에 왔다가, 1967년부터 서강대학교에서 교편을 잡았다. 서강대학교에서 신학을 가르치고 예수회 수련장으로 일하고 있던 그는 자신이 '복음을 입으로만 살고 있다'는 생각이 들었다. 이에 1973년 예수회 수련장에서 물러나, 청계천 판자촌에서 평생 동지였던 제정구와 처음 만났다.

이후 제정구와 정일우 신부는 철거민 집단이주 마을인 복음자리, 한독주택, 목화마을을 함께 만들었다. 1980년대에는 목동, 상계동 등 강제철거에 맞서 도시빈민운동을 활발히 펼쳤다. 1985년 천주교 도시빈민회, 1987년 천주교 서울대교구 빈민사목위원회를 교구장 자문기구로 설립하는 데 기여했으며, 1988년 민중주거쟁취 아시아연합 설립에도 도움을 주었다.

이후 1991년 서울 마포구 공덕동 판자촌에 '한몸공동체'를 세웠다. 1997년 대한민국으로 귀화한 정일우 신부는 농촌으로 눈을 돌려 농민들을 위한 신앙과 생활 공동체인 '예수회 누룩공동체'를 충북 괴산군 삼송리에 세웠다. 이런 노력에 힘입어 우리나라의 예수회 사회사도직은 도시빈민, 이주노동자, 약물 청소년, 아이들 공부방, 농촌 분야로 확산되었다.

평생을 가난과 무소유를 실천하며 살던 정일우 신부는 2004년부터 건강이 악화되어 요양하다가 2014년 선종했다.

노가다 목사, 허병섭

허병섭 목사(1941~2012)는 1970년대 빈민 선교를 시작해 하월곡동에 동월교회를 세우고 판자촌 사람들과 평생을 함께했다. 1990년부터는 아예 목사직을 내려놓고 건설노동자가 되어 새로운 자활 모델을 모색했다.

그는 1974년 '수도권특수지역선교위원회' 활동에 참여하면서 주민운동을 시작했는데, 박형규, 권호경, 김동완, 이해학, 조승혁, 모갑경 목사 등과 함께했다. 1976년 서울 하월곡동 달동네로 들어가 민중교회인 동월교회를 세워 사목했고, 1980년대 초에는 교회에 국내 최초의 탁아방이라고 할 수 있는 '똘배의 집'을 만들었다. 똘배의 집은 탁아소 입법화의 계기가 됐다. 1989년에는 목사직을 벗고 도시빈민 노동자로 막노동판에서 미장일을 익혔고, 노동자들과 함께 노동공동체 '월곡동 일꾼 두레'를 만들어 후배 목회자들과 노동자 협동조합 운동을 전개했다.

1970년대 초 경기도 양주에서 스승 문동환 목사를 중심으로 첫 생태공동체인 '새벽의 집'을 꾸렸던 그는 다시 생태주의로 관심을 돌렸다. 1996년 전북 무주에 생태교육을 실천하는 대안학교 '푸른꿈고등학교'를 세웠고, 최초의 대안대학인 녹색대학 설립 준비위원장을 맡았다. 2003년 개교한 이래 온배움터(녹색대학)의 공동대표와 푸른꿈고교 운영위원장을 맡아왔다. 말년에는 원인 불명의 혼수상태에 빠지면서, 3년 이상 투병 생활을 하다 작고했다. '노가다 목사' '꼬방동네 목사' 등으로 불렸던 허병섭 목사는 이철용 전 국회의원의 소설 《어둠의 자식들》과 《꼬방동네 사람들》에 빈민운동가로 등장하는 공병두 목사의 실제 모델이기도 하다.

1세대 철거민 지도자, 고광석

고광석(1946~2019)은 가락동 평화촌 철거민으로, 1988년 서울시철거민협의회 회장을 맡았고, 1989년 전국빈민연합 의장, 1991년 민주주의민족통일전국연합(전국연합) 공동의장을 역임했다.

그는 가락시장 앞 평화촌에 지은 자신의 집이 철거된 이후, 철거반대투쟁이 벌어지는 곳이면 달려가서 조직하고 지원했다. 상계동, 목동, 양평동, 도화동, 홍은동, 신정동, 전농동, 서초동 꽃마을 등에서 강제철거에 맞섰고, 1987년 서울시철거민협의회 결성을 주도했다.

이후 노점상, 건설노동자 등과 연대해서 전국빈민연합을 만들었고, 가난한 사람들의 주거, 직업, 교육 문제를 근원적으로 해결하기 위해 혼신의 노력을 기울였다. 이후 1991년 민주화운동 연대단체인 전국연합의 공동의장을 맡아 민주화와 민족통일 운동에 헌신했다.

그 자신이 철거민이자 영구임대주택에서 생활한 영세민이었지만, 가난의 구조를 개혁하기 위한 일에 평생을 헌신했다. 학생운동권 출신 활동가들을 통해 세상사에 눈떴지만, 오히려 그들을 지도하고 가르쳤다. 그중 김흥겸은 그가 가장 아낀 사람이었다. 고광석은 이른 나이에 암이 찾아와 오랫동안 병마에 시달리다 73세를 일기로 세상을 떠났다. 장례는 2019년 5월 2일 전국철거민연합, 민주노점상전국연합, 전국노점상총연합, 천주교도시빈민회 등 53개 단체가 참여한 도시빈민장으로 열렸다.

도화동 재개발구역에서 주민들에게 연설하고 있는 고광석 회장의 뒷모습.

전히 해체하는 수준으로 진행되었기 때문이다. 따라서 처음에는 세입자에게도 '무언가' 대책을 세워달라는 차원에서 시작해 공공임대주택 공급, 재개발 기간에 살 수 있는 가수용단지 조성, 미해당자 문제 해결, 비닐하우스촌 등 신발생 무허가주택에 대한 대책 요구 등 다양한 이슈를 중심으로 이루어졌다. 더구나 판자촌 사람들이 1980년대에 들어 '민중'의 일원으로, 생존권투쟁을 넘어 민주화와 사회변혁의 주체로 대접받게 되면서 본격적인 조직화 영역에 등장했다. 이전부터 활동해왔던 주민운동 활동가들과 1980년대 학생운동 출신들은 판자촌 철거를 계기로 빈민들을 조직하고, 나아가 사회개혁의 진지를 구축하려 했다.

이에 따라 1980년대부터 철거민운동은 조직적이고 지속적이며, 동시에 엄청난 물리적 갈등을 수반한 투쟁으로 변했다. 목동 철거반대투쟁은 1980년대식 철거민운동의 시작이었다. 목동에서의 싸움은 100여 차례가 넘는 집회와 시위를 거치면서 약 2년간 지속되었다. 당시 전두환 군사독재 시절 좀체 엄두를 낼 수 없었던 가두점거 농성이나 구청 진입, 경찰서 앞 시위 등이 수시로 벌어졌다. 이 운동에는 천주교 인사들 외에도 서울대 학생운동권도 결합했다. 이 과정에서 주민 지도자 20여 명이 구속되기도 했다. 이후 철거반대투쟁은 서울 전역으로 확산하는데, 사당동, 상계동, 돈암동, 오금동, 구로동 등 100여 곳이 넘는 판자촌에서 싸움이 벌어졌다. 이렇게 되자 초기에는 학생운동권이나 종교계 등의 도움을 통해 조직화와 반대투쟁을 하던 주민들이 스스로 연합조직을 만들고 이끌어가게 된다. 1987년 '서울시철거민협의회'(서철협)를 시작으로 1990년 '주거권 실현을 위한 국민연합'(주거연합) 등이 이런 차원에서 만들어졌다. 경향적으로 보면 서철협이 학생운동권 출신과 결합한 강경노선이었다면, 주거연합은 1970년대 주민운동가들이 참여하고 종교계가 결합한 상대적으로 온건노선이었다. 이런 경향의 차이는 1990년대를 거치면서 더 벌어졌으며, 서철협의 후신인 전국철거민연합(전철연)은 이후에도 철거 현장에서 강경노선을 유지했다. 물론 각 단체는 내부의 반목과 분열, 분화를 겪기도 했지만, 기본적으로 1990년대 중반부터는 빈민들 스스로 조직을 만들어 각종 철거 현장에서 권리 주장과 투쟁을 이어갔다.

이 과정에서 수많은 1세대 판자촌 주민 지도자들이 출현했다. 목동의 권용하, 최순옥, 상계동의 김진홍, 가락동의 고광석, 돈암동의 이태교, 도화동의 정을진, 양평동의 김을규 등은 자신들의 동네 싸움만이 아니라 다른 지역을 지원하는 지도자 역할을 했다. 이들은 구속도 두려워하지 않고 투쟁에 앞장섰다. 이와 함께 철거반대투쟁에는 학생운동권이나 지역 청년 출신들도 상근 활동가로 참여하는데, 이들 중 상당수가 구속되었다. 그중 한 사람은 연세대 신학과를 졸업하고 난곡의 낙골교회에서 전도사로 활동하던 김흥겸(판자촌 활동 중에는 김해철로 불렸다)이다. 그는 서철협 상근자로 일하던 1990년대 초 구속되었는데, 이후 위암이 발병해 30대 중반의 젊은 나이에 세상을 떠났다. 그가 만든 노래 〈민중의 아버지〉에는 전도사이자 판자촌 활동가로 활동했던 그의 간절한 마음이 녹아 있다.

서철현 활동가로 일했던 김홍겸이 만든
〈민중의 아버지〉 악보.

3장. 사건

물, 불, 산사태

연례행사였던 수재

서울은 높은 산, 큰 강으로 이루어진 도시다. 서울 도성이 있던 도심은 네 개의 낮은 산(내사산內四山: 북악산, 남산, 낙산, 인왕산)으로, 시 경계는 다시 네 개의 높은 산(외사산外四山: 북한산, 관악산, 용마산, 덕양산)으로 둘러싸여 있다. 따라서 서울 시내의 중랑천, 탄천, 홍제천, 안양천 그리고 그 주변 소하천들은 크고 작은 깔때기가 되어 산에서 내려온 물을 한강을 통해 서해로 내보낸다. 게다가 멀리 강원도, 충청도에서 발원한 강들도 산줄기를 굽이굽이 돌아 한데 모여 서울을 관통(한강)하도록 되어 있다. 유달리 홍수기, 갈수기의 수위차가 큰 우리나라는 수시로 홍수 피해를 겪을 수밖에 없었다. 1980년대 초 한강 양안에 둑을 높이 쌓고, 배수펌프를 단단히 설치할 때까지 한강과 주변 소하천의 홍수는 거의 연례행사처럼 계속되었다.

이렇게 홍수가 나던 곳들은 평소에는 사람이 살기 어려웠지만, 사정이 다급한 사람들은 하늘에 운을 맡기고 이곳들에 집을 짓기도 했다. 아직 한강 본류조차 치수사업이 되지 않았던 1950~1960년대에 한강변 서빙고동, 이촌동, 양평동, 마포 일대에 판자촌이 비집고 들어왔다. 도심의 하수구 구실(그런 의미에서 청계천은 사실 개천開川이었다)을 하다가도 큰비만 오면 강으로 변하던 청계천 주변에도 위태롭게 세운 기둥 위에 판잣집들이 세워졌다. 동남아시아 판자촌처럼 물 위에 집이 들어선 모습이었다.

그중 이촌동 일대의 수재는 일제시대에도 유명했다. 용산 일대에는 이미 당시에도 상당한 인구가 거주하고 있었다. 1924년 동아일보가 연재한 '경성백승京城百勝'에서는 "명물 명물 하니 이촌동의 수해처럼 유명하고 지긋지긋한 명물이 어디 있겠습니까? 이촌동! 하면 세상 사람은 벌써 장마 때 수해 나는 곳인 줄을 연상합니다. 말씀 마십시오. 해마다 수해라면 지긋지긋합니다. …… 조선 사람이 4,000명이나 사는 이촌동에 이렇게 해마다 수해가 나서 인축人畜의 사상과 피해가 적지 아니하되 아직도 완전한 둑 하나 없습니다"라고 할 정도였다. 서울의 명물 100가지 중 61번째로 이촌동 수재를 들었던 것이다.

그러다 본격적으로 수재를 입은 판자촌 소식이 신문에 등장한 것은 1960년대부터였다. 그만큼 하천변에 살던 사람들이 많이 늘어났던 것이다. 그 이전부터 잦은 피해를 겪은 이촌동에 이어 중랑천, 홍릉천, 청계천이 대표적인 피해 지역이었다. 1963년에는 "청계천 물이 하천부지에 있는 판자촌으로 범람하기 시작하여, 동대문에서부터 숭인동에 이르는 청계천변 판자촌 수천 가구가 물에 잠기기 직전에 놓였다. 경찰은 방송차를 동원하여 주민들의 자진 철거를 종용"할 뿐이었다.[1] 물론 1965년에도 이촌동에는 큰 홍수가 났다.

1966년 조사에서는 하천부지에 들어선 무허가 판잣집은 8,109동에 이르렀는데, 한강 본류 주변 3,048동, 청계천 2,033동, 정릉천 874동, 중랑천 783동, 안암천 278동, 홍릉천 286동 등이었다. 이 중 위험지구로 분류된 곳은 25개소로 3,240동에 2만 2,276명이 생활하고 있었고, 한강 인도교의 경계수위(8.5m)에 도달하기 전에 1만 명이 넘는 이재민이 나올 것으로 예상되었다.[2] 서울시 수방대책본부는 난지도, 잠실, 서빙고, 여의도, 수색 등 15개 고립 지역, 금호, 한남, 망원, 성수 등 17개 저지대를 수해 예상 지역으로 꼽았다.[3]

해마다 수해가 반복되고 이재민들을 수용한 초등학교 등지에서는 장티푸스 같은 전염병까지 돌았다. 이에 서울시는 1960년대 후반부터 홍수 위험 저지대의 판자촌을 철거하는 한편, 다른 곳으로 집단이주시키려는 계획을 세웠다. 해마다 수해가 나면 몇 채를 철거하고 옮기겠다는 계획을 발표하곤 했지만, 현실은 그렇게 따라주는 상황이 아니었다. 1965년에는 "지난여름 한강 범람으로 생긴 이재민 3,942가구 19,272명을 영등포구 사당동과 봉천동 등 변두리에 정착시킬 계획을 추진했으나, 겨울이 눈앞에 닥친 아직도 자리를 못 잡아 철거민과 수재민들은 울상이 되고 있다"고 했다.[4]

그러다 본격적으로 하천변 판자촌을 줄여나가기 시작한 것은 한강변에 제방을 쌓아 아파트용 택지를 조성하기 시작한 1967년부터였다. 이 무렵은 서울 내 집단정착지와 광주대단지 조성을 통해 하천변의 판자촌을 옮겨가기 시작할 때이기도 했다. 저지대 주민들을 상계동, 시흥, 사당동, 신월동, 신정동 등지로 이주시켰고, 동부이촌동에는 둑을 쌓아 생긴 땅에 공무원 아파트를 지었다. 1969년에는 하천부지의 무허가 판잣집을 1만 1,657동으로 파악하고, 이 중 1만여 채를 철거해서 광주대단지로 이주시킬 계획도 세웠다.[5]

이렇게 한편으로 한강에 제방을 세우고, 다른 한편으로 하천변 판자촌을 집단으로 이주시키면서 판자촌 수재 소식은 빠르게 줄어들었다. 물론 1984년 망원동 수해, 1990년 성내동 수해까지 겪고서야 서울의 수해는 거의 없어지기는 했지만, 어떻든 하천변 판자촌 수해는 집단이주사업이 그 빈도를 줄이는 데 크게 기여했다. 하지만 이렇게 전쟁터 난민들을 소개시키듯 옮겨간 곳도 결코 안전하고 편안한 장소는 아니었다. 신정동, 신월동의 철거민 이주단지는 2만 명 이상의 주민이 있었지만, 교통수단이라고는 110번 버스 노선 하나여서 러시아워엔 교통지옥이 되었다. 버스를 기다리는 줄이 50미터 이상 늘어서기도 했다. 또 전화 한 통을 하기 위해서는 2킬로미터나 떨어진 화곡동까지 나가야 할 정도였다.[6] 그보다 더 문제는 수해를 피해 산동네로 옮겨갔더니 큰비가 산사태를 일으켜 더 큰 인명 피해가 난 것이다.

두 번의 산사태로 수십 명이 사망한 시흥2동 판자촌

애초 무허가 판잣집은 주인 없는 땅이나 위험한 곳에 들어설 수밖에 없는 운명을 갖고 있었다. 창신동의 폐 채석장도 그중 한 곳이었다. 지금은 창신·숭인 도시재생사업의 하나로 둘러보기 좋은 낯선 도시 구경거리가 되었지만, 이전에는 그 채석장 아래나 위쪽에 판잣집들이 빼곡했다. 1969년 초에는 바윗돌 하나가 굴러서, 아래쪽 판자촌에서 잠자던 남매가 죽고 다쳤다. 구청이 한 일이라곤 암벽 아래 건물 100여 동을 3월 말까지 철거하겠다는 것이었다.[7]

그런데 진짜 안타까운 일은 수재를 피해 집단이주했던 주민들이 두 번이나 산사태를 겪은 일이다. 1977년 여름에는 유달리 서울, 수도권에 큰비가 내렸다. 7월 8일부터 이틀 동안 내린 비로 무려 149명이 사망하고 83명이 실종될 정도였다. 그중에서 비가 가장 많이 내린 곳이 경기도 안양으로 하루에만 459밀리미터에 달했다. 57년 만의 최대 호우였다. 이때 안양과 바로 접해 있던 구로구 시흥2동(지금은 금천구에 속해 있다)이 산사태의 직격탄을 맞았다. 시흥2동 89·90·91번지 일대의 45채가 휩쓸리면서 25명이 숨지고, 22명 실종, 50여 명이 중경상

을 입은 것이다.[8]

이곳 주민들은 성동구, 성북구, 종로구 등 저지대에서 주택 침수 피해를 겪고 이주한 사람들이었다. 1960년대 말부터 1970년대 초까지 서울시는 저지대 침수 지역 주민들에게 관악산 주변으로 땅 8평씩을 분양해줬다. 닌곡을 포함한 신림동 일대와 시흥2동에 그렇게 집단정착지가 조성되었다. 그런데 시흥2동에서는 산사태가 나기 석 달 전인 4월, 사방공사를 한다며 고지대 집들을 철거하고 그 자리에 공사 장비를 쌓아두었다. 큰비가 오자 그 장비와 벽돌, 블록 등이 한꺼번에 쓸려 내려와 계곡 주변의 집을 덮쳤고 이어 연쇄적으로 산사태가 난 것이다. 두말할 것 없는 인재였다.[9] 이 일로 당시 영부인 역할을 하던 "박근혜 양은 산사태 이재민이 수용되어 있는 혜명보육원을 방문하고 주민들을 위로하고 특히 아이들을 잘 돌봐줄 것을 당부"하기도 했다.[10]

더 어처구니없는 일은, 10년 뒤 같은 장소에서 같은 사고가 또 일어났다는 것이다. 1987년 7월 27일, 시흥2동 산91번지 일대에서는 위쪽 산비탈에서 돌과 토사가 굴러내려 판잣집 70여 채가 부서지고, 20명이 목숨을 잃는 사고가 발생했다. 당시 방송은 "오늘 새벽 서울시 구로 시흥2동 226번지 일대에 또다시 산사태가 발생하는 바람에 주민 20여 명이 목숨을 잃었습니다. …… 대부분의 가옥이 5평에서 10평의 블록 집으로 경사가 심한 비탈길에 모여 있어, 인명 피해가 컸습니다. …… 오늘 사고가 난 곳은 지난 77년에도 산사태가 일어나 많은 인명 피

1987년 시흥2동에서 산사태가 일어나 판잣집 70여 채가 부서졌다. 이 사고로 20명이 목숨을 잃었다.

해를 냈었습니다"[11]라고 보도했다.

사고가 나자 김수환 추기경은 피정을 중단하고 바로 다음 날 현장을 방문해서 주민들을 위로했고, 야당 지도자였던 김대중씨도 현장에 들렀다. 그러나 당시 민주화운동의 열기에 묻혀 이 끔찍한 사고는 곧 잊히고 말았다. 이 두 번째 사고가 있은 지 두 달 뒤, 서울시는 관악산을 빙 둘러 신림동과 연결하는 3킬로미터의 산복도로를 개설하고, 불량주택 6,480여 동이 밀집돼 있는 신설도로 주변의 신림1·2동. 시흥1·2동 등의 재개발사업을 추진키로 발표했다. 7만 명이 넘는 주민들이 사는 곳인데도 "차량 통행로가 없어 버스 등 대중교통은 물론 청소·분뇨 수거차조차 들어갈 수 없는 곳이 많고, 하수도시설도 제대로 안 돼 산사태·축대 붕괴 사고 등의 위험이 높았던 지역"[12]을 근본적으로 바꾸겠다는 것이었다.

그 후 이 동네는 당시의 합동재개발사업 바람을 타고 아파트 단지로 바뀌었다. 산복도로도 개설되었다. 하지만 2011년 다시 산사태가 나는데, 다행히 주택가를 덮치지는 않았고 산복도로의 터널 입구가 토사에 파묻혔다. 이와 함께 재개발로 들어선 아파트촌을 가로질러 빗물이 급하게 아래쪽으로 내려오면서 동네 입구 쪽의 하수도가 역류하고 침수되는 피해를 보았다.[13] 그만큼 1960년대에 관악산 아래 급히 만든 정착지가 40년이 지나서도 위험이 사라지지 않았던 것이다.

'0.17평의 삶'이 불타다

1980년대에 대학을 다닌 사람들이라면 읽어봤을 법한 칼럼이 있다. 돌아가신 리영희 선생님이 쓰신 〈0.17평의 삶〉이다. 1970년 선생님께서 신문의 판자촌 화재 기사를 무심코 읽었더니, "모두 1백29채의 집이 잿더미로 변했다는데, 그 총면적이 겨우 2백40평"에 불과하고, "그 대지 위에 1천3백81명이 살았으니 한 사람당 평균 쳐서 0.17평만 허용되었을 뿐"이라고 탄식하는 내용이었다.[14]

판자촌의 화재는 이런 식이었다. 다닥다닥 붙은 집들, 불에 타기 좋은 재료, 난방과 취사를 겸한 화기, 소방도로는커녕 사람들이 지나다니기도 힘든 골목길, 먹을 물도 제대로 없었으니 불 끌 물도 준비가 안 되어 있었다. 한 번 불이 나면 그저 인명이나 안 상하면 다행이었고, 가재도구는 애초 언감생심이었다. 실제 당시 언론의 화재 보도들을 보면 실감이 난다. "다닥다닥 인접되어 있는 판자촌의 벽은 베니어로 되어 있는 데다 지붕도 기름종이인 루핑으로 덮여 있어 불만 나면 삽시간에 번져 몽땅 태우기 마련이었다. …… 이번 청계천 판자촌 불에도 서울 시내 소방차가 거의 모두 출동했으나 문전에서 불구경이나 하는 구실을 벗어나지 못했다. 소방도로가 없는 판자촌 화재엔 소방차라도 속수무책. 지난 10월 17일 숭인동 203일대 판자촌 1백여 채를 태운 것을 비롯, 창신동 판자촌 등 불이 잇달아 일어났는데 그때마다 소방도로가 없어 불탄 판잣집이 폭삭 내려앉으면 소방차가 길을 만들어 밀고 나가는 소방 방법을 썼다. 또 가까운 곳에 소방전마저 시설이 안 돼 불길을 잡을 수 없는 것이 통례로 되어왔다."[15] 1969년 10월 성동구 인창동에 화재가 나 판잣집 50여 동이 전소되고 이재민 80가구 400여 명이 발생했을 때도, 소방도로가 마련되어 있지 않아 노변 판잣집들을 철거한 뒤 소방차가 들어설 수 있었다.[16]

불은 주로 겨울에 동네를 가리지 않고 일어났다. 창신동, 양동, 도동, 서부이촌동, 후암동, 청계천, 양평동 등 판자촌이 있는 서울 전역에 걸쳐 화재가 났다. 사망 사고도 빈발했다. 주요 피해자는 혼자 있던 노인이나 아동, 아기들이었다. 그중 1966년 남산동 화재는 특히 피해가 컸다. 1월 18일 밤 10시께 남산동 판자촌에서 일어난 불로 456가구가 불탔는데, 무려 21 명이 사망하고 11명이 중화상, 2,244명의 이재민이 발생한 것 이다.[17] 사망자 숫자로만 보면 역대 서울에서 발생한 화재 중 에 다섯 손가락 안에 들어갈 정도였다. 아무리 판자촌 화재라 도 어떻게 이렇게 많은 사망자가 발생했을까? 남산동 판자촌 은 건설 공사가 중단된 속칭 유엔호텔 안과 주변으로 판자와 천막으로 지은 집들이 들어선 곳이었다. 건물 안에 판잣집이 들어선 데다 구조가 복잡했기 때문에 더 피해가 컸다. 이때 이 재민들은 인근 남산국민학교로 옮겨서 생활토록 했는데, 당시 군용트럭을 동원해 주민들을 이동시키던 사진들이 남아 있다.

이후 이곳 주민들은 미아동 일대로 집단이주하게 되었다. 속칭 '삼양동 달동네'로 알려진 미아1·2·6·7동은 1959~1963년 사이 서울 도심의 수재민·철거민 4,000여 가구를 국공유지에 천막촌을 조성해 이주시킨 곳이다. 이곳으로 남산동 이재민도 옮겨간 것이다. 이때 이주한 가족들 중에는 우리에게 잘 알려 진 분들도 있다. 바로 전태일 열사 가족이다. 화재 당시 전태일 은 열여덟 살, 어머니 이소선 여사는 서른일곱 살이었다. 당시 충격으로 이소선 여사는 시력을 잃을 정도로 몸이 아팠다. 이 재민들과 함께 미아리로 갔던 전태일 가족은 다시 도봉산 공 동묘지 근처 전태일이 직접 판자로 지은 집으로 이사했다. 이 재민들이 한 집 두 집 모여들어서 자연히 마을을 이루게 된 곳, 여기가 바로 서울특별시 도봉구 쌍문동 208번지다. 이 집에서 살 때 청년 전태일이 청계천에서 분신을 했다.[18]

군용트럭을 타고 미아동으로 집단이주하고 있는 남산동 주민들. 이때 전태일 열사 가족들도 미아동으로 이주했다.

남산국민학교에 지어진 이재민 천막촌.

지금도 계속되는 비닐하우스촌 화재

다행히도 1970년대 중반으로 들어가면 판자촌 화재도 급감하게 된다. 종전 판자와 루핑으로 만든 집들이 현지개량과 도시새마을운동을 거치면서 시멘트 기와와 블록 벽으로 바뀌고, 수돗물에 소방도로까지 군데군데 갖춰지자 이전보다 화재 사고는 그 빈도나 규모가 확연히 줄어들었다. 대신 1980년대 후반부터는 새로운 유형의 판자촌이라 할 수 있는 비닐하우스촌에 화재가 빈발하고 인명 피해도 생겼다. 산동네에 자리 잡은 전통적인 유형의 판자촌은 재개발사업으로 사라졌지만, 그로 인한 철거민들이 서울 곳곳의 빈 땅, 특히 화훼용 비닐하우스를 불법 개조해서 주거용으로 사용하기 시작했기 때문이다. 대법원과 대검찰청 앞쪽, 현재 최고급 아파트들이 들어서 있는 곳은 이런 식으로 화훼용 비닐하우스가 즐비하던 곳이었다. 꽃시장이 자리 잡고 있어서 꽃동네, 꽃마을이라 불렸다.

1992년 3월 9일 새벽 3시경, 서울 서초구 서초동 1707의 12 일대, 검찰청사 앞 비닐하우스촌에 불이 나 어른 2명과 어린이 2명 등 4명이 불에 타 숨지고 비닐하우스 50개 동 600여 가구가 전소됐다. 이 불로 이재민 2,000여 명이 발생했고, 서초3동 충신교회 등에 긴급 대피했다. 당시 소방 역량으로는 최대 규모라고 할 수 있는 62대의 소방차와 208명의 소방대원을 긴급 동원, 진화 작업을 벌여 화재가 발생한 지 55분 만인 오전 4시 15분께 불을 모두 껐다. 그럼에도 이렇게 큰 인명 피해

서울 서초구 꽃마을
비닐하우스촌에 큰불이
났다는 소식을 전하고
있는 1992년 3월 10일
자 한겨레.

가 난 것이다. 그런데 이곳에 5월에 또 불이 나서 6개 동 60가
구를 태웠고, 이는 그해에만 다섯 번째 불이었다. 경찰은 화재
원인을 전기합선으로 추정했지만, 주민들의 주장은 달랐다.
최근 몇 년 사이 10여 차례나 새벽에 불이 났다며 이는 꽃마을
을 철거하기 위한 방화일 가능성이 크다고 보았다.[19] 서초동
꽃마을 화재는 1988년부터 신문 기사에 등장하기 시작해서
1998년 무렵 꽃마을 전체가 이주하고 철거될 때까지 수시로
보도되었다. 1998년 4월 4일에 비닐하우스 7개 동 520여 평을
태워 52가구 138명의 이재민이 발생했다는 것이 마지막 보도
였다.[20]

이런 일은 서초동 꽃마을에서만 벌어진 것이 아니었다. 지금 서울에서 과천으로 가는 남태령 지하철역 근처도 1990년 무렵에는 40개 동에 140여 가구 400여 명이 비닐하우스를 짓고 살고 있었다. 1990년 초 이곳에서 몇 차례 불이 나 이재민이 다수 생겨났고, 1993년 6월에는 급기야 10대 자매 등 3명이 화재로 사망하는 사고까지 일어났다. 이 지역은 2001년에도 180가구 443명이 거주하던 중 화재가 나서 상당수가 이주했지만,[21] 아직까지 일부 가구가 거주하는 것으로 알려져 있다.

이처럼 많은 비닐하우스촌이 잦은 화재와 철거로 없어지기는 했지만 아직 10여 곳 이상 남아 있다. 대표적인 곳이 현재 공공개발이 예정되어 있는 구룡마을이다. 구룡마을도 형성과정은 다른 비닐하우스촌과 비슷한 이유와 시기에 이루어졌다. 다만 워낙 대규모인 데다 개발 자체가 어려운 자연녹지여서 지금까지 존속되고 있다. 현재는 SH공사가 공공개발을 진행하고 있으며, 비닐하우스촌 주민들은 현지에 지어지는 공공임대주택에 입주할 예정이다. 구룡마을에는 그동안 수십 차례 크고 작은 불이 났는데, 2014년과 2018년에는 각각 1명씩 사망자가 나오기도 했다.

와우아파트 붕괴

3년 이내에 서울 판자촌을 모두 없앤다!

정부에서 지은 새 아파트가 입주한 지 넉 달 만에 무너진다면? 그것도 곤히 잠든 이른 아침에 무너져 무려 34명이 목숨을 잃었다면?

이런 상상도 할 수 없는 일이 1970년 4월 8일 서울 신촌 부근에서 실제로 일어났다. 1960년대 후반, 급증하던 판자촌 문제를 해결하기 위해 한편으로는 시 외곽으로 집단이주를, 다른 한편으로는 그 자리에 저렴한 시민아파트를 지어 입주시키려는 계획이 '전투적'으로 추진되던 때였다. 1968년 말 당시 서울시장이던 김현옥 시장은 "서울 시내 판자촌 14만 동을 3년 내로 모두 없애기 위해, 판자촌 지구 40곳 78만 평에 아파트 2,000동을 짓는다"는 목표를 밝혔다. 이어 몇 달 지나지 않은

1969년 4월, 김현옥 시장은 "1971년 말까지 완성할 계획인 서민아파트 2,000동을 최대한 당겨 71년 3월 말까지 앞당기고, 판자촌 주민 중 10만은 아파트에 입주시키고, 나머지 4만 동의 주민들을 현재의 집을 개량토록 하거나 서울시 교외에 마련되는 주택대단지에 이주시키겠다"고 의욕을 보였다. 이미 1968년 1월 1일 현재의 연고권에 따라 아파트에 입주하게 될 주민에게는 푸른색 카드, 현지개량 및 대단지 수용 예정 주민에겐 붉은색 카드를 나눠주고 있었다.[22] "시민을 위한 아파트 2,000동, 450만 우리의 용기다 훈장이다"라는 표어가 시청 곳곳에 붙기도 했다.

1967년 시범사업 차원에서 240가구가 살 수 있는 아파트 5개 동을 짓기 시작한 후, 1968년에는 22개 동 835가구로 늘었고, 1969년부터는 본격적으로 대량 건립에 나서 406동 1만 5,852가구를 짓는 걸 목표로 삼았다. 1967년에 시작해서 3년 만에 433동 1만 6,937가구 분량의 시민아파트를 지은 것이다. 그리고 1970년에는 600동, 1971년에는 약 1,000동으로 늘린다는 계획이었다. 이렇게 아파트 건설에 속도를 내는 한편, 시민들에게 성과를 보여주는 것이 급했던 서울시는 아파트가 채 완공되기도 전에 입주 예정자들이 살던 판자촌을 서둘러 철거하기도 했다. 시장의 독려만큼 공정이 빠르지 못해서 조바심이 났던 서울시는 금화 시민아파트에 입주 예정이던 판자촌 900가구를 미리 철거해 반발을 사기도 했다.[23]

더구나 서울시는 건립 속도와 입주만 독촉한 것이 아니

라, "싸게, 빨리" 짓는 전형적인 관급공사 관행을 적용하고 있었다. 워낙 대규모 물량이라는 이유로 시공을 맡은 건축업자들에게 단가를 대폭 낮췄을 뿐 아니라, 나중에 밝혀지지만 뇌물이나 향응도 만연했다. 당시 한 언론 보도를 보면, "한 동당 1,200만 원씩의 공사비를 들여 건립한 시민아파트가 준공된 지 불과 몇 개월 만에 벽이 갈라지고, 지붕이 헐어 비가 스며드는가 하면 연통과 환기시설의 불비로 연탄가스 중독 사고가 곳곳에서 일어나는 등 날림공사로 인한 입주자들의 비난은 날로 심해가고 있다. 그런데 도급한 32개 건설업자 대부분이 한 동(50가구)당 1,200만 원은 시중 단가에 비해 20% 낮기 때문에, 단가를 현실화해주고 지형 조건에 따른 예산 반영을 요구하고 있었다. 또한 미처 콘크리트가 굳기도 전에 철거민의 입주를 서둘러 하자 발생의 요인인 벽과 천장 등이 모두 허물어져 몇 차례씩 보수공사를 함으로써 큰 결손이 발생했다. 나아가 놀이터, 상하수도시설, 진입로 아스팔트 포장 등의 약속이 지켜지지 않아, 입주자들의 불만도 컸다. 11평으로 된 좁은 아파트(복도와 화장실을 제외하면 8평)인 데다, 복도식의 경우는 집 안에 화장실이 없고 각 층의 가운데에 따로 있을 정도"였다.[24]

사정이 이렇다 보니 입주민들도 시민아파트에 입주하지 않거나 입주하더라도 팔고 옮기는 일이 비일비재했다. 예를 들면 금화지구 아파트는 1968년 10월부터 주민 854가구가 입주했는데, 1년 뒤 조사를 했더니 154가구가 이미 입주권을 양도한 상태였다. 무엇보다 주거비 부담이 컸기 때문이다. 주민

금화시민아파트 뒤쪽으로 판자촌이 들어차 있는 것이 보인다.

시민아파트 공사 현장에서 간부들로부터 보고를 받고 있는 김현옥 시장(왼쪽).

의 60%가 월수입 1만 원 이하인 상황에서, 입주 시에 공동부담금 5만 원을 일시불로 납부해야 하고, 13~15만여 원을 들여 내부 시설 공사를 해야 했기 때문이다. 주민들의 부담을 줄여준다는 이유로 골조 공사만 시에서 하고, 내부 시설은 주민들이 직접 하도록 되어 있었다. 이후 15년간 월 2,300원씩 갚아나가는 융자금과 관리비 4,000원도 부담이 아닐 수 없었다. 이 때문에 대체로 10~15만 원에 입주권을 양도하고 셋집으로 가거나 다른 곳에 판자촌을 구해서 가는 일이 빈발했다.[25]

4월의 새벽, 와우아파트가 무너졌다

앞에서 보았듯이 1969년부터 이미 시민아파트의 문제점이 지적되고 있었다. 산비탈에다 기초도 제대로 다지지 않고, 불과 6개월 만에 5층짜리 아파트를 뚝딱뚝딱 지어 올리는 것을 불안해할 때였다. 결국 사고가 나고야 말았다. 1970년 4월 8일 아침 6시 40분. 와우아파트의 한 동(15동)이 입주한 지 넉 달 만에 무너졌다. 33명이 죽고, 38명이 다쳤다. 또 무너진 아파트 잔해가 아파트 아래에 있던 판잣집을 덮쳐 잠자고 있던 1명이 사망했고, 2명이 다쳤다(총 사망자 34명, 부상자 40명).

사고 원인은 간명했다. 터무니없이 짧은 공사 기간에다 자재 빼먹기 등 부실 공사가 원인이었다. 이 아파트 단지는 1969년 6월 26일 착공해 6개월 만인 12월 26일 준공했다. 그런데 예산이 너무 적었다. 시공회사인 대룡건설이 맡은 13·14·15·16동 아파트에 투입된 예산은 2,638만 원으로, 택지조성비·축대비 등을 제외하면 건축비가 평당 1만 원도 안 되었다.

또 건설 공사를 따내기 위해 뇌물을 썼고, 공사 자재를 아껴야 했기 때문에 철근 70개를 넣어야 할 기둥에 고작 5개를 넣을 정도였다. 무너진 15동의 설계상 건물 하중은 제곱미터당 280킬로그램인데, 실제 하중은 900킬로그램으로 600킬로그램 이상 초과되어 있었다. 설계상 하중이 280킬로그램으로 낮게 정해진 것은 당시 판자촌 주민들의 가재도구가 거의 없는 것으로 가정했기 때문이다. 와우아파트가 위치한 곳은 와우산 산비탈 중턱인 데다가 계곡을 끼고 있었다. 그러나 공사를 할 때는 이 점을 무시하고 아파트 뒤쪽만 암반 위에 얹었을 뿐, 아파트 무게의 4분의 3을 차지하는 앞쪽에는 기둥 7개만 박아서 기초를 삼았다. 더구나 기둥 하나에 19밀리미터 철근 70개씩이 들어가도록 되어 있었는데 5개 정도밖에 쓰지 않았다. 콘크리트 배합 비율도 엉망이었다. 시멘트는 넣는 시늉만 해서 콘크리트라기보다는 모래와 자갈의 반죽에 가까웠고, 반죽할 때의 물도 불순물이 많은 하수도 물을 썼다. 또한 기둥의 깊이는 2미터밖에 되지 않아서 모래 위에 집을 지은 셈이었다. 결국 겨울에 완공했던 아파트가 해빙기인 4월에 지층이 내려앉아 무너진 것이다.

붕괴 다음 날 신문 보도를 옮겨보자. 〈와우 시민아파트 붕괴. 70여 명 매몰, 27명 죽고 3~4명 생사불명〉이란 1면 제목

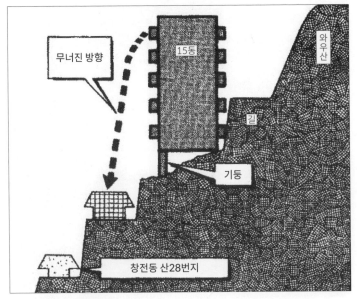

자료: 안전보건공단 블로그.

아래 "현장에 긴급구조대책본부를 설치한 서울시는 군경 등의 인원, 장비 지원을 얻어 구조 작업에 착수했으나 건물이 약 60도 경사진 와우산 중턱에 세워졌고, 철근과 시멘트 등이 엉켜 있어 매몰된 사람의 생사를 확인 못 하고 있다. 15동은 지난 3월 15일부터 입주하기 시작했는데, 입주 5일 후인 3월 20일부터 이웃 14동과 함께 1층 받침기둥 부근에 금이 가기 시작, 주민들이 마포구청과 경찰에 신고했으나 당국에선 지난 3일 14동 주민들만 대피시키고 15동은 보수만으로 '괜찮다'고 말해 그대로 머물다가 변을 당했다"[26]고 보도하고 있다.

와우아파트 조감도(위)와 붕괴된 모습.

와우아파트 붕괴 사고를 보도한 1970년 4월 8일 자 중앙일보.

　시민아파트 건설을 전투적으로 추진해왔던 김현옥 시장은 바로 사표를 제출했고, 박정희 대통령은 우선 "위험한 건모두 헐라"고 긴급 지시했다. 검찰은 즉각 서울의 모든 아파트의 안전도와 공사 부정에 대한 전면적인 수사에 착수해서, 사고 다음 날 마포구청장, 시민아파트 건설사업소 공사과장 등 4명을 구속하고 3명을 지명수배했다. 속전속결이었다. 국회는 상임위를 개최하고 근본 대책을 촉구했다.

　그리고 같은 대룡건설이 지은 건물 중 무너지지 않은 13·14·16동도 바로 철거하고, 주민들은 인근 홍익전문학교의 빈 교실 16개로 분산 수용되었다. 92가구 575명이었다. 가족이 희생된 주민들은 나중에 당산동 시민아파트에 다시 입주하게 되는데, 이번에는 호당 150~160만 원씩 투입된 15평짜리 아파트였다. 이후 와우아파트는 1976년, 1984년, 1988년, 1989년 4차례에 걸쳐 추가로 11개 동이 철거되었고, 1991년에 나머지 동들도 철거되어 공원으로 조성되었다. 현재 와우공원이 있는 자리다.

그런데 건물들이 완전히 철거될 때까지도 크고 작은 사고가 이어졌는데, 붕괴 사고가 발생한 지 3개월도 되지 않아 단지 내 높이 3미터 축대가 또다시 무너지는 사고가 났으며, 1984년에는 2동 뒤편 와우산 일부가 폭우로 무너져 내리면서 2명이 숨지고 3명이 중경상을 입기도 했다.

그 후로도 오랫동안 남았던 시민아파트

서울시는 와우아파트 붕괴 이후 더 이상의 시민아파트 건립을 중단하는 한편, 기존 시민아파트들도 대대적인 안전 점검을 실시한다. 점검 결과 총 437개 동 중 363동은 전면 보강, 50동은 부분 보강하고 4개 동은 철거했다. 이로 인해 9억 9,947만 원의 예산이 추가되었고, 건립비는 당초 평당 1만 8,500원이었는데 2만 2,000원으로 늘어났으며, 보강공사로 인해 다시 3만 5,000원으로 늘어났다. 결국 계획보다 약 2배의 예산이 들어간 셈이었다. 또 원래 2,000여 동을 짓겠다는 계획은 중단되어, 붕괴 당시 입주자가 선정되어 있던 서부이촌동 등 12개 동만 더 짓는 것으로 마무리되었다.[27]

이와 함께 기존 시민아파트들도 차례로 철거되었다. 1971년부터 1977년까지 그동안 건립된 물량의 4분의 1에 가까운 101개 동이 철거되었으니, 돈을 아끼려다 결국 10년도 못 쓰고 비용을 모두 날린 형국이었다. 이 철거비용에 447개 동 건립비용과 거의 맞먹는 50억 700만 원이 들었다.

아파트의 주민들도 당초 목표와는 달리 판자촌 사람들이 아니었다. 연세대학교 도시문제연구소의 금화아파트에 대한 조사에 따르면 주민의 반 정도만 판자촌 출신이었다. 직업도 상업 15%, 회사원 13%로 일반적인 판자촌 주민들에 비해 훨씬 안정적이고 수입 역시 두 배나 되었다. 원래 입주자였던 판자촌 사람들이 전매를 하고 떠났기 때문이다. 특히 아파트 단지 중 교통이 좋은 입구 쪽은 70%가 전매입자들이 차지할 정도였다. 청계천에 지어진 삼일지구는 가격도 중산층 아파트 못지않았다.[28]

시간이 지나 서울의 주거 수준이 높아지고, 아파트가 곳곳에 들어서면서 시민아파트는 이제 가난한 계층의 잊힌 거주지로 변해갔다. 1996년 기사에 따르면, 당시까지 21개 지구 153개 동이 남아 있었다. 그중 101개 동이 안전진단 D등급 판정을 받았고, 8개 동은 단기간 내 붕괴가 우려되는 E등급이었다. 낙산 시민아파트(1), 월곡 시민아파트(4), 연희B지구 시민아파트(3), 금화 시민아파트(3) 등 11개 동이 당장 급한 상황이었다. 주민들의 이주를 촉진하기 위해 대체 아파트의 전용면적을 18평에서 25.7평으로 확대하기도 했지만, 추가 부담금

시민아파트를 짓는 공사 현장. 그 아래 판자촌이 보인다. 시민아파트에 입주권을 사서 들어온 사람들은 판자촌 주민들보다 수입이 두 배나 되었다.

등으로 인해 자진 이주 기간이 다가옴에도 이주율은 24%에 불과했다.[29]

　그중 가장 고급으로 쳤던 청계천 삼일 시민아파트도 1999년 철거되었고, 거의 대부분의 시민아파트가 2000년대 초반 역사의 뒤꼍으로 사라졌다. 주로 고지대에 자리 잡았던 시민아파트 지역은 현재는 대부분 공원으로 바뀌었다. 지금도 쉽게 그 흔적을 찾아볼 수 있는 곳은 인왕산 자락, 윤동주문학관 위쪽의 청운공원, 또 대학로가 있는 혜화동 낙산 꼭대기에 있는 낙산공원 같은 곳들이다. 2022년 현재, 회현 시민아파트가 아직 철거되지 않고 남아 종종 영화 촬영지로 쓰이고 있을 뿐이다.

광주대단지사건

한국 최초의 신도시, 광주대단지

우리는 흔히 1990년대 초 만들어진 분당, 일산, 중동, 평촌, 산본을 최초의 수도권 신도시라고 생각한다. 조금 전문가인 분들은 1970~1980년대 조성된 과천, 반월(현재의 안산) 같은 곳을 얘기할 것이다. 그런데 그보다 훨씬 빠른 1968년에 시작된 신도시가 있다. 당시 대전이나 대구 규모의 초대도시로 구상한 도시이다. 최초의 위성도시라는 말도 나왔다. 그런데 놀라운 것은 그 큰 도시를 모두 서울에서 철거된 판자촌 주민들로만 구성하려고 했다는 것이다.

광주대단지가 처음 언론에 등장한 것은 1968년 6월 11일이다. 그날 경향신문 마지막 면에 〈경기도 광주군 중부면에 '철거민 수용 단지'〉라는 제목의 기사가 등장했다. 서울시가 중부면 수진리와 창곡리, 탄리, 단대리, 상대원리 등에 205만 평을 6억 원에 매입해서, 서울의 철거민들을 이주시키기로 했다는 내용이었다. 서울시는 이 단지에 앞으로 철거할 판잣집 5만 5,650동 가운데 4만 8,000가구를 이주시켜 모두 30만 명을 수용할 방침이라고 밝혔다. 중부면 일대의 임야를 평당 150~180원, 논밭은 300~400원에 매입해서 택지를 조성한 다음, 1가구당 30평씩 분양해 장기 상환토록 하는 한편, 1만 원씩 건축보조비를 지급할 계획이라고 했다. 이를 위해 서울시는 7월부터 15~30미터의 간선도로를 만들기 시작해 1969년까지 완공할 계획이며, 서울과의 교통 편의를 위해 천호동 간선도로를 확장키로 한다고 밝혔다.

다음 날(1968년 6월 12일) 조선일보에는 더 야심 찬 수치가 등장하는데, "시 당국은 이러한 대단지 조성 계획이 오는 1970년도까지 3개년에 걸쳐 실현되면 현재 대구 인구와 맞먹는 70~80만 인구를 포용하는 도시가 될 것으로 내다보고 있다"고 했다. 이와 함께 11월에는 광주대단지를 잇는 전철을 건설한다는 계획도 발표했다. "서울시는 일본과 차관 도입 협상이 마무리되면, 최우선적으로 광주군 중부면 수진리에서 오금동, 천호동을 지나 왕십리에 이르는 21.3km의 전철을 1969년 초 1차로 착공하겠다"[30]는 것이었다. 지금 우리가 알고 있는 최초의 전철인 1호선보다 광주대단지 선이 먼저 만들어질 뻔했다. 그러나 이 지역에 처음 전철이 연결된 것은 당초 구상보다 20년 이상 늦어진 1996년이었다. 지금의 8호선이다.

1968년 6월 철거를 앞둔 서대문구 천연동 전경. 1968년 서울시는 서울의 철거민을 광주대단지에 이주시켜 수용할 방침이라고 밝혔다.

　그러나 서울시의 의욕적인 계획에 비해 첫해의 토지 매입 실적은 별로였다. 처음 1968년에 350만 평의 땅을 매입하기로 했으나 실제로는 50만 평도 구입하지 못했고, 더구나 택지는 한 평도 조성하지 못한 것으로 드러났다.[31] 다음 해까지도 상황은 마찬가지였다. 1969년 말까지 2년간 목표의 3분의 1이 안 되는 100만 평 정도를 매입한 데다, 예산도 겨우 10%밖에 확보되지 않았다.[32] 이러니 서울시 내부에서조차 제대로 성공하기 어려울 것이라는 얘기가 나오기 시작했다. "서울시의 광주대단지 집단이주 계획은 도로 계획이 전혀 세워지지 않고 있어 그 실현성이 극히 희박해져가고 있다"고 실무자들은 토로했다. 이런 사실은 ① 대단지 진입 도로격인 광주군 중부면 수진리와 천호동 간의 도로 폭이 6~8미터밖에 안 되는 데다, 지반이 약해 우기에는 진수렁(진창)을 이루어 차량의 통행이 불가능하며, ② 교통량의 폭주를 완화할 광진교 신설공사가 내년으로 미루어짐으로써 이곳이 서울시의 위성도시로 발전할 가능성이 희박하며, ③ 서울시가 철거민들의 생업을 위해 이곳에 공장과 산업시설 등을 유치, 철거민들을 취업시킬 계획을 세우고 있으나 현 여건하에서는 그 실현이 요원하다는 것이다.[33] 1969년 서울시 주관으로 이주했던 1,800가구 중 800가구는 이듬해 1월 한겨울에도 여전히 천막에서 지내고 있었다. 더구나 현지의 버스는 시영 3대, 민영 1대로 모두 4대에 불과했다.[34]

그럼에도 김현옥 시장은 1970년 초에 무허가건물 13만 6,650동 중 2만 채를 철거해서 광주대단지로 집단이주시키겠다는 계획을 다시 강조했다.[35] 그러나 김현옥 시장은 와우아파트 붕괴 사고로 4월 16일 물러났고, 그를 대신해 양택식 시장이 취임했다. 양 시장은 광주대단지가 이미 많은 민원을 야기하고 있는 것을 알고 있었고, 이를 박정희 대통령에게도 보고했다(5월 12일). 박 대통령은 대단지에 이주한 철거민 중 다수가 도심과의 교통이 불편하고 공공시설이 전혀 돼 있지 않은

점 등 생활 여건의 불비 때문에 다시 시내로 들어오고 있다는 양 시장의 보고를 듣고 보완 대책을 지시했다.[36]

양택식 시장은 며칠 후, 광주대단지를 보완하기는 하되 기조는 변화가 없다는 점을 밝혔다. 기자간담회에서 "300만 평 계획은 조금도 변경될 수 없으며, 위성도시 건설의 모델 케이스로 삼아 집중적으로 행정력과 투자를 집행해나가겠다"고 말했다. 주민자활 대책도 강화하겠다며, 직업안내소를 설치하고, 1,000평씩 세 군데 총 3,000평의 시장을 개설하며, 경공업 단지를 조성해 보세가공업·전자·가발·가눈썹 공장 유치를 추진하겠다고도 밝혔다. 또 주민 편의를 위해 시영버스와 민영버스 각 2대를 더 배차해 총 9대로 늘리겠다고 발표했다.[37] 나아가 350만 평 중 5만 평은 녹지로 하는 등 계획적인 도시로 만들고, 잠실과 광주대단지 간 12.4킬로미터 도로를 폭 35미터로 신설해 20분 만에 서울로 올 수 있도록 하겠다는 등의 낙관론을 펼쳤다.[38]

그러나 광주대단지의 상황은 개선되지 않았다. 1시간에 1대꼴로 다니는 시영버스는 천호동까지 1시간 30분, 서울역까지는 약 2시간 30분이나 걸렸다. 더구나 식수가 없어서 개울 바닥의 웅덩이 물을 퍼서 마시는 바람에 집단적으로 병에 걸리는 일까지 벌어졌다.[39] 서울시 조사에서도 6월 현재 4,326 이주 세대 중 1,700여 세대가 여전히 천막에서 생활을 하는 것으로 나타났다. 월수입 5,000원 이하의 영세민이 절반을 넘었으며, 무직이 33%에 달했다.[40] 가을에 접어들어서도 문제가 개선되지 않자, 천막으로 겨울을 날 수 없으니 대책을 세워달라는 사람들이 시청으로 몰려와 항의하기도 했다.[41]

이런 상황에서 상당수 입주민들이 토지분양권을 팔고 서울로 돌아가거나, 인근에 다시 무허가 판잣집을 짓는 일이 비일비재해졌다. 30~40%가 전매하자, 서울시는 방지 대책을 잇달아 발표했다. 판자촌 철거 후 입주권을 받으면 열흘 내에 이주토록 하고, 6개월 내에는 전매하지 못하도록 시조례를 제정했다.[42] 11월에는 이주 후 한 달 안에 정착하지 않은 460가구의 분양권을 취소하는 한편, 전달까지 전매입주자로 밝혀진 2,648가구분 5만 2,960평에 대해서는 시가대로 일시불을 받기로 했다. 또 앞으로는 일체 전매를 허용하지 않겠다는 방침도 밝혔다.[43] 그럼에도 이듬해에 분양증이 한 장에 10~60만 원씩 공공연히 거래되었다. 1971년 7월 15일 분양한 900가구 중 306가구가 매각한 것으로 드러날 정도였다.[44]

이런 와중에 사기와 뇌물도 판을 쳤다. 서울시 직원들이 입주권 54장을 훔쳐서 브로커에게 넘기거나,[45] 분양권을 받아준다고 144명에게 돈을 받는 일이 벌어졌던 것이다.[46] 구청 직원이 가짜 입주증 180장을 만들어 브로커를 통해 팔거나, 판자촌을 철거한 것처럼 보고하고는 묵인하는 일도 있었다.[47] 여기다 아예 위조한 입주증을 만들어 한 장에 1만 5,000원씩 판 사람이 잡히기도 했다.[48] 더 황당한 일은 한 개인이 광주대단지 옆(대왕면 둔전리)에다 3,500만 평의 도시를 만든다고 하면서 입주권을 파는 일도 벌어졌다. 과거 잠깐 광주군수를 지냈던 인사가 '모란개척단'이라는 단체를 만들어 사기를 쳤던 것이다.[49] 또 철거민에게 구청장 이름으로 된 증명(분양증)을 받아 광주대단지로 이주하면, 사업소에서는 일정한 수가 모일 때까지 천막에 가수용한 후 땅을 공개 추첨하여 택지를 분양하도록 되어 있었으나, 길모퉁이 등 위치가 좋아 땅값이 비싼 곳은 남겨두었다가 뒷거래하는 등 부정이 판을 쳤다.[50]

　1971년 4월 27일, 그 유명한 박정희 대 김대중의 제7대 대통령 선거가 열렸다. 당시 박정희 후보가 90만 표로 이기기는 했으나, 부정선거가 아니었다면 결과가 달라졌을 것이라는 얘기가 나올 정도로 박빙이었다. 이 때문에 광주대단지 관리는 더 엉망이 되었다. 철거된 판잣집 주인에게만 입주권이 나오도록 되어 있었으나, 철거 지역 세입자들도 선거를 앞둔 혼란기에 광주대단지로 몰려와 분양 자격을 달라고 하거나, 인근에 무단으로 판잣집을 마구 지었다. 1971년 5월 조사로는 그해에만 광주대단지에 무허가 판잣집 2,491동, 무허가 복덕방 455동 등 모두 3,000동이 들어섰다.[51] 8월의 다른 보도에는 주민 2만 2,000가구 중 거의 절반이 무단 전입자라는 얘기까지 나왔다.[52]

　서울시는 이들을 관리하기 위해 기동철거반을 상주시켰으나,[53] 상이군인회 자활회원 30여 명이 트럭을 타고 광주대단지 사업소로 몰려와 집기를 부수는 등 항의가 계속되었다.[54] 이에 서울시는 광주대단지에 있는 무허가건물 철거민들을 단지 부근 국공유지에 집단수용할 수 있도록 상부에 건의키로 했다. 3,500여 채로 불어난 무허가건물이 철거를 해도 자리만 옮겨 계속 지어 살기 때문에 사업 추진에 애로가 심하다는 이유였다.[55] 결국 세입자 등 신규 무허가주택에도 5~10평씩 땅을 분양하기로 했다.[56]

한여름 광주대단지 한쪽에서는 서울에서 가재도구를 실은 철거민 트럭이 몰려오고, 다른 한쪽에서는 분양권으로 돈을 벌려는 욕망이 꿈틀거리고 있었다. 굶는 사람들까지 속출하는 가운데 거리는 소란했고 사람들은 폭발하기 직전이었다.

결국 폭발하다

광주대단지를 둘러싼 무법과 불만은 임계점을 넘어서고 있었다. 대통령 선거를 앞두고 불법과 편법을 사실상 방치하고 심지어 세금이나 분양대금을 깎아주겠다는 식의 약속도 남무했기 때문이다. 하지만 선거는 끝났고, 서울시는 이 혼란을 끝내려고 서둘렀다. 1971년 8월 2일 보도에 따르면, 광주대단지 전체 입주자의 20%인 4,150가구가 전매입주자였다. 정당한 분양자는 실비투자액 기준으로 20평 땅값을 2년 거치 후 3년 내 균등 상환토록 되어 있었지만, 전매입주자에 대해서는 은행 감정시가를 기준으로 연내 일시불로 지급하도록 했다. 전매입자들은 땅값이 비싸고 일시불로 내라는 것은 지나치다고 목소리를 높였다. 오죽 어려웠으면 이 황무지에 땅을 구하러 왔겠느냐는 것이었다. "전매입자들이 순순히 응하지 않는 경우, 이들과 사이에 심한 물의가 빚어질 것 같다"는 걱정이 나올 때였다.[57]

8월 10일, 결국 일이 터졌다.

〈불하 땅값 인하 요구. 광주단지 대규모 난동. 서울시 위약에 격분 방화〉
〈빗속 무법 6시간. 땅값 크게 내리고 지방세도 경감〉
〈광주단지 주민들 난동. 시사업소 등에 방화. 택지 불하대금 일시불 항의〉

당시를 보도한 신문 제목들이다. 한 보도를 그대로 옮겨 본다.

10일 오전 10시경, 광주대단지 주민 5만여 명은 성남출장소 뒷산에 모여 각종 세금 면제와 실업자 구제, 토지 불하 가격 인하 등 세 가지 조건을 걸고, 서울시장을 만날 것을 요구하다가 약속 시간인 11시가 지나도 양 시장이 나타나지 않자 격분, 오전 11시 45분 이 중 삼백여 명이 성남출장소에 방화, 본관 건물을 전소케 하고 차량을 불태우는가 하면, 지나가는 차량들을 빼앗아 타고 거리를 질주하는 난동을 부렸다.
이날 모인 주민들의 대부분은 서울 시내에서 전매입주한 사람들로서 지난달 14일 광주대단지 사업소장 명의로 분양토지 20평을 평당 8천 원~1만 6천 원에 불하한다는 고지서가 발부되자 그동안 수차례에 걸쳐 토지 불하 가격을 내려달라고 서울시 당국에 건의했으나, 그때마다 묵살당해오다가 9일 오후 시 당국으로부터 서울시장이 10일 오전 11시까지 광주대단지에 나와 대책을 말하겠다는 약속을 받아 이날 오전 성남출장소에 모였다.

주민들은 비가 오는데도 시장을 기다렸으나 약속 시간이 지나도 양 시장이 나타나지 않자, 45분을 더 기다렸다가 일부 주민들이 난동을 부린 것이다. '백 원 주고 산 땅을 만 원에 팔지 말라'는 플래카드를 차에 붙이고 고함을 지르며 거리를 달리는 등 오후 4시 반경까지 난동을 계속하고 있다. 경찰은 처음 70여 명이 출동했으나 중과부적으로 난동을 저지하지 못한 채 방관하고 있다가 오후 1시 반부터 출동한 1천여 명의 서울기동경찰이 도착, 합세하여 난동 저지에 나섰다. 난동 주민들의 방화로 성남출장소 관내 세금 관계 서류와 토지 관계 서류가 불탔으나 호적 및 주민등록 관계 서류는 타지 않았다. 이날 난동으로 인명 피해는 없었으며 난동이 벌어지자 주민 대부분은 집으로 발길을 돌렸다.[58]

상황의 심각성을 파악한 서울시와 정부는 곧바로 주민들의 요구를 모두 들어주기로 한다. 양택식 서울시장은 소요사태 당일 오후 주민들의 요구를 들어줄 수 있도록 경기도 당국과 합의했다고 발표했다. 전매입자도 철거 이주민과 동일 취급해서, 대지값을 평당 2,000원으로 내려 5년 연부 상환토록 하고, 건물취득세는 면제하기로 했다. 또 철거민과 전매입자를 포함한 주민 전체의 복지를 위해 곧 구호양곡을 방출하며 노임 살포 공사를 실시할 것도 경기도 당국과 합의했다고 밝혔다. 이와 함께 양 시장은 시민아파트 전매입자들에게도 원래의 입주자와 마찬가지로 융자금을 연부 상환토록 하겠다고 말했다.[59]

다만 치안 당국은 그냥 넘어갈 수 없었다. 당시 대선을 겨우 이겼던 박정희 정권은 1년 뒤 '10월 유신'을 선포할 정도로 권력 유지에 예민해져 있을 때였다. 다음 날(8월 11일) 바로 15명을 검거해서 방화 및 공무집행 방해, 폭력행위 등 처벌에 관한 법률 위반 혐의 등으로 구속영장을 신청했다. 12일 구속영장은 12명에게 발부되었다. 그중 8명은 미성년자였다. 또 13일에 8명을 추가로 구속해서 모두 20명이 구속되고, 다른 20명은 수배되었다. 이와 함께 서울시는 시장 이름으로 수만 장의 전단을 인쇄, 11일 오전 가가호호 배부하는 한편 시장의 방침을 확성기로 단지 내 주민들에게 알리는 가두방송도 했다.[60]

광주대단지 사태를 본격적으로 다룬 윤흥길의 소설 〈아홉 켤레의 구두로 남은 사내〉에는 전매입주자인 주인공이 사건에 휘말리는 과정이 잘 묘사되어 있다.

이렇게 해서 불과 하루 만에 광주대단지는 다시 평온을 찾았다. 이는 광주대단지사건이 딱히 조직된 시위나 소요가 아니었고, 구속자의 상당수가 미성년자였던 데서 알 수 있듯이 그야말로 불만이 폭발한 일회적 사건이었기 때문이다. 정부도 재빨리 사과하고 수습하는 모양을 갖췄고, 언론 논조도 "그럴 만했다"는 식으로 주민들에게 동정적이었다. 그만큼 광주대단지의 사정이 심각했다. 언론의 진단은 이번 사건의 원인을 "과잉 의욕, 행정 빈곤, 생활 조건 외면"[61]에 따른 불만에서 찾았고, 현장이 그토록 극렬화한 데는 광주단지사업계획 자체가 지닌 근본적인 모순과 계획 진행 과정에서의 여러 가지 차질이 연쇄적으로 빚은 불상사라고 보았다.[62]

이어 정부는 사실상 광주대단지 사업의 현 상태 중단 입장을 밝히게 된다. 당장 1971년 말까지 광주대단지로 이전하기로 한 시내 판잣집 2만 동은 모두 계획을 중지하고, 1972년부터는 생활 여건에 알맞게 철거 계획을 재조정, 무리한 철거는 하지 않을 방침이라고 말했다.[63] 또 10월에는 관련 사업에서 서울시는 손을 떼고 경기도로 모든 사업과 행정을 이관하기로 결정했다. 뒤이어 1973년 7월, 광주대단지 출장소는 성남시로 정식 승격되었다.

이후 어떻든 광주대단지는 도시의 모습을 갖춰가기 시작했다. 1971년 약 14만 명이었던 인구는 2년 뒤 16만 5,000명으로 늘었고, 1·2공단도 자리를 잡아갔다. 하루 교통 인구도 4만 8,000명에서 11만 8,000명으로 두 배 이상 늘어났다. 한때 천막이나 무허가 판자촌이 가득했지만, 천막은 완전히 사라졌고 남은 판잣집 868채도 1973년 말까지 없앨 예정이었다. 상수도를 이용하는 사람도 82%로 늘어났다.[64] 그러나 서울에서 왔던

광주대단지 소요사태

광주대단지사건

사람들의 반 이상은 다시 서울로 돌아간다든지 해서 빠져나갔다. 1974년 초 조사에서 그때까지 입주했던 철거민 12만 4,200명 중 8만 8,800명이 빠져나간 것으로 조사되었다. 이 때문에 1970년 말 성남 인구 중 철거민 비중이 81.3%였던 데 비해, 1974년 4월에는 전체 인구의 18.6%로 줄었다.[65] 결국 서울의 가난한 사람들이 자발적으로 입주권을 사서 들어오거나, 지방에서 올라오는 사람들이 성남에 정착했다고 할 수 있다.

한편 구속되었던 21명은 1972년 초 1심 판결로 2명만 실형(각각 징역 2년, 징역 단기 1년 6월~장기 2년)을 받고 모두 풀려났다. 18명은 집행유예를 받았고, 1명은 무죄 판결을 받았다.[66]

그리고 1989년 성남시에는 또 하나의 신도시가 들어섰다. 바로 분당이다. 광주대단지 남쪽 편에 당시 중산층 이상의 사람들이 선망하는 주거지가 새로 만들어진 것이다. 인구 약 40만 명의 신도시였다. 위쪽에는 가장 가난한 사람들을 모은 신도시가, 아래쪽에는 가장 부자들이 사는 신도시가 20년의 시차를 두고 건설되었다. 지금 성남시청은 그 경계에 새로 지어졌다. 인구 97만 명의 '두 도시 이야기'가 만들어진 것이다.

투쟁하는 철거민

사정해서 안 되면, 대들어 싸우다

자기가 사는 집을 부수겠다는 사람이 나타나면 어떻게 할까? 본인이 권리를 내세우기 어렵더라도 사정하거나 혹은 대들어 싸우게 될 것이다. 자신뿐만 아니라 가족이 사는 집이 위험에 처했으니 당연한 반응일 것이다. 실제 판자촌의 역사는 철거의 역사나 다름없었고, 그에 저항해 싸운 역사이기도 했다. 조선시대의 불법 가건물假家부터 일제시대의 토막, 해방 이후의 판자촌까지, 주인이 없거나 버려진 땅에 가난한 사람들이 무단으로 집을 짓고, 이를 소유자나 공권력이 나서 부수는 과정이 무수히 반복되었다.

하지만 1960년대부터는 급격한 산업화와 함께 도시 인구가 폭증했기 때문에 무허가 판자촌은 불가피했다. 정부 입장에서도 무조건 철거하고 쫓아내는 것만이 능사가 아니라는 것을 잘 알았다. 위험한 곳이나 꼭 필요한 곳은 철거하더라도 기본적으로 다른 곳에 살 자리를 제공한다는 원칙은 가지고 있었다. 시 외곽에 집단정착지를 만들었고, 광주대단지는 그중 신도시급 대규모 정착지였다. 시민아파트도 판자촌을 철거하고 주민들을 입주시키는 방식이었다. 그러나 정부의 대책이 주민들 입장에서는 받아들이기 어려울 때가 많았다. 생활 형편에 비해 입주금이나 토지분양 대금이 너무 비싸거나, 세입자들이나 후발 전입자들은 그나마 대상이 아닐 때도 많았다. 대책이 있다 하더라도 싸움이 일어나지 않을 도리가 없었다.

1960년대 초 언론 보도에 등장하는 철거민들의 모습을 소개한다.

겨울비가 내리는 1962년 11월 27일 서울 시내 홍은동, 보문동, 그리고 동부이촌동 세 곳에서 약 300세대의 판잣집이 강제철거당했다. 홍은동 판잣집 주민 300여 명은 아우성을 치며 집을 허는 구청 직원과 경찰관에게 달려들어 승강이를 벌이다가 부상을 입는 등 난장판을 이루었는데, 집이 헐린 판잣집 주민들은 대부분 갈 곳이 없다고 울상이었다. 그들은 산산조각이 난 헐린 판자를 모아 시웃자로 뻗쳐놓고 그 위에 천막 등을 덮어 밤이슬을 피하는가 하면 부서진 판자를 모아 모닥불을 피워 추위를 덜고 있었다. 경찰은 김용정씨 등 10명을 공무집행방해 혐의로 연행했다.[67]

1964년 9월 28일, 서울 숭인동 203번지 일대 무허가 판자촌을 철거하려던 경찰관 300여 명 및 시청 직원 50여 명과 400여 명의 주민들 사이에 충돌이 벌어져 부상자가 생기고 한 주민이 눈알까지 빠지는 불상사가 발생했다. 주민들은 판자촌 입구마다 철조망으로 바리케이드를 치고 젊은 청년들이 몽둥이를 들고 출입하는 사람들을 일일이 검문했다. 이날 판자촌에는 곳곳에 돌을 쌓아놓고 약 3미터 간격으로 구멍을 파고 오물을 담아놓는 등 함정을 만들어놓았다. 경찰과의 충돌로 눈알이 빠져 치료 중인 정기을(19)군은 "현재 우리가 살고 있는 이곳은 우리의 생명이므로 결사적으로 저항하겠다"고 말했다고 한다. 이 소동으로 주민 10여 명과 경관 15명, 도합 25명이 중경상을 입었으며, 이날 출동한 경찰관은 철거에 대항하는 주민들에게 최루탄 3발까지 발사했다.[68]

1960~1970년대, 이런 식의 충돌은 서울 곳곳에서 일어났다. 하월곡동에서는 주민들이 철거하러 나온 경찰관과 구청 인부 60여 명에게 돌을 던지고 폭행을 하는 등 저항해서 7명이 특수공무집행방해 등 혐의로 구속되었다. 또 고려대학교 인근 중앙산업 소유 5만 1,000평 산비탈에 자리 잡은 천막과 판잣집 1,000여 채의 철거 작업에서 인부 150명, 성북구청 단속반 30여 명이 출동하자 주민 2,000여 명이 투석전으로 대항하는 바람에, 3시간 만에 간신히 불태우고 부셔서 철거했다(1967년 7월). 응봉동 판잣집 500여 동 2,000가구가 사는 곳을

철거되고 있는 서울시 한남동(1962년, 위)과
양동(1965년) 판자촌.

철거하려 하자 주민들과 투석전이 벌어져 주민, 철거반원, 경찰관 등 18명이 중상, 80여 명이 경상을 입었다. 이에 응봉동 돌산철거민대책위 총무 이재춘(34), 부회장 전금련(45, 여) 등 3명에게 구속영장이 청구되었다(1968년 9월). 광진교, 천호동 철거민 500여 명이 구청으로 몰려가다 막히자 길에서 1시간 동안 연좌데모를 벌였다(1969년 4월).

철거 후 광주대단지로 이주하는 과정에서도 마찬가지로 소란이 일었다. 1970년 4월 용두동 255, 청계천변 화재 이재민 판자촌을 강제철거하려 하자, 주민들은 바리케이드를 쌓고 대못을 박은 몽둥이와 쇠스랑을 휘두르고 돌멩이, 깨진 병, 분뇨 등을 마구 던지며 철거를 하지 못하게 맞섰다. 주민 2,000명이 투석전을 벌여, 주민, 경관 30명, 구청 인부 10명이 다치기도 했다. 결국 903세대 4,767명 중 720세대 3,760명을 광주군 중부면으로 강제이주했고, 철거민들에게는 천막이 지급되었다.[69]

혹은 광주대단지 입주를 요구하며 판잣집을 짓고 버티다 사달이 나기도 했다. 1970년 11월, 사당동 무허가 판자촌 500채 철거에 경찰 기동대 100명이 동원되었는데, 국립묘지 뒷산에서 1,000여 명의 주민들과 투석전이 벌어졌다. 경찰은 최루탄 20발까지 쏘면서 집을 헐었다.[70] 그러나 그렇게 500채를 헐고 나면, 밤새 또 200채가 들어섰다. 구청 측은 이 주민들이 대부분 지능적으로 버텨 광주대단지 등의 땅을 분양받는 등 혜택을 받기 위해 이곳을 떠나지 않고 있다고 주장했다.[71] 그러나

이렇게 다시 지은 200채도 바로 헐렸다.[72]

등교 거부 투쟁을 벌인 곳도 있었다. 정동 15-1 전 러시아 영사관 부지에 살고 있던 판자촌의 어린이 1,100명이 1969년 부모들의 철거 반대 결의에 동조하여 등교를 거부키로 했다. 이곳은 어린이공원, 수영장 건립을 위해 철거한 다음, 주민들은 10월 건립될 시민아파트에 입주할 때까지 녹번동의 임시 수용 천막촌에 거주할 예정이었다. 하지만 판자촌 어린이들은 6월 8일 밤 9시 30분 마을에 모여 "대책 없는 철거 문제가 해결될 때까지 학교에 나가지 않겠다"고 결의했다. 다음 날 부모들에게 둘러싸여 머리에 철거 반대라는 띠를 두르고 노래를 부르는 등 시위를 벌였다.[73] 그러다 6월 29일에는 투석전을 벌여 경찰과 주민 등 60여 명이 중경상을 입고, 주민 50여 명이 연행되었다. 주민들 중 자진 철거에 반대한 이들은 판자촌 입구 골목길에 리어카와 문짝 등으로 바리케이드를 치고 1시간 30분 동안이나 투석을 했으며 경찰도 이에 맞서 최루탄 1발을 쏘았다.[74]

돌을 던지고, 싸우기도 했지만 비관해서 또는 분을 못 이겨 목숨을 던지는 사람들도 있었다. 1967년에는 박희준(69)이 세 들어 있는 집이 무허가라는 이유로 헐리게 되자 전셋돈 3만 원을 못 받게 된 것을 비관, 음독자살했다. 종암동 산2에 사는 송삼실(66) 역시 무허가건물이 헐리게 된 것을 비난하고 투신자살했다. 제대군인 김승부는 무허가건물 철거에 항의하며, 시장실에서 할복자살을 기도했다.[75]

서울시 서대문구 정동에 위치한 전 러시아영사관 대지의 판자촌 주민 400여 명이
1969년 6월 27일 서울시청 뒷마당에서 '대책 없는 철거에 반대한다'며 농성을 벌였다.

당시 청계천 판자촌을 배경으로 한 소설《난장이가 쏘아
올린 작은 공》(조세희 지음) 연작 중 첫 번째인 〈뫼비우스의 띠〉
의 한 구절은 이런 상황을 이렇게 문학적으로 표현했다. "사람
들이 꼽추네 집을 무너뜨렸다. 쇠망치를 든 사나이들이 한쪽
벽을 부수고 뒤로 물러서자 북쪽 지붕이 거짓말처럼 내려앉았
다. 그들은 더 이상 꼽추네 집에 손을 대지 않았고, 미루나무
옆 털여뀌풀 위에 앉아 있던 꼽추는 일어서면서 하늘만 쳐다

보았다. 그의 부인은 네 아이와 함께 종자로 남겨두었던 옥수수를 마당가에서 땄다. 쇠망치를 든 사나이들은 다음 집으로 건너가기 전에 꼽추네 식구들을 말없이 바라보았다. 아무도 덤벼들지 않았고, 아무도 울지 않았다. 이것이 그들에게 무서움을 주었다."[76]

하지만 광주대단지도 중단되고 집단정착지 사업도 완료되면서, 판자촌 정책이 기본적으로 양성화와 현지개량으로 넘어가자 1970년대 중반부터 판자촌 철거 문제는 뜸해지기 시작했다. 양성화 대상이 되지 않는 판자촌들이나 신발생 무허가주택 철거 과정에서 충돌이 일어나는 정도였다. 1975년에는 신설동 일대 판자촌 주민 30여 명이 "배고파서 못살겠다" 등 종이에 쓴 구호 20개를 들고 신문로 육교 위에서 시위를 벌였다. 1972년 유신헌법 국민투표 때 판자촌의 양성화 내지 현지개량을 해준다고 해놓고 철거했다는 이유였다.[77] 물론 종교계 등에서는 주민조직활동 차원에서 10여 군데의 철거반대운동을 지원하고 여론 조성을 위해 노력했다.

그러나 이런 휴전은 오래가지 않았다. 10여 년 뒤 서울시가 판자촌을 개발해 아파트로 바꾸려고 하자 전쟁은 다시 시작됐다. 이전보다 훨씬 더 광범하고 격렬한 방식이었다.

조직화된 철거민운동의 시작: 1983년, 목동 공영개발*

1980년대 초 서울시는 더 이상 대규모 아파트 용지를 찾기 어렵게 되자 그나마 남아 있던 미개발지를 찾게 된다. 그중 가장 규모가 큰 지역이 안양천변의 목동, 신정동 일대였다. 이 지역은 여름이면 안양천이 범람하는 침수 지역인 데다 무허가 공장 등이 난립해 있었고, 당시로서는 버려지다시피 한 곳이었기 때문에 빈곤층들이 무허가 판자촌을 짓고 살았다.

서울시는 1983년 4월 12일, 이 지역 140만 평에 신시가지를 조성하겠다는 발표하고, 개발이익을 공공이 환수해 무주택 서민들을 위해 사용하겠다고 했다. 즉 공영개발 방식을 채택한 것이다. 토지와 건물을 모두 서울시가 수용한 다음 아파트를 짓는 방식이었다. 그러나 이 지역에 거주하던 5,200세대 3만 2,000여 명의 주민 중 약 절반인 가옥주들은 무허가 판자촌을 싼값에 수용당하면 설령 분양권을 받더라도 입주할 능력이 없었다. 평당 7~14만 원에 수용당하고 평당 105~134만 원에 입주해야 할 상황이었다. 또한 당시까지는 석 달치 생활비와 이사비를 제외하고는 세입자들을 위한 별도의 보상 대책이 없었다.

이에 우선 무허가주택 가옥주들이 들고일어났다. 보상을

---

*   이 부분은 필자가 쓴 글(민주화운동기념사업회, 《한국민주화운동사 3》, 2010의 제8장 〈도시빈민운동〉)에 바탕을 두고 있다.

현실화하고, 지역에서 다시 살아갈 수 있도록 임대주택도 짓고 입주권도 보장하라는 요구였다. 세입자들 역시 이렇게 싼값에 살 수 있는 동네가 없다며 임대주택 건설을 요구했다. 그런데 목동 주민들의 대응은 1970년대의 철거 싸움과는 차원이 달랐다. 무엇보다 조직화되고 체계적이었으며, 장기간에 걸쳐 지속되었다. 이전까지 그야말로 '한차례 들고일어나는' 수준의 철거 반대와는 차원이 달랐다. 실제 목동 신시가지 공영개발 계획을 발표한 지 한 달 만인 1983년 5월, 목동 천주교회 신자들이 중심이 되어 김수환 추기경에게 탄원서를 제출하면서 시작된 목동 철거반대운동은 100여 차례가 넘는 집회, 시위를 거치면서 약 2년간 계속되었다. 특히 당시 전두환 군사독재 시절에는 상상하기 어려웠던 가두점거 농성이나 구청 진입, 경찰서 앞 시위 등이 수시로 벌어졌다. 예를 들어 1984년 8월 26일에는 주민 대표들이 구청장을 면담하다가 경찰에 연행되자 주민 300여 명이 새벽 2시까지 경찰서 앞에서 농성을 벌였으며, 27일에는 주민 1,000여 명이 양화대교를 점거하다가 모두 500여 명이 연행되기도 했다. 같은 해 12월 18일에도 경인고속도로를 차단했으며, 이듬해인 1985년 1월에는 300여 명의 주민이 시청 앞 광장에서 농성하다 187명이 연행되었다. 이런 과정에서 2월 25일 세입자 대표 이종훈, 유영우가 구속되었고, 3월 17일 부구청장을 지역에 '감금'했다는 이유로 7명이 구속되었고, 3월 25일에는 경찰 병력 수백 명이 지역에 상주하는 가운데 가옥주 대표 권용하 등 8명이 구속되었다.

목동 주민들은 약 2년 동안 철거 반대 시위를 격렬하게 벌였다. 이들의 시위는 1970년 대의 철거 싸움과는 차원이 달랐는데, 당시 상상하기 어려웠던 가두점거 농성이나 구청 진입, 경찰서 앞 시위 등이 수시로 벌어졌다.

1985년 목동 판자촌이 철거되고 있는 모습. 철거 반대 시위를 했던 주민들은 대거 구속되었고, 주민들은 뿔뿔이 흩어졌다.

이처럼 예기치 못한 강력한 저항에 정부도 놀랐다. 대학생들도 수백 명 모이기가 쉽지 않은 상황에서 주민들이 1,000여 명씩 모여 도로 점거까지 하자 보도 통제를 하기에 이르렀다. 서울시 역시 처음에는 종전의 대책을 고집하다가 결국 무허가 가옥주에 대한 보상 수준을 높이고, 세입자에게는 '방 한 칸 입주권'을 지급했다.*

이렇게 목동 철거반대운동이 체계화, 조직화 나아가 지속성을 띨 수 있었던 데는 1970년대 빈민운동가들의 지원이 큰 역할을 했다. 1970년대 청계천 판자촌에서 활동했던 제정구, 김영준, 박재천 등은 목동 문제가 발생하자 적극적으로 결합했다. 이들 외에도 개신교의 허병섭, 오용식 목사 등도 역할을 나누어 관여했다. 그런데 목동에서는 마침 개발 지역에 포함된 목동 천주교회가 주민조직화의 일차적 근거지가 되었기 때문에 이들이 접근하기가 용이했다. 따라서 이들을 통해 천주교, 기독교 운동권이 지역 주민을 외곽에서 지원하고, 동시에 지역 내부에서도 주민들을 조직하고 결집시키는 일을 맡았다. 또한 1970년대와 달리 학생운동권들도 지역 주민들과 결합했다. 이에 따라 1985년 3월 20일, 주민 대표들이 서울대학교에서 열린 비상 학생총회에 참석하기도 했으며, 같은 날 지역 인

---

* 이것은 일종의 일부 분양권(딱지)으로 석 장을 모으면 집 한 채의 우선 분양권을 가질 수 있었다. 아파트 분양을 원하던 외지인들이 딱지값을 통해 세입자에게 간접 보상토록 한 것이다.

근의 오목교에서 학생들이 시위에 나서기도 했다. 철거민운동이 민주화운동과 결합한 것이다. 이 같은 '목동식 철거반대운동'은 이후 재개발 반대투쟁의 기본 모델이 되었다. 그러나 목동 지역은 1985년 3월 말 대대적인 구속 사태와 함께 본격적으로 철거가 시작되어 결국 주민들은 모두 흩어졌다. 그중 일부가 제정구가 과거 집단이주했던 시흥시 복음자리 인근에 목화마을을 만들어 이주하기도 했다.

철거반대운동의 확산과 서울시철거민협의회 결성

목동 다음의 본격적인 철거반대운동은 상계5동 173번지에서 이뤄졌다. 이곳은 목동과 달리 합동재개발사업으로 판자촌 철거가 시작되었다. 합동재개발사업은 가옥주들이 조합을 만들어 건설업체와 함께 판자촌을 헐고 아파트를 짓는 사업이다. 따라서 목동 공영개발과 달리 가옥주들은 상당한 정도의 경제적 보상을 받았기 때문에 철거 싸움에 나설 이유가 없었다. 반면 판잣집에 세 들어 사는 세입자들은 사정이 달랐다. 재산권을 주장할 수는 없었지만 재개발로 판자촌이 모두 사라질 경우 싼값에 집을 구할 도리가 없었던 것이다. 이에 가옥주들은 지역을 떠났지만, 세입자들은 이주를 거부하고 대책 수립을 요구했다.

상계5동은 1985년경 재개발사업이 추진되어 이듬해 3월

상계동의 집들이 철거되고 있는 모습. 뒤로 4호선 상계역이 보인다. 상계동 주민들은 생존권 보호와 철거 중단을 요구하며 거세게 저항했다.

6월항쟁 기간 명동성당에서 상계동 철거민들이 추모제를 개최하고 시위를 벌이는 중이다.

21일 철거계고장이 발부되었다. 5월 13일부터 이 지역에 철거가 시작되자, 주민들은 생존권 보호와 철거 중단을 요구하며 거세게 저항했다. 여기에 천주교 단체들이 적극 결합하여 지역에서 함께 농성했다. 목동 투쟁을 경험한 정일우 신부, 제정구 등은 상주하다시피 하면서 주민들을 지원하고 조직하는 일을 했다. 더구나 철거하다 만 주택의 담이 무너져 골목에서 놀던 어린이가 죽고 6월 26일 철거 과정에서 또 사람이 죽는 일이 벌어졌다. 이후 여러 차례 철거 공방전이 벌어졌고, 철거반원들의 위협과 폭력이 일상화되다시피 했다. 7월에는 지원투쟁에 나선 외국어대생 1명이 구속되고, 9월에는 황길구 등 주민 대표 6명이 구속되었다. 그러나 결국 1987년 4월 14일, 지역의 남은 가옥들이 강제로 철거되자 주민들은 명동성당에 천막을 치고 생활하기에 이른다. 이후 이들은 6월 민주화항쟁 한가운데를 명동성당에서 보냈으며, 그 뒤 주민들은 포천의 축사를 개조한 주택, 부천시 고강동의 임시건물 등으로 뿔뿔이 흩어졌다.

재개발은 서울 전역에서 진행되었다. 사당3동, 오금동, 신당동, 사당2동, 돈암동, 창신3동 등지에서 비슷한 유형으로 싸움이 계속되었다. 그만큼 서울시나 정부가 올림픽을 앞두고 서둘렀다는 뜻이기도 했다. 1987년의 경우 서울 시내에서만 20여 곳에서 철거반대운동이 진행되고 있었다. 이제 각 지역은 서로의 경험을 공유했을 뿐 아니라, 인근 지역에 철거반원들이 들이닥치면 '지원투쟁'을 벌이기에 이르렀다. 이런 연대

1989년 사당2동 판자촌에 거주하던 이혜영(4세) 어린이가 철거 잔해에 깔려 사망했다.
사진은 이혜영 어린이의 장례식 장면.

활동 경험은 각 지역 대책위원회 간의 연합조직 구상으로 발
전했다. 특히 1987년 6월 민주화항쟁을 거치면서 철거민들은
7월 17일 '서울시철거민협의회'(이하 서철협)를 결성하고, 학생
운동 출신들이 상근자로 참여하는 가운데 더욱 체계적인 운
동으로 발전한다. 서철협의 출범은 철거반대운동이 종교계나
1970년대 주민운동 조직가들에게 강하게 의지하던 데서 벗어
나, 주민들 스스로 조직화 및 투쟁 지도의 책임을 맡는다는 것
을 의미했다. 특히 초기 집행부인 고광석(가락동 평화촌), 이태
교(돈암동), 정을진(도화동), 김을규(양평동) 등은 모두 지역 철
거반대운동을 이끌던 주민 지도자들이었다.

또한 이 시기 철거반대운동에는 1980년대 민중운동의 지향을 지닌 젊은 활동가와 1970년대 주민조직화 사업의 전통이 결합됨으로써 민주화와 평등 실현뿐만 아니라 주민공동체라는 이념도 부여되었다. 그 결과 대부분의 철거 지역에서 종교계, 학생운동권, 민주화 단체가 공동으로 지원에 나서게 되었다. 또 이 무렵 결성된 '천주교도시빈민회'나 '기독교 도시빈민선교협의회' 등은 철거민운동을 지원하는 조직으로서, 아직 철거민들의 힘만으로는 조직을 꾸려가기 힘든 상태에서 종교계 및 지식인 자원을 주민들에게 연결시키는 매개 역할을 수행했다.

또 한 가지 특기할 만한 것은 우리나라의 강제철거에 대해 해외 NGO들이 항의서한을 정부에 발송하거나 조사단(아시아주거권연합Asian Coalition for Housing Rights)을 파견하는 등 관심을 기울였다는 점이다(1986년). 당시 국내에는 거의 알려지지 않았지만, 베를린에서 열린 국제주거연합Habitat International Coalition 회의(1987년)에서 우리나라는 남아프리카공화국과 함께 '가장 비인간적인 철거를 자행하는 나라'로 지목되는 수모를 겪었다. 이 무렵 유엔인권위원회 회의에서도 한국의 철거 문제가 거론되었다. 서울올림픽 기간 중에는 빈민 생존권을 탄압하면서 이루어지는 국제행사에 대한 항의 표시로 서철협을 중심으로 각 지역 주민들이 참여하는 '도시빈민 한가위 올림픽'을 개최하기도 했다.

공공임대주택을 쟁취하다

서철협 결성 이후 철거 싸움은 더 많은 지역으로 확대되었다. 1988년에는 사당2동, 돈암동, 창신동, 도화동, 홍은동, 신정동, 전농동 등 재개발구역과 서초동 꽃마을·법원단지·달동네 등 비닐하우스촌, 석촌동, 신가촌, 남현동(군부대 이전) 등의 무허가주택 철거까지 수십 개 지역으로 늘어났다. 1988년에 이르면 철거 싸움은 이미 철거하려는 쪽이나 막으려는 쪽 모두 사생결단 식으로 나서게 되었다. 지역에서의 폭력이 만성화되고 잦은 인명사고가 벌어졌다. 도화동에서는 세입자대책위원장으로 서철협 회장을 맡고 있던 우종범이 새벽 귀가 도중 테러를 당해 전치 5주의 부상을 입었고, 이를 규탄하는 집회에서는 129명이 연행되었다(1988년 3월 15일). 또 사당2동에서는 어린이가 둘이나 철거 잔해에 깔려 죽었고, 주민지원투쟁에 나선 대학생(중앙대, 숭실대)들의 부상도 늘어났다. 그야말로 몽둥이와 칼이 등장할 정도의 폭력이 일상화된 것이다. 특히 주민들 간의 분열을 유도하기 위해 어용 세입자대책위가 나서서 임대주택을 요구하는 주민들을 폭행하는 일도 벌어졌다(1989년 4월 18일).

이런 상황은 돈암·동소문동 재개발구역에서 더욱 심해졌다. 이 지역은 1988년 5월 세입자대책위원회를 구성하고 서철협과 함께 철거반대운동을 벌여가던 중, 1989년 2월 22일에는 대책위원회 부위원장이던 정상률이 가옥주와 언쟁 끝에 칼에

찔려 사망하는 일까지 일어났다. 깡패들의 폭력은 도를 넘어 주민들의 목숨을 위협할 지경이 되었다. 이후에도 이 지역에서는 폭력, 부상, 구속이 이어졌다. 1989년 10월 9일에는 폭력배들이 5명의 주민들을 흉기로 찌르는 사건이 벌어졌고, 11월 14일 철거 과정에서도 수십 명이 다쳤다. 이는 비단 돈암·동소문동에 그치는 일이 아니었다. 1988~1989년에는 서울 전역에서 수십 명의 주민이 구속되었고, 수백 명이 부상당했다.

그럼에도 주민들의 간단한 요구, 즉 "세입자들에게도 임대주택을 제공하라"는 것은 지켜지지 않았다. 서울시는 1987년 10월, 이주비 외에 방 한 칸 입주권을 지급하는 것으로 양보했지만, 이는 서울 전역에서 판자촌이 사라지는 상황에서 실효성 있는 대책이 되지 못했다. 이에 세입자들은 계속해서 (장기 저리) 임대주택을 요구했고, 1988년 후반부터는 공공(영구) 임대주택에 대한 요구로 결집되었다.

그런데 당시 주거문제는 철거민들만 고통을 겪은 것은 아니었다. 이 무렵 주택 가격 자체가 급등하기 시작한 것이다. 이에 따라 서민들의 주거난은 심각한 상황에 놓였고, 급기야 1988년 말부터 오르는 전월세 보증금을 마련하지 못한 빈곤층들이 자살하는 사태까지 벌어졌다. 두 달 남짓한 기간 중에 무려 17명이나 자살하는 일이 일어난 것이다. 이렇게 빈곤층들의 주거난이 어려워진 데는 곳곳에서 벌어진 판자촌 재개발 사업 때문에 저렴주택이 줄어든 것이 큰 원인이 되었음은 말할 필요도 없다.

이런 상황이 되자 노태우 정부는 주택문제 해결을 최우선 과제로 두게 되는데, 1989년 2월에 발표한 200만 호 주택 공급 계획이 그것이다. 수도권에 분당, 평촌 등 5대 신도시를 만들어 주택 공급을 늘리는 한편 토지공개념을 도입함으로써 부동산 투기를 엄중히 다루겠다는 정책을 발표했다. 여기에는 저소득층(영세민)을 위한 25만 호의 영구임대아파트 공급 계획도 포함되었다. 1980년대 후반부터 급격히 악화한 서민 주거난을 더는 방치할 수 없게 된 정부가 처음으로 선진국형 복지 정책의 하나인 공공임대주택을 도입키로 한 것이다. 이는 빈곤층들의 저렴주거지 역할을 해온 판자촌이 해체된 데 따른 문제점을 정부가 인정했다는 의미이기도 했다.

이런 변화를 반영해 서울시는 1989년 3월, 같은 해 5월부터 사업시행인가를 받는 지역의 경우 세입자들을 위한 공공임대주택을 사업 지역 내에 건립하도록 방침을 바꾸었다. 합동재개발사업이 본격화된 지 6년 만에 엄청난 갈등과 비용을 치르고 나서야 대책이 마련된 셈이었다. 하지만 정작 이런 대책을 이끌어냈던 지역들은 이미 사업시행인가가 난 경우가 대부분이었기 때문에 혜택을 받지 못하는 문제가 있었다. 특히 돈암·동소문동은 싸움이 가장 격렬한 지역이었지만, 자신들은 혜택을 받지 못했다. 이에 이 지역 잔류 철거민들은 그 뒤에도 1년을 더 싸움을 계속했다. 그리고 1990년이 되어서야 결국 공공임대주택 입주를 관철시키고 임시거주시설까지 건립하게 되었다.

철거반대운동의 분화

세입자들에게 공공임대주택 공급이라는 큰 틀의 대책이 수립되긴 했지만, 아직 그 실현을 위해 넘어야 할 과제는 많았다. 우선 재개발조합 측이 세입자들을 내쫓는 방편으로 가옥명도소송을 거는 경우에 대처하는 것이 필요했고, 무엇보다 '미해당자' 문제가 쟁점으로 부각되었다. 종전 세입자 대책이 별반 없을 경우 적법한 세입자냐 아니냐는 큰 문제가 아니었지만, 임대주택이 공급된 이후에는 사업계획결정 고시일 현재 3개월 이상 거주하는 요건에 해당하지 않는 세대의 반발이 심각하게 대두되었다. 대체로 재개발구역 세입자의 5% 정도에 해당하는 이들이 이전보다 더 강경하게 대책을 요구하게 되면서, 철거민운동은 소수지만 더 격렬한 양상을 보이기도 했다.

또 한 가지 중요한 요구 사항은 철거 이후부터 공공임대주택 건립이 완료될 때까지 지내기 위한 임시거주 대책이었다. 모든 세입자가 이를 요구하지는 않았지만, 영세한 세입자들일수록 임시거주 대책을 마련하기 어려웠기 때문에 이에 대한 요구가 본격적으로 나타나기 시작했다. 이에 따라 1990년도부터는 종전에 비해 상대적으로 적은 세입자들이 참여했지만, 미해당자 문제나 임시거주 대책을 요구하는 투쟁의 강도는 이전에 못지않았다. 따라서 상대적 소수에 의한 강력한 철거반대운동은 그 역작용으로 더 심각한 폭력사태를 초래하기도 했다. 특히 돈암·동소문동 철거 과정에서부터 정형화된 전문 철거업체들은 상시적인 폭력으로 주민들을 불안에 떨게 했으며, 이 과정에서 잦은 마찰이 빚어졌다. 따라서 폭력 문제에 대한 사과와 처벌, 보상 요구가 또 다른 쟁점이 되기도 했다.

1990년대 초반 위와 같은 문제들을 겪은 지역은 노량진 본동, 구로6동, 상계동 1113번지, 신정2동 등이다. 이 중 노량진 재개발사업에서는 세입자 가장이 비관 자살하거나 주민 대표 4명이 일시에 구속되는 일도 있었다. 1990년 12월 31일에 강제철거가 시행되자 주민들이 한강대교를 막고 점거 농성을 벌이는 방식으로 저항했지만 끝내 세입자들이 요구한 가수용단지(임시거주 대책)는 확보할 수 없었다. 구로6동은 미해당자 문제가 주된 쟁점이었으며, 신정2동에서는 세입자용 임대주택을 확실히 보장하는 문제와 미해당자, 임시주거단지 문제 등이 쟁점이었다. 특히 신정6동은 1992년 초부터 격렬한 싸움이 벌어져 경찰들의 방조 내지 비호 아래 철거반원들의 폭력이 심각하게 표출되었다. 4월 3일에는 전경 7개 중대, 철거반원 400여 명이 동원되어 빈집 철거가 실시되었는데, 이 과정에서 지원투쟁에 참여한 대학생과 주민들이 부상을 입었다. 이후 6월 9일에는 대표적인 철거업체로 악명이 높던 '적준'이 철거반원 수백 명을 동원해 대대적인 철거에 나섰고, 서철협은 대학생과 회원 지역 사람들을 동원해 지원투쟁을 벌였다.

그런데 이 무렵 새로운 운동 방향이 모색되었다. 1990년 6월 '주거권 실현을 위한 국민연합'(이하 주거연합)이 결성된 것이다. 이 단체는 철거가 벌어지는 지역 중심 활동에서 탈피해보다 장기적인 주거권운동을 펼치는 것을 목표로 삼았다. 이는 1989년에 세입자들을 위한 공공임대주택이 도입됨으로써 핵심 현안이 해결된 데다, 당시 폭등하는 부동산값으로 인해 주택문제에 대한 전 국민적 관심이 고조되고 있었으므로, 철거민운동의 범위를 국민 주거권운동으로 확대하려는 시도였다. 그러나 1990년대 초까지는 주거연합도 조직 동력이 주로 철거 지역에 바탕을 둠으로써, 주택문제를 국민적인 문제로 부각하고 확대하는 데까지는 이르지 못한 상태였다. 경향적으로 보면 서철협이 학생운동 출신과 결합한 강경노선이었다면, 주거연합은 1970년대 주민운동가들과 종교계가 결합된 온건 노선이었다. 이런 경향성의 차이는 1990년대를 거치면서 더 벌어졌고, 서철협의 후신인 전국철거민연합(전철연)은 이후에도 철거 현장에서 대체로 강경노선을 유지했다. 또한 서철협은 노점상 단체 등과 연대해 전국빈민연합을 결성(1989년 11월 11일)하고, 더 광범위한 민중 생존권 쟁취를 목표로 내걸면서 노동자, 농민 단체들과도 협력하기에 이른다.

이 글을 쓰고 있는 2022년에도 철거반대투쟁은 계속되고 있다. 판자촌은 이미 재개발사업으로 거의 모두 사라졌지만, 자신의 의지에 반해 쫓겨나거나 집을 철거당하는 일은 계속되고 있기 때문이다. 2009년에는 도심지 재개발사업의 하나로 추진되던 용산재개발 과정에서 영세상인 5명과 경찰관 1명이 사망하는 참사가 벌어지기도 했다. 신도시나 택지지구에는 어김없이 대책 없는 철거를 반대하는 무시무시한 내용의 현수막들이 붙어 있다. 단독주택 재건축사업이나 뉴타운사업에서도 강제철거 문제는 아직 현재 진행형이다. 이 책은 판자촌의 등장과 소멸 과정에서의 철거반대투쟁만 다루고 있기는 하지만, 우리 사회 구석구석에 이 문제가 해결되지 않고 남아 있다. 이 점을 안타깝게 생각하면서 이 장을 마무리한다.

2부

집, 가난 그리고 개발

4장. 집과 가난

가난한 집의 역사

싸고 좋은 집의 조건

'싸고 좋은 집'을 늘리는 것은 모든 나라의 숙제다. 이를 위해 많은 나라가 오래전부터 집 문제에 관한 한 '적어도 이것만큼은 해결하자'는 숙제 목록을 가지고 있다. 물론 실제 내세운 목표는 그보다 훨씬 담대하지만, 공통적으로 ① 최소한의 주거 수준을 보장하고, ② 주거비 과부담 가구를 줄이며, ③ 주거 안정성을 높여야 한다는 세 가지를 출발점으로 삼고 있다.

그렇다면 어느 정도가 되어야 사람이 살 만한 주택일까? 자본주의 초기 열악한 주택문제로 몸살을 앓았던 선진국들은 100여 년 전에 이미 '이 정도는 되어야 사람이 사는 집이라고 할 수 있다'는 기준을 정해두었다. 바로 최저주거기준이다. 가구원 숫자에 따른 최소면적, 채광·환기·안전성 등의 기준을 지

한국의 최저주거기준

최저주거기준은 각 가정이 사는 주택의 면적, 설비, 구조 등에서 최소한 갖춰야 할 조건을 정한 것으로, 이 중 어느 하나라도 기준을 초과하면 미달 가구로 분류한다. 예전에는 5년마다 시행되는 인구주택총조사에 따라 추정했고, 최근에는 거의 매년 실시되는 주거실태조사를 통해 파악한다.

1. 면적 기준

가구원 수(인) (괄호 안은 가족 구성 예시)	실(방) 구성*	총 주거면적(㎡)
1	1K	14(4.2평)
2(부부)	1DK	26(7.9평)
3(부부+자녀 1)	2DK	36(10.9평)
4(부부+자녀 2)	3DK	43(13.0평)
5(부부+자녀 3)	3DK	46(13.9평)
6(노부부+부부+자녀 2)	4DK	55(16.7평)

* K: 부엌, DK: 식사실 겸 부엌. 숫자는 침실의 수

2. 시설 기준

• 침실: 부부 침실 확보, 만 5세 초과 자녀는 부부와 침실 분리, 만 8세 이상 이성異性 자녀는 침실 분리, 노부모 침실은 부부 침실과 분리.
• 상수도 또는 수질이 양호한 지하수 이용 시설이 완비된 전용 부엌 및 전용 화장실 확보.

3. 구조·성능·환경 기준

• 영구 건물로서 구조 강도가 확보되고, 주요 구조부의 재질은 내열, 내화, 방열, 방습에 양호한 재질일 것.
• 적절한 방음, 환기, 채광, 냉방, 난방 설비를 갖출 것.
• 소음, 진동, 악취, 대기오염 등 환경 요소가 법정 기준에 적합할 것.
• 홍수, 산사태, 해일 등 자연재해의 위험이 현저하지 않을 것.

켜야 살 만한 집이라고 본 것이다. 이는 건축법에 따른 기준과는 조금 다르다. 건축법에 맞춰 지었다 하더라도 방 하나에 너무 많은 사람이 산다든가 하면 최저주거기준을 지키지 못한 것으로 보기 때문이다. 우리나라는 2003년부터 법제화하고 정기적으로 기준 미달 가구 숫자를 발표하고 있다. 2020년 조사 결과, 전체 가구의 4.6%가 최저주거기준에 못 미치는 집에서 생활하는 것으로 나타났는데, 이는 처음으로 5% 아래로 내려간 수치이다. 2010년까지만 해도 그 비율이 10%를 넘었던 것을 생각하면 많이 개선되었다고 할 수 있다.

그러나 최저주거기준 제도를 100년 이상 운영한 선진국들도 기준 이하 가구를 완전히 없애는 데는 실패했다. 대부분 5% 내외에서 정체되고 있고 최근에는 거꾸로 늘어나는 추세이다. 일본도 1960년대부터 의욕적으로 노력해왔지만 4~5% 아래로는 내리지 못하고 있다. 경제는 성장했지만 그만큼 고용이나 생계가 불안정한 계층도 늘어나면서 불량한 주거를 벗어나지 못하고 있기 때문이다.

최근에는 주거 수준보다 주거비 부담을 낮추는 일이 더 큰 과제가 되었다. 주거 수준이 개선되더라도 주거비가 너무 든다면 그림의 떡이 될 수밖에 없기 때문이다. 특히 선진국들이 '싸고 좋은 집'을 위해 도입했던 공공임대주택 정책이 후퇴하고 임대료 지원까지 대상을 줄이면서, 빈곤층의 주거비 부담은 여전히 해결하지 못한 숙제가 되었다. 미국, 유럽에서 소득의 30% 이상을 주거비로 지출하는 주거비 과부담 가구는 전체적으로 10% 정도지만, 빈곤층의 경우 40%를 넘는다. 우리나라는 특히 청년들이 문제다. 청년 가구의 약 26%가 임대료 부담이 과다하며, 그중 20.5%는 최저주거기준 이하에서 거주하고 있다.[1]

안정적으로 거주할 수 있는가도 여전히 문제다. 주택의 질적 수준을 높이고 주거비 부담을 낮추는 것이 중요하기는 하지만, 그것만으로 완성되는 것은 아니다. 자주 이사를 해야 하고, 주택 확보에 차별을 받는다면 주거 안정과는 거리가 멀다. 예를 들면 독거노인에 대해 민간 임대를 기피한다든가 외국인이나 청년 등에 대한 임대료나 임대 기회를 차별하는 것은 최근 선진국에서 수시로 등장하는 문제이다.

종합적으로 볼 때 주거 안정은 위의 세 가지가 함께 선순환을 이룰 때 가능하다. 모든 국민이 기준 이상의 주택에, 합리적인 가격으로, 안정적으로 거주할 수 있어야 하는 것이다. 그러나 현실에서는 선순환이 아니라 악순환의 경로를 더 쉽게 볼 수 있다. 아직도 많은 취약계층이 나쁜 주거에 상대적으로 높은 비용을 부담하고, 더구나 불안정하게 생활하는 것이 현실이다. 고시원이나 쪽방의 면적당 월세 부담이 최고급 아파트보다 더 비싸다는 얘기도 있을 정도다. 정부의 주택정책은 선순환을 기대하지만 현실에서는 악순환이 만연해 있을 때, 가난한 사람들은 어떤 선택을 하게 될까?

가난한 사람들이 사는 집의 역사

우리나라에서 가난한 사람들이 사는 집은 시대마다 다양한 모습으로 존재해왔다. 무엇보다 판자촌은 가장 광범위하고 오랫동안 존재해온 보금자리였다. 집이 절대적으로 부족한 상황에서는 어쩔 수 없는 선택이기도 했지만 나름대로 합리적인 선택이기도 했다. 무엇보다 맨손으로 도시에 들어온 사람들에게는 가장 싼 주거지였다. 주택을 구입하는 것은 꿈도 꿀 수 없었고, 일반 주택은 세를 얻으려면 몇 배나 되는 돈을 내야 했기 때문에 생활 형편상 판자촌이 거의 유일한 선택지였다. 더구나 은근한 수익을 기대할 수도 있었다. 공공연하게 전매가 이루어졌고, 재주 좋은 사람들은 입주권을 팔고 다른 곳에 또 집을 짓기도 했다. 아직 전산화가 안 되어 있던 시절이니까, 브로커들이 공무원과 짜고 가짜 입주권을 남발하는 것도 어려운 일이 아니었다. 웬만한 불법은 가난한 사람들이 오죽하면 그러겠느냐는 식으로 덮이던 시절이었다.

판자촌은 함께 일자리를 찾고 생계를 꾸려갈 수 있는 호혜적 네트워크이기도 했다. 마치 농촌에서 마을 주민들이 모심기를 함께했던 것처럼, 판자촌은 협업의 생산 단위였다. 가내부업은 동네 계모임 같은 이웃 관계와 연결되어 있었다. 문화적, 정서적으로 판자촌은 주민들에게 울타리가 되어주는 공간이었다. 친인척들이 인근에 살기도 했고, 동향 사람들이 모여 살기도 했다. 서울이라는 낯설고 위험해 보이는 세상에 든

든한 지지망이 되어준 것이다. 그러다 보니 생활양식도 농촌 분위기와 비슷했다. 음식을 나눠 먹기도 하고, 골목에서 아이들을 함께 돌보기도 했다. 도시 속의 농촌이었던 셈이다.

1970년대에 들어서면 현지개량과 양성화를 허용·권장했기 때문에 판자촌은 그 자체로 안정된 마을이 되기 시작했다. 나름대로 집을 고치기도 하고, 여유 방을 다듬어 세를 놓아 가계에 보탬이 되기도 했다. 가난에서 벗어나는 것은 어려웠지만 그래도 서울 사람이라고 할 만한 안정을 얻기도 했다. 한국 경제의 성장과 함께 비교적 성공해서 판자촌을 벗어나거나 아이들을 대학에 보내는 가정도 있었다. 그러나 한국경제의 성공이 이번에는 판자촌 해체를 재촉했다. 바로 판자촌이 차지하고 있던 공간을 중산층을 위한 아파트 단지로 개발했던 것이다.

합동재개발사업은 거칠 것이 없었다. 1983년 시범사업을 시작한 이후 빠른 속도로 서울 전역의 판자촌을 해체하기 시작했다. 합동재개발사업의 충격은 컸다. 1980년대 초만 해도 서울 시민의 10% 이상이 거주하던 판자촌이 10년 만에 2~3%가 사는 곳으로 줄어들었다. 줄잡아 70만 명 이상이 판자촌을 떠난 것이다. 이들은 어디로 갔을까? 판자촌 집주인들이야 그나마 입주권을 팔아 연립주택이라도 장만했다지만 세입자들이 문제였다. 지역 내 공공임대주택 건립은 이미 상당수 판자촌이 철거된 이후에야 시작되었고, 그나마 혜택을 받지 못한 사람들이 훨씬 많았다. 판자촌에서 쫓겨난 이들은 또다시 가장 싼 주거지로 몰려들 수밖에 없었다. 영구임대주택, 반지하방, 옥탑방, 고시원, 쪽방 등이 판자촌의 빈자리를 대신했다.

이 주거지들은 모두 가난한 사람들이 살아가는 나쁜 주거라는 공통점이 있지만, 세부적으로 보면 특징이 다르다. 과거 판자촌이 만연하던 시기에는 대부분이 판자촌이라는 울타리에 포함되었지만, 판자촌이 해체된 이후에는 단신, 가족, 청년, 노년층들이 각각 나름의 편리한 곳에서 생활하고 있다. 일종의 가난한 집의 분화와 특성화라고 볼 수 있다. 이것을 정리해 보면 〈표 4-1〉과 같다.

토막은 조선 말부터 해방 전까지 존재했는데, 도시 하층민과 이농 빈민들이 주로 가족 단위로 생활하던 곳이었다. 판자촌은 토막의 연장선상에서 시작되었지만, 급격한 이농 인구 증가와 함께 서울의 가장 중요한 저렴주거 역할을 해왔다. 비닐하우스촌은 판자촌 해체 과정에서 발생한 신종 무허가정착지라고 할 수 있다. 다만 정부의 엄격한 단속 때문에 과거처럼 대규모로 확산될 수는 없었다. 영구임대주택은 종전에 주로 판자촌에 거주하던 빈곤층들을 위한 대체 주거지로 조성되었고, 지금도 그런 성격이 유지되고 있다. 쪽방은 판자촌만큼이나 역사가 오래되었는데, 주로 도심이나 역 근처에서 혼자 사는 빈곤층들이 장기 거주하는 곳이다. 고시원은 2000년대부터 본격적으로 등장해서 현재는 대도시의 단신 생활자들이 가장 쉽게 선택하는 주거공간이 되었다. 옥탑방은 일반 주택가의 옥상에 불법·편법으로 만든 방을 의미하는데, 주로 대학가

〈표 4-1〉 가난한 사람들이 사는 주거의 유형과 특성

	형성 배경	주된 시기	주요 거주자	합법 여부
토막	이농 및 도심 극빈층 거주지	조선 후기부터 해방 때까지	가족 단위 극빈층	불법이지만 묵인
판자촌	급격한 이농 인구 증가에 따른 응급 주거지	해방 이후 2000년대까지	가족 단위 저소득층, 단신 세입자 포함	불법이지만 묵인 양성화와 개량
영구임대주택	판자촌 해체 이후 대체 주거지	1990년대부터	가족 단위 빈곤층, 독거노인 다수	공식 임대주택
고시원	판자촌 해체 이후 역세권에 단신 중심 거주지	2000년대부터	단신 청년, 일용근로자	불법, 편법이었지만 법규로 관리
쪽방	역전 등에 오래전부터 형성	해방 이후	도심 생활형 단신 빈곤층	불법, 편법이지만 현실 인정
비닐하우스촌	판자촌 해체 이후 대체용으로 불법 조성	1980년대 후반부터	가족 단위 빈곤층, 최근 단신 확대	불법이지만 강제철거는 자제
옥탑방	대학가 등에 부분 존재	1980년대부터	단신 청년	불법이어서 과태료 부과
(반)지하셋방	판자촌 해체 이후 대표적인 저렴 주거공간	1980년대부터	가족 단위 서민층	합법이나 일부 편법

청년층들이 거주한다. 지하셋방은 다세대·다가구주택의 반지하를 주거용도로 사용하고 있는 경우로 서민층들의 중요한 주거지가 되고 있다(〈그림 4-1〉).

정부는 이들 주거 유형 중에서 법적으로 주택이라 할 수 없는 곳에 사는 경우를 '비주택 주거'라고 부른다. 물론 오피스텔도 그런 유형에 포함되지만, 저소득층을 위한 곳이라고

는 할 수 없으니 일반적으로는 제외한다. 2018년 발표한 국토
교통부 조사에 따르면 고시원, 쪽방, 비닐하우스 등 비주택에
거주하는 이는 수도권 19만 가구, 지방 18만 가구 등 37만 가
구로 추정되는데, 이 중 고시원 거주자가 15만 2,000명(41.0%)
으로 가장 많다. 이들 비주택 거주 가구의 대부분은 1인 가구
(71.9%)이고, 60세 이상(28.4%), 30세 미만(23.9%) 비율이 높
다. 소득 하위 20%인 1분위 가구가 12만 3,000가구(40.7%)로,
대체로 저소득 고령 1인 가구와 청년 1인 가구가 비주택 거주
자의 주류를 이룬다고 볼 수 있다. 거주 기간은 1년 미만 비율
이 27.1%로 가장 높지만, 20년 이상 비율도 10.7%로 낮지 않았
다. 평균 월세는 32만 8,000원으로 고시원(33만 4,000원)의 월
세 부담이 가장 크고, 비닐하우스(22만 2,000원)의 월세가 가장

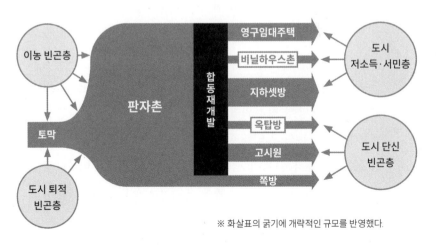

〈그림 4-1〉 가난한 집의 계통도

※ 화살표의 굵기에 개략적인 규모를 반영했다.

저렴한 것으로 나타났다.[2]

이들의 흐름과 상호 관계는 〈그림 4-1〉을 보면 알 수 있다. 크게 빈곤층 가족의 주거, 단신자용 주거, 도심형 불안정 생활자들의 주거로 나눠볼 수 있다. 가족 중심의 주거는 토막, 판자촌, 비닐하우스, 영구임대주택, 지하셋방 등으로 연결되며, 단신자용 주거는 고시원, 옥탑방이 대표적이다. 쪽방은 역사적으로 도심형 불안정 생활자들의 안식처가 되어왔다. 그런데 판자촌은 이들 각 요소를 모두 포함하는 가장 큰 규모의 폭넓은 주거지였다.

가난의 상징, 영구임대주택

역사적으로 영구임대주택 25만 호는 판자촌 철거에 따른 대체 주택으로 시작되었다. 판자촌들이 합동재개발사업으로 급격히 사라지는 상황에서 1988년부터 집값, 전월셋값이 폭등하자 노태우 정부는 더 이상 민심 이반을 감당할 수 없었다. 대부분 판자촌에 거주하던 생활보호대상자들조차 싼 집을 잃고 주거비 부담에 힘겨워할 때였다. 따라서 정부는 판자촌을 대체할 수 있는 공공임대주택을 공급하기로 결정하고, 특히 생활보호대상자 중에서 생계비를 지원하는 거택보호대상자 가구 숫자에 맞춰서 25만 호를 목표치로 세웠다. 그중 서울시에 약 5만 호를 공급키로 했다.

1989년 11월에 열린 서울시 중계동 영구임대아파트 입주 설명회. 중계택지 영구임대 아파트에는 생활보호대상자 등 총 640가구가 입주했다.

그런데 영구임대주택은 두 가지 점에서 판자촌과는 상황이 완전히 달라졌다. 첫째, 위치가 달랐다. 판자촌은 서울 전역에 분산되어 있었던 반면 영구임대주택은 몇 개 장소에 집중되었다. 이미 기존 시가지에서는 대규모 주택 공급이 어려운 상황이었기 때문에, 당시로서는 외곽이던 강서구, 노원구, 강남구 수서개발지구 등에 집중해서 공급할 수밖에 없었다(〈그림 4-2〉). 판자촌이 서울 전역에 산재해 있었다면, 영구임대주택은 좁은 곳에 고층 아파트 형태로 밀집되었다. 이는 당연히 기존 주거지와의 단절을 초래했다. 단독주택지는 물론이고 인근의 분양 아파트 단지들과도 확연한 차이를 보였다. 아파트 도색에서부터 주거환경까지 차이가 났다. 대부분 복도식 소형

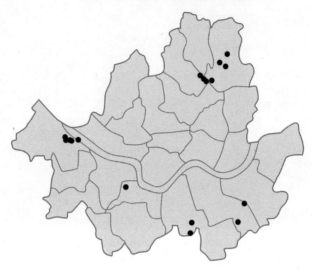

〈그림 4-2〉 서울 시내 영구임대주택 분포

아파트였기 때문에 멀리서도 영세민 아파트인 것이 표가 날
정도였다.

　이처럼 영구임대주택이 몇 군데에 집중해서 들어서자 서
울의 자치구별 생활보호대상자(현재는 기초생활보장 수급자) 비
율이 갑자기 달라지기 시작했다. 예를 들면 잘사는 동네라고
알려진 강남구가 생활보호대상자 비중이 25개 자치구 중 세
번째로 많은 곳으로 바뀌었다. 그 결과 서울시 일부 구청들은
생활보호대상자 집중에 따라 복지비 지출이 늘어나고, 재정
운영에 어려움이 발생하기도 했다.

　둘째, 영구임대주택의 빈곤 집적도가 판자촌보다 훨씬 높
았다. 판자촌에도 빈곤층들이 집중 거주했지만, 거기는 가옥

〈표 4-2〉 공공임대주택 입주 자격과 임대료 수준 비교

| 구분 | 입주 자격 | 우선 공급 | 전용면적 분포(%) | | | 임대료 수준 |
			~40㎡	40㎡~60㎡	60㎡~	
영구 임대 주택	기초생활보장 수급자 일정 소득 이하의 장애인, 노부모 부양 가구 지원 대상 한부모 가족 전년도 도시근로자 가구 월평균 소득 50% 이하 등	일정 소득 이하의 국가유공자, 보훈보상 대상자 등 유자녀 신혼부부 귀환 국군 포로	96.2	3.3	0.5	시세의 10% ~ 30%
국민 임대 주택	전년도 도시근로자 가구 월평균 소득 70% 이하	장애인, 노부모 부양 가정, 한부모 가족, 65세 이상 고령자, 다자녀 가구 (미성년 자녀 2명 이상) 도시근로자 가구 월평균 소득 50% 이하 등	42.9	57.0	0.1	시세의 60% ~ 80%
행복 주택	전년도 도시근로자 가구 월평균 소득 100% 이하의 대학생, 취업준비생, 청년, 신혼부부, 한부모 가족, 고령자, 산업단지 근로자 주거급여 수급자 등	-		91.8	8.2	-	시세의 80% 이하
장기 전세	전년도 도시근로자 가구 월평균 소득 100% 이하 (전용면적 60㎡ 초과는 120% 이하 적용)	다자녀 가구, 철거민, 국가유공자 등	1.3	63.5	35.1	시세의 80% 이하

자료 : 이선화, 2021, 54쪽, 57쪽에서 재구성.

주에서 방 한 칸 세입자까지, 건설업 오야지부터 일용잡부까지 나름대로 다양성을 가진 생태계였다. 반면 영구임대주택은 근로능력이 없는, 또 가난한 순서대로 입주했다. 그만큼 영구임대주택은 판자촌과는 삶의 문화나 조건, 다양성과 활력 차원에서 큰 차이가 있었다. 영구임대주택은 전체 입주자의 3분의 2가 생활보호대상자 또는 직전까지 보호를 받던 가정이지만, 판자촌은 주민의 10% 정도가 생활보호대상자였고, 거택보호대상자는 그 절반 정도였다. 같은 맥락에서 자녀가 있는 가정도 판자촌보다 훨씬 비중이 적다. 〈표 4-2〉는 영구임대주택의 입주 자격을 다른 임대주택 유형과 비교한 것으로 소득 기준이 훨씬 낮다는 것을 알 수 있다. 현재 영구임대주택 입주자 중 기초생활보장 수급자(탈북자 등 포함)는 68.2%에 이르고, 6.0%는 과거에 해당자였다. 주민의 74.2%가 정부 지원을 받거나 받은 사람들로 구성된 아파트 단지인 셈이다. 물론 서울은 다른 곳에 비해 비중이 낮아서 약 60%가 그에 해당하고, 일반 저소득 가구 등이 40% 정도 된다(2020년 기준).

이렇게 빈곤 가구 중심으로 영구임대주택에 모이게 되자 다양한 문제들이 나타났다. 무엇보다 심리적·정신적 문제를 가지고 있는 사람들이 주변에 피해를 끼치는 일이 많다. 소수의 알코올 의존 입주자들이 고성방가, 층간소음, 노상방뇨 등의 문제를 일으키지만 관리하기가 쉽지 않은 상태다. 또 가난과 질병을 겪는 영구임대주택 주민들의 우울증이나 자살도 문제가 되고 있다.

그런 만큼 아이들을 키우는 가정에 영구임대주택은 불편한 주거지이다. 아이들을 키우기에는 집도 너무 좁다. 주거비가 싸다는 것 때문에 참고 살지만, 되도록 빨리 떠나기 위해 기회를 엿보게 된다. 2005년 조사에서 주민들의 4분의 1 정도

(23.6%)는 이주를 원했는데, 부부와 자녀로 구성된 가구의 경우는 그 비율이 37.7%로 높았다.[3] 그 결과 아동이 있는 가구는 상당수가 영구임대 단지를 떠났고, 그만큼 고령 빈곤층 밀집은 더 심화되었다.

정부도 영구임대주택 단지의 이런 문제를 잘 알고 있다. 판자촌을 대체하는 공간으로 생각했지만, 판자촌의 생태적 다양성과는 거리가 먼 인구 구성과 주택 형태로 인해 사회적으로 단절된 주거지가 되고 말았다. 이에 따라 정부는 1993년 더 이상 영구임대주택을 짓지 않기로 하고, 당초 목표였던 25만 호에서 19만 호만 건립하고 중단했다. 이후 2008년 싼 공공임대주택이 필요하다는 여론에 따라 재개되기는 했지만 소량을 분산해서 공급하고 있다. 나아가 기존 영구임대주택의 주거환경 개선이나 사회통합 방안이 주요 정책 관심사가 되었다. 이미 결정되기는 했지만, 앞으로 공공임대주택의 유형을 통합해서 입주 계층을 구별하지 않고 함께 거주하는 방향으로 정책이 바뀌게 되면, 입주자 다양성이나 사회통합에도 도움이 될 것으로 보인다.

주택가의 싼 방들: (반)지하셋방, 옥탑방

우리나라의 (반)지하방은 이제 전 세계적으로 알려져 있다. 바로 영화 〈기생충〉 덕분이다. 기택이네 가족이 살던 집이 반지하방이었던 것이다. 독자들도 영화의 많은 장면들을 기억할 것이다. 눅눅하고 냄새나는 공간, 길에서 분무 소독 연기가 들어오고 취객이 창문에 방뇨하기도 하던 그곳이다. 또 그 가족에게는 '반지하 냄새'가 배어 있었다. 더구나 2022년 여름에는 전 국민이 반지하 문제를 알고, 안타까워하는 일이 벌어지기도 했다. 갑자기 내린 폭우로 반지하 주택이 침수되면서 일가족이 참변을 당한 것이다.

반지하 주택은 서민들에게는 매우 익숙한 주거공간이다. 특히 반지하 주택에서 첫 살림을 시작한 신혼부부들도 많다. 반지하가 본격적으로 주택시장에 등장한 것은 1980년대 중후반부터이다. 서울의 전월셋값이 본격적으로 오르고, 판자촌이 합동재개발사업을 통해 마구 해체되기 시작할 무렵부터였다. 급격한 집값 상승과 전월세 불안에 대처하기 위해 정부는 한편으로 신도시 등을 통해 아파트 공급을 늘리면서 다른 한편으로 다세대·다가구주택 공급에 속도를 붙였다. 불과 몇 달이면 기존 단독주택을 헐고 3~4층으로 된 주택을 새로 지을 수 있었기 때문이다. 그 다세대·다가구주택의 아래층에는 예외 없이 반지하방들이 들어섰다.

반지하의 기원은 사실 남북 대치 상황의 방공호에서 시작되었다. 1970년 개정된 건축법 제22조의 3에 "건축주는 대통령령으로 정하는 용도 및 규모의 건축물을 건축하고자 할 때에는 지하층을 설치하여야 한다"는 규정이 신설됐다. 이는 유사시에 지하층을 대피소로 활용하기 위해서였다. 연립주택이나 아파트의 지하에 들어선 창고나 보일러실이 여차하면 대피소가 될 수 있었기 때문이다. 이런 곳에 1980년대부터 슬금슬금 방이 만들어지기 시작하다가, 1984년 12월에는 건축법 개정으로 지하층의 법적 요건이 완화되었다. 기존에는 지하층은 한 층의 3분의 2 이상이 지표면 밑으로 묻혀 있어야 했으나, 규제완화로 2분의 1 이상만 묻히면 지하층으로 보았다. 지하층에 '창문'도 합법적으로 만들 수 있게 되었다. 또 지하층에 대해서는 용적률 산정이나 층수 계산에서 빼주었다. 한마디로 방을 더 늘릴 수 있게 장려한 것이다. 이는 당시 빠르게 늘어나던 다세대·다가구주택의 필수 공간이 되었다. 3~4층으로 건축되는 이들 주택들에 20% 이상 방을 더 늘릴 수 있었던 것이다. 따라서 반지하 주택들은 우리나라 1990년대 서민 주택문제 해결에 큰 도움이 되었다.

하지만 당연히 반지하 주택에 거주하는 것은 불편하고 위험하다. 〈기생충〉의 기택이네 집이 그 모든 것을 보여준다. 반지하 주택은 평균 지하 깊이 1.44미터로, 1미터 정도의 높이에 있는 창문을 제외한 나머지 공간은 땅속에 있다. 이 때문에 반지하 주택에는 결로가 자주 발생해서, 특히 장판 아래와 창측 벽면 모서리에는 습기로 인한 얼룩과 곰팡이가 생기기 쉽다. 그러다 보니 반지하 거주 가정은 건강에 문제가 있을 수밖에 없다. 환기, 채광, 습기, 해충, 때로 침수 피해까지 겪기 때문이다. 그럼에도 반지하는 서민들의 안식처이다. 반지하에 사는 가정의 평균 거주 기간은 약 5.4년에 달하며, 그중 20.5%는

10년 이상 살고 있다. 주민의 15.1%가 기초생활보장 수급자로 전체 평균의 네댓 배에 이른다.[4]

그런데 2000년대에 들어서면 반지하를 권장하던 분위기도 끝나게 된다. 2001년 서울시 저지대에 큰 침수 피해가 생기는데, 대부분 반지하 주택의 하수구가 역류해서 발생한 일이었다. 이에 서울시는 침수 피해를 입은 다세대·다가구주택을 매입해서 임대주택으로 활용(매입임대주택)하는 한편, 신축의 경우 건축 기준을 엄격히 따지기 시작했다. 특히 골목길 주차 문제가 심각하게 되면서, 다세대·다가구주택의 주차장 기준을 강화하게 되자 반지하 건축의 효용은 막을 내렸다. 즉, 반지하를 넣는 것보다 주차공간이 더 중요하게 된 것이다. 이 때문에 최근 우리가 보는 신축 다세대·다가구주택은 모두 1층에 필로티 구조로 주차공간을 마련하게 된 것이다. 이와 함께 반지하의 열악한 주거환경으로 인해 찾는 사람들도 줄어들었다. 대신 최근의 편법적인 주거는 다세대·다가구주택의 한 집을 원룸으로 쪼개는 방식으로 많이 나타난다. 지하보다는 지상의 방을 쪼개는 이 방식은 당연히 불법이다. 그럼에도 과거에 지어진 반지하가 아직 워낙 많기 때문에, 지금도 가장 중요한 서민용 주거공간 역할을 하고 있다. 2022년 여름 침수 피해 사고도 그런 주택들 중 한 곳에서 일어났다.

옥탑방은 주택의 옥상에 불법 혹은 편법적으로 만든 주거용 방을 말한다. 1980년대부터 슬래브 형태의 옥상에 방을 넣는 일이 늘어났다. 그러다 1995년 건축 면적 산정에서 단독 및 다세대주택의 폭 1미터 미만의 옥외 계단을 제외하자 옥탑방의 독립성이 강화되었다. 물론 옥상 면적의 8분의 1 이내에서만 계단실이나 물탱크 등의 공간을 만들 수 있기 때문에, 그 부분을 모두 주거용으로 전용하더라도 당연히 반지하보다 주택 공급 효과는 크지 않다. 하지만 대학가나 교통이 편리한 서민 주거 지역에 옥탑방이 상당수 들어서기 시작했다. 서울시 관악구 봉천동 구릉지 일대의 다세대·다가구 밀집 지역을 조사한 결과, 전체 조사 대상 583개 필지의 19.5%에 옥탑방 114개가 존재하는 것으로 확인되었다.[5]

반지하방이 대개 가족 단위 거주인 데 반해, 옥탑방의 주거주자들은 대학생과 취업준비생, 미혼의 직장 초년생 등 혼자 사는 경우가 많다. 비교적 교통이 좋은 곳에 있고, 임대료가 싸며, 상대적으로 프라이버시가 지켜지는 공간이라는 장점이 있다. 하지만 옥탑방은 더위와 추위에 취약하다. 물론 최근에는 에어컨이 많이 보급되면서 나아지기는 했지만, 방문만 열면 바로 외기에 노출되어 있다. 또 옥탑방은 주변 주민들의 일조권 및 사생활을 침해하는 문제도 있다. 옥탑방에 임차인이 상시 거주하게 되자, 고층에서의 시선 때문에 이웃 주민들이 사생활 침해를 호소하기 시작했다. 이에 물탱크실을 개조한 옥탑방의 조성을 막기 위해 2004년 서울시에서 도시경관을 위한 '건축물 옥상 설계기준안'을 마련해 옥탑방의 배제를 적극 유도했지만, 옥탑방은 이후에도 계속 만들어지고 있다.[6]

옥탑방에 사는 당사자는 사생활 침해가 적다 보니 일정

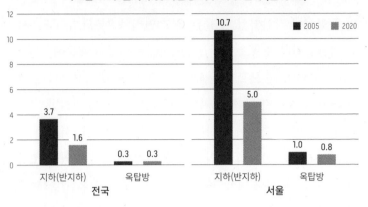

〈그림 4-3〉 반지하 및 옥탑방 거주 가구 변화 (단위: %)

자료: 통계청, 국토교통부

정도 낭만화되는 경향이 있는 것 같다. 궁핍하긴 하지만 하늘
과 별을 볼 수 있고, 꿈, 사랑을 키울 수 있다는 식이다. 영화나
TV 프로그램으로 소개된 옥탑방은 다분히 낭만적이다. 〈내 마
음의 옥탑방〉〈옥탑방 고양이〉〈옥탑방 왕세자〉 같은 드라마
나 유명 연예인들의 무명 시절 옥탑방 생활 소개 등이 그런 이
미지를 생산하고 있다. 그러나 옥탑방은 대부분 불법·편법으
로 만들어진, 더구나 최저주거기준을 충족하지 못하는 열악하
고 싼 주거지일 뿐이다. 오죽하면 '지옥고', 즉 지하방, 옥탑방,
고시원이 청년들의 열악한 주거를 상징하는 단어가 됐을까?

어떻든 전반적으로 반지하와 옥탑방 거주 비율은 전국적
으로는 2005년 전체 가구의 4.0%에서 2020년 1.9%로 줄어들
었다. 종전 60만 가구 이상에서 40만 가구 내외로 줄어든 것
이다. 또 서울도 전국보다는 훨씬 많은 편이지만, 11.7%에서

5.8%로 줄었다(〈그림 4-3〉). 그럼에도 아직 서울에는 약 20만 가구가 반지하에서, 약 3만 가구가 옥탑방에서 생활하고 있다.

단신 생활자들의 보금자리, 고시원

'고시원考試院'은 고상한 이름이다. 고시 공부를 하는 공간이라는 뜻인데, 이것을 동양권 국가에 한자 그대로 소개하면 당황하곤 한다. 일종의 쪽방 같은 곳인데, 이렇게 고상한 이름을 갖게 되다니. 그 연원을 찾자면 숙식을 하면서 고시나 공무원 시험공부를 하던 신림동, 노량진 일대의 '독방 형태 독서실'이 도시 내 생활시설로 확산하면서 붙은 이름이라고 짐작할 수 있다. 1970~1980년대, 그야말로 시험공부를 하던 공간이 단신 생활자들의 주거공간으로 자리 잡은 셈이다. 2020년 현재 서울에만 5,807개의 고시원이 있는데, 1채당 평균 37.7개의 방이 있다. 문을 연 고시원의 호실 수를 계산해 추정하면, 서울에서만 약 15만 5,000명 정도가 여기서 생활한다. 서울 인구가 1,000만 명이라고 하면, 약 1.5%가 고시원에서 생활하는 셈이다. 전국적으로 1만 1,734개의 고시원이 있는데, 그중 50%가 서울에, 수도권까지 포함하면 80%가 몰려 있다. 더구나 고시원은 관례적으로 밥과 김치를 무료로 제공한다. 나머지 반찬은 각자 준비해서 공용 냉장고에 보관하지만, 어떻든 최소 끼니는 고시원에서 해결할 수 있다. 월 20~40만 원으로 최소 숙식이 해결되는 공간인 것이다. 따라서 고시원은 서울, 수도권에서는 단신 생활자들이 가장 저렴하게, 또 들고 나기 좋게 단기로 생활할 수 있는 편리한 주거공간의 하나이다.

그러나 고시원이 우리에게 각인된 모습 중 하나는 끔찍한 화재 사고다. 2018년 11월, 종로구 관수동의 국일고시원 화재로 7명이 숨지고 11명이 다쳤다. 지은 지 35년 된 건물이었고, 2층에 방 24개, 3층에 29개가 들어차 있었는데 계단 쪽이던 301호에서 불이 시작된 것이다. 그나마 방세가 한 달에 4만 원 더 비싼 창문 있는 방(32만 원)에 살던 사람들은 탈출을 했지만, 복도 쪽에 있던 사람들이 많이 희생되었다. 이 고시원은 스프링클러가 의무화되기 전인 2007년에 개설하는 바람에 피해가 더 컸다. 이런 식의 큰 사고는 2006년 송파구 나우고시텔(8명 사망), 2008년 용인시 타워고시텔(7명 사망) 등 아직도 우리 기억에 남아 있다.

사고가 날 때마다 고시원은 화재 안전, 설치 기준이 논란이 되어왔다. 그렇다고 고시원을 금지할 수도 없는 것이, 서울에서만 15만 명 이상의 단신 생활자들에게 싸게 잠잘 곳을 제공하고 있기 때문이다. 정부는 2009년 7월, 고시원을 다중이용업소의 하나로 규정했고, 고시원은 처음으로 제도의 영역으로 들어왔다. 같은 해 건축법 시행령을 개정하여 제2종 근린생활시설의 유형으로 포함시켰다. 이후 이를 강화해서 500제곱미터 미만까지만 비교적 규제가 덜한 근린생활시설로, 그걸 넘는 규모는 숙박시설로 규정했다. 현재 고시원의 공식 명칭

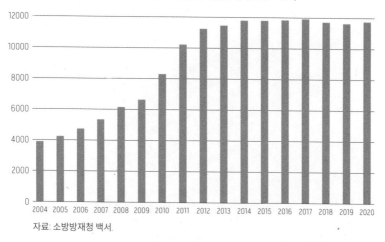

〈그림 4-4〉 고시원 추이(전국) (단위: 개소)

자료: 소방방재청 백서.

은 '다중생활시설'인데, 신규 등록의 경우 실별 욕조와 취사시설 설치를 금지하고, 강화된 피난·방화 및 차음 기준과 범죄 예방 기준을 적용하고 있다. 문제는 기존 고시원이다. 스프링클러 설치에 예외를 두거나 유예기간이 길었기 때문이다. 2018년 종로 국일고시원 화재 이후 제도가 강화되어 모든 고시원은 2022년 6월 말까지 간이 스프링클러를 설치하도록 되었다. 덕분에 2020년 현재 간이 스프링클러가 설치된 고시원 비율은 86.0%에 이르지만, 아직 15% 정도는 경보기만 설치되어 있는 상태이다.

연이은 사고를 겪고, 2020년 서울시는 고시원에 대한 전수조사 및 입주자에 대한 표본조사를 실시했다.[7] 그 결과를 경향신문이 자세히 게재했는데 이를 발췌하는 방식으로 소개해

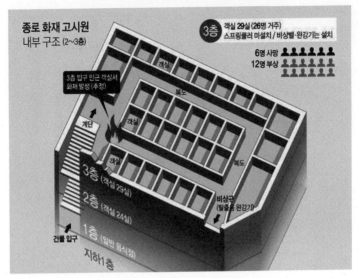

〈그림 4-5〉 화재 사고가 났던 국일고시원 구조

종로 화재 고시원
내부 구조 (2~3층)

3층 객실 29실 (26명 거주)
스프링클러 미설치 / 비상벨·완강기는 설치

6명 사망
12명 부상

3층 입구 인근 객실서
화재 발생 (추정)

개실

복도

계단

객실

객실

복도

3층 (객실 29실)

2층 (객실 24실)

비상구
(탈출용 완강기)

건물 입구

1층 (일반 음식점)

지하1층

자료: 종로소방서 자료를 연합뉴스(2018.11.9.)가 그림으로 전환.

본다.[8]

전체 고시원 중 90%는 지하철역에서 직선거리 1킬로미터 이내의 이른바 역세권에 있다. 구별 분포는 관악구가 938개로 가장 많고, 동작구(507개), 강남구(397개), 동대문구(337개), 영등포구(303개), 성북구(293개), 서대문구(251개) 순으로 주로 1인 가구들이 많이 사는 곳들이다. 이는 고시원의 주 이용자들이 일용근로자, 취업준비생, 학생 등인 상황과 깊은 관련이 있다.

전체 고시원 방 중 창문이 없는 방의 비율은 38.6%다. 전용면적 7제곱미터 미만 방은 57.7%로 절반을 넘겼다. 월 30

만 원 미만인 저가 고시원의 비율도 42.7%였다. 방마다 개인 화장실을 둔 곳은 40.7%였고, 공용 화장실을 쓰는 고시원은 44.4%, 공용과 개인 화장실이 모두 있는 곳은 14.9%였다. 또 공용 욕실을 사용하는 비율도 41.9%로 높았다. 평균 공용 샤워기는 4.1개였고, 사용 인원은 샤워기 개당 8.7명이었다. 90.2%의 고시원은 공용 부엌 등에서 밥, 김치, 라면 등 식사를 무상으로 제공했다. 공용 냉장고 수는 평균 1.7개였고, 냉장고 1개당 사용 인원은 18.0명이었다. 세탁기 역시 공용 비율이 86.5%로 높았다. 평균 공용 세탁기 수는 2.6개였으며, 사용 인원은 1개당 15.1명이었다.

고시원 운영자의 상당수는 임차인이었다. 고시원의 평균 임대료 수입은 월 428만 원인데, 공과금과 관리비는 208만 원이었다. 산술적으로는 별로 채산이 맞지 않는 임대사업이라고 할 수 있다. 이에 상당수 업주들이 주 52시간제 도입과 최저임금 인상 후 '총무'로 불리는 고시원 관리자를 두지 않고 혼자 운영하는 것으로 나타났다. 그런 점에서 대다수 고시원 운영자 역시 생계형 자영업자 수준이라는 것을 알 수 있다.

고시원 거주자들은 남자가 76.6%였는데, 연령별로는 30세 미만이 29.8%로 가장 많았다. 다만 50대와 60대 이상의 비율이 각각 19.6%, 19.8%로 합치면 39.4%로 크게 높아 중고령층도 많이 이용하고 있다는 점이 확인됐다. 이들의 근무형태는 무급가족종사자·무직(44.7%)이 가장 많았다. 이어 임시·일용근로자(34.1%), 상용근로자(16.8%), 자영업자(3.2%) 순이었다. 월평균 소득은 100만 원 미만이 37.2%로 가장 높았다. 이어 100만~200만 원(36.6%), 200~300만 원(18.1%), 300만 원이상(5.7%) 순이었다. 소득이 낮을수록 고시원에 머무는 시간이 길었고 외식보다는 고시원 제공 음식을 주로 먹었다.

거주자 중 수급 가구의 비율은 20.5%였다. 수급 종류는 주거급여가 19.0%로 가장 많았고, 생계급여(16.9%), 의료급여(15.9%) 순이었다. 비수급 가구 대부분은 수급 신청을 한 경험이 없었는데, 이유로 "자격이 안 될 것 같아서" "절차를 몰라서" 등을 꼽았다. 고시원에서의 거주 기간이 3년 이상이라고 답한 이들이 28.5%였고, 6개월 미만(27.6%), 1~2년 미만(16.9%) 순이었다. 고시원에 사는 주요 이유로는 "임대료가 저렴하기 때문"이 46.6%로 가장 많았다. "직장과 가까워서"로 응답한 이들도 23.7%였다. 원룸은 월세 외에 공과금과 관리비 등을 추가로 지출해야 하지만 고시원은 이 비용을 내지 않아도 되는 것도 장점으로 꼽았다.

고시원에서 건강을 위협하는 요소가 있다고 답한 비율은 60.1%였다. 공간 협소(32.8%), 소음(19.8%), 채광 부족(18.5%), 환기 부족(17.8%), 고립감과 우울감(17.3%)을 건강 위협 요인으로 꼽았다. 거주자들 사이의 관계는 "인사 정도만 한다"고 답한 이들이 절반(49.5%) 정도였다. "최대한 마주치지 않으려고 노력한다"(33.4%)의 비율도 높았다.

이 조사 결과를 보면, 고시원은 주로 단신, 남성들이 교통이 좋은 곳에, 싼 비용으로 거주하는 수단이다. 수입은 적은 편이지만, 청년층들이 정착하기까지 유용한 보금자리다. 그러나 청년층들만 일시적으로 거주하는 곳이 아니라, 중고령 일용노동자들도 많이 사는 것을 알 수 있다. 외국인 노동자들도 마찬가지다. 단신 가구들의 높은 이동성, 불안정 고용 상황이 주거에 반영된 현상이라고 할 수 있다.

노숙과 쪽방 사이

쪽방의 역사는 과거 판자촌의 역사만큼이나 오래되었다. 서울역, 영등포역, 청량리역 등 서울을 드나들던 관문 주변에 오래전부터 있던 여인숙이나 사창가가 하루씩 돈을 내는 싼 숙박시설이 되면서 굳어진 것이다. 지금은 쪽방이라는 이름이 정부 공식용어로까지 쓰이지만, 이곳은 IMF 사태 이전까지만 해도 별로 주목받는 곳이 아니었다. 1998년 초부터 거리 노숙인이 급증했는데, 이들이 거리 생활과 쪽방 생활을 반복한다는 점이 확인되면서 쪽방의 의미를 이해하게 된 것이다. 주로 도시 최하층민들이 오랫동안 생활하던 곳으로, 노숙과 숙박시설의 경계에 있는 사람들의 마지막 안식처였던 것이다. 따라서 노숙인 대책을 세우기 위해서라도 쪽방 대책이 필요하다는 점을 인식하게 되었다. 대부분 단신 남성이 생활한다는 점에서 쪽방과 고시원은 비슷하지만, 쪽방은 일종의 역전驛前 생활과 문화, 오래 퇴적된 가난의 체취를 안고 있다는 점에서 고시원과 차이가 있다. 또 떠돌이형 생활도 깊은 관련이 있다. 실제 쪽방 주민들 중에는 노숙 경험이 있는 비율이 42.9%에 이르고, 노숙인쉼터나 부랑인시설 등 보호시설 거주 경험도 22.8%에 이른다. 연령 구성이나 가족관계 단절 등도 노숙인들과 유사하다.[9]

쪽방에 대해서는 서울시가 매년 조사를 실시하는데(서울시, 〈서울시 쪽방 밀집 지역 건물실태 및 거주민 실태조사〉), 한국일보가 이 자료를 참조해 특집기사를 연재한 바 있다. 이달의 기자상까지 받은 이 시리즈의 제목은 〈도시빈자들의 최후의 주거지: 지옥고 아래 쪽방〉(한국일보, 2019.5.7.~2019.5.9.)이다. 그만큼 가장 열악한 비주택 주거가 쪽방이라는 설명이다. 서울시 보고서와 한국일보 시리즈의 주요 내용을 중심으로 쪽방의 실상을 알아보자.

서울의 쪽방 거주자 수는 2018년 말 현재 3,183명이다(〈표 4-3〉). 점차 인원은 줄어드는 추세지만, 대체로 3,500명 내외로 유지되고 있다. 방 숫자는 그보다 많은 4,000개 내외로 파악된다. 이런 수치는 20여 년 전 상황과 큰 변화가 없다. 그만큼 쪽방은 최하층의 사람들이 정체되어 있기 때문이라고 할 수 있다. 2018년 조사에 따르면, 쪽방 주민들의 거주 기간은 평균 11.7년으로, 5년 미만 28.8%, 5~15년 39.8%, 15년 이상 28.3%이다. 평균 거주 기간은 해마다 조금씩 길어지는 추세를 보이고 있는데, 15년 이상 거주자의 경우 2016년 24.2%에서 2018년 28.3%로 늘어났다.

쪽방의 임대료는 월 기준 평균 22만 8,188원, 하루씩은 7,000원에서 1만 원 정도이다. 개인용 숙박시설로는 서울에서 가장 싼 곳일 것이다. 그러나 평당 임대료는 18만 2,550원으로 서울 전체 아파트의 평균 평당 월세인 3만 9,400원의 4배를 훌쩍 뛰어넘는다. 면적당 임대료는 훨씬 비싸게 부담하는 셈이다. 한국일보 조사에 따르면, 쪽방 주인들의 70% 정도는 다른 곳에 살면서 현지에 관리인을 두고 운영한다.

쪽방 주민들의 주 소득원은 정부 보조가 56.6%로 가장 많고, 근로활동은 31.5%에 그친다. 기초생활보장 수급자와 차상위계층 등 정부 보조를 받는 수급자는 전체 쪽방 주민의 67.1%(응답자 2,144명 중 1,440명)에 달한다. 그만큼 20만 원 정도의 주거급여를 받는 사람들이 많다. 그래서 사실상 정부의 주거보조비가 모두 쪽방 주인들의 수입이 되고 만다는 얘기도 나온다.

결국 쪽방은 우리가 최근 만날 수 있는 도시빈곤의 막다른 골목 같은 곳이다. 도시빈곤층이 천장과 벽이 있는 곳에서 잘 수 있는 마지막 자리라고 표현할 수 있을 것이다. 그 오랜 삶의 궤적이 어떻든, 쪽방은 가난한 사람들의 마지막 보금자리다. 그렇기 때문에 정부에서도 쪽방상담소를 설치해서 복지 지원이나 생계 지원을 제공하기도 하고, 다양한 단체들이 무료급식을 포함한 지원 활동을 벌이고 있다. 그런데도 쪽방이나 거주자 숫자는 큰 변화 없이 계속되는 중이다. 도시빈곤의 퇴적이 멈추지 않고 있기 때문이다.

	거주자 숫자(괄호 %)			기초생활보장 수급자 비중(%)	65세 이상 독거노인 비중(%)	장애인 비중 (%)
	계	남	여			
계	3,183 (100.0)	2,752 (86.5)	431 (13.5)	52.6	32.7	9.9
돈의동	570	537	33	49.6	34.2	9.6
창신동	328	275	53	42.7	37.8	11.0
남대문	717	639	78	45.0	26.1	4.7
동자동	1,054	922	132	52.9	31.4	13.0
영등포역	514	379	135	72.0	39.7	10.3

자료: 서울시, 2018.

모든 유형의 비주택 거주가 불편하고 힘들지만, 쪽방은 특히 더위가 심각하다. 빽빽이 들어선 방들이 제대로 환기가 될 리도 없고, 선풍기마저 부실한 실정이다. 그렇기 때문에 각 지역 쪽방 상담소들은 더위쉼터까지 운영하지만, 최근에는 코로나19 때문에 그마저 이용하기가 쉽지 않다. 그리고 쪽방도 화재 사고가 빈발하는 곳이다. 고시원과 달리 화기를 이용해서 실내 취사까지 하다 보니 크고 작은 화재가 계속되고 있다. 2018년 돈의동 쪽방 화재, 종로5가 여인숙 화재, 2019년 전주의 여인숙 화재 등으로 폐지 수집 노인 등이 유명을 달리했다.

그런데 도심 요지에 오랫동안 열악한 주거용 건물이 방치되어 있다 보니 당연히 개발 압력이 높다. 영등포역 쪽방은 이미 공공재개발 방식으로 기존 쪽방 주민들을 모두 저렴한 임대주택에 수용(영구임대주택 370호)하면서 1,190호의 신규 주택

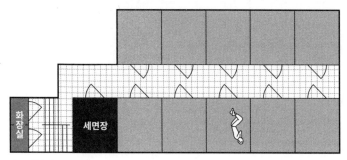

〈그림 4-6〉 동자동 쪽방 평면도

화장실

세면장

자료: 한국일보

을 공급하는 개발에 착수했다. 또 서울역 앞의 대표적인 쪽방 촌인 동자동에도 재개발 바람이 불고 있다. 정부는 공공재개 발 방식을 통해 공공임대주택 1,250호를 포함해 모두 2,410호 의 주택을 공급하려는 계획을 추진 중이다. 하지만 민간 지주 들은 자신들이 직접 개발하겠다고 나서서 아직 논란이 계속되 고 있다. 이처럼 물리적으로는 쪽방의 상당수가 개발의 압력 에 놓여 있고, 언제가 되든 변화는 불가피할 것이다. 이 과정에 서 기존 쪽방 주민들을 포용할 수도 있겠지만 어떻든 기존 쪽 방 자체가 줄어드는 것은 어쩔 수 없다.

쪽방이 사라지면 새로 유입되는 퇴적 빈곤층들은 어디 에서 살게 될까? 가난한 사람들의 주거지는 모양이나 장소를 달리하겠지만 결국 어딘가에 또 만들어질 것이다. 빈곤이 남 아 있는 한, 가난한 사람이 모이는 주택은 사라지지 않기 때문 이다.

5장. 판자촌과 합동재개발

판자촌을 중산층용 아파트 단지로

합동재개발사업의 탄생

우리나라에서는 '재개발' '재건축' 같은 부동산이나 도시 정책의 전문용어들이 거의 일상용어로 쓰이고 있다. 재개발은 노후·불량 저층 주거지를 철거하고 아파트를 짓는 사업, 재건축은 오래된 아파트를 새로 짓는 사업. 이 정도는 이제 상식이 되었다. 특히 재개발, 재건축은 서울의 유력한 아파트 공급 수단이기 때문에, 민간에 대한 규제를 풀어 공급을 촉진하라는 주장에 많은 사람들이 동조하고 있기도 하다. 그런데 재개발 사업은 "(정비) 기반시설이 열악하고 노후·불량건축물이 밀집한 지역에서 주거환경을 개선하는 사업"(도시 및 주거환경정비법 제2조)이다. 불량주택이 밀집되어 있으면서 도로, 주차장, 녹지 등 기반시설이 열악한 곳을 큰 규모로 개선하는 사업이다.

그만큼 여러 소유자들이 관여되고 기반시설 조성을 위한 공적 역할도 필요하기 때문에 재개발사업은 기본적으로 '공공사업'이다. 어디를 재개발할 것인가 하는 구역지정에서부터 사업시행계획, 관리처분계획 등이 모두 공공의 통제를 받게 되는 것이다. 판자촌처럼 불량한 주택이 밀집되어 있는 곳은 당연히 공공의 인허가나 승인을 받아서 진행될 수밖에 없다. 즉 정부가 판자촌을 어떻게 할 것인가 하는 계획과 정책 아래에서 재개발사업이 진행되는 것이다.

1970년대까지 서울시는 도시 재개발을 할 계제가 아니었다. 신개발할 일도 늘려 있었기에, 낡고 오래된 집을 재개발할 이유는 없었다. 불량한 주택들이 모여 있던 판자촌도 손을 대면 좋았겠지만 엄두가 나지 않는 상황이었다. 물론 굳이 따지자면, 1960년대 말 시민아파트 건설도 불량한 주택을 헐고 아파트를 건설하는 일종의 재개발사업이라고 할 수 있지만 우리 도시정책사에서는 '판자촌 대체 주택 건설'로 본다. 대신 서울시는 1970년대 초부터 판자촌에 대해 언젠가 집단적으로 정비하겠다는 취지로 일괄 재개발구역으로 지정하게 된다. 1973년까지 판자촌 145곳을 지정했다. 재개발구역으로 지정하면 서울시는 신축이나 대수선을 금지하게 된다. 즉, 언젠가는 제대로 헐고 짓겠다는 예정 구역이라고 할 수 있다.

하지만 1980년대 초까지 약 10년간 재개발사업 실적은 미미했다. 현지개량 방식의 재개발이 8개 구역에서 834가구, 주민 자체 철거재개발이 12개 구역 2,750가구, 그리고 해외 차관을 통한 일부 개량재개발, 위탁 방식에 의한 철거재개발이 15개 구역 2,677가구를 대상으로 시행된 정도였다. 모두 합해도 5,000~6,000가구가 대상이었다. 그마저 눈에 띌 만한 사업도 없었다. 그리고 재개발사업은 아니었지만 재해 위험이 있거나 고지대에 있는 판자촌을 일부 철거하는 정도의 사업이 있었다.[1] 무허가주택만 15만 동 이상 있었기 때문에 전체적으로 보면 일부만 고쳐 지은 상황이었다.

그런데 1980년대에 들어서면 사정이 달라진다. 절대빈곤을 벗어난 상황에서 좀 더 나은 주택에 대한 수요가 빠르게 늘어났기 때문이다. 전두환 정부 역시 주택 공급에 최우선을 두고, 비록 비현실적이기는 했지만 1,000만 호 주택 공급 목표를 제시한 상황이었다. 그럼에도 현실적으로 서울에 아파트를 지을 수 있는 빈터는 거의 남아 있지 않았다. 이때 눈에 들어온 곳이 판자촌들이었다. 1960~1970년대 처음 집단정착지로 조성될 때만 해도 판자촌들은 황무지나 다름없었지만, 그사이에 지하철 노선이 개통되고 완전히 번화가로 바뀐 곳들이 허다했다. 과거 허허벌판이었던 곳이 이제는 좋은 입지가 된 것이다. 여기다 건설업계 입장에서는 새로운 일거리가 필요했다. 1980년 발발한 이란-이라크전쟁으로 중동 건설경기가 급락하면서 대거 철수한 상황이었기에 국내 건설 물량의 확대가 필요했다. 게다가 좋은 명분까지 생겼다. 1981년 9월, 서울이 1988년 올림픽 개최지로 확정되자 대대적인 도시미화와 정비를 서두르게 된 것이다.

이제 판자촌을 철거하고 재개발해야 할 필요성과 여건은 성숙되었다. 그런데 어떤 방식으로 할 것인가? 1970년대까지 시행된 자력 재개발 방식은 기본적으로 주민들이 새로 아파트를 짓는 비용을 거의 다 부담해야 했기 때문에 지지부진했다. 반면 공공이 직접 주도하는 방식도 어렵기는 마찬가지였다. 1980년대 초, 그때까지 아직 미개발지와 판자촌이 뒤섞여 있던 목동을 공공이 직접 개발하려던 목동 공영개발사업은 엄청난 후유증을 남긴 바 있다. 가옥주와 세입자들이 모두 들고일어나 혼쭐이 났던 정부는 직접 사업을 하는 데 대해 다시 생각하게 되었다(자세한 내용은 3장 〈사건〉 편 참고). 뭔가 새로운 접근법이 필요했다.

바로 시중의 풍부한 주택 구매 욕구와 건설업계의 자본을 활용하는 방법이었다. 즉, 판자촌 재개발을 통해 원래 가옥주 숫자보다 더 많은 아파트를 공급하고, 이를 도시 중산층에게 분양한 수익을 활용해서 주민들의 부담을 낮추는 방식이었다. 건설업체가 사업 비용을 조달하고 건설 및 분양까지 책임지도록 하면 되었다. 이럴 경우 공공은 특별히 개입하지 않아도 됐고, 주민들도 큰 부담 없이 집을 고칠 수 있다고 보았다. 이전의 자력 재개발 방식과 비교해서 주민 부담이 현저히 줄어들었다. 그런 점에서 1983년 구로1구역과 천호1구역 두 군데서 처음 시행된 사업은 대성공이었다.

그런데 어떻게 8평 판잣집, 그것도 내 땅도 아닌 국공유지를 점유한 주택을 헐고 아파트로 바꾸었는데 소유자들이 비용

부담 없이 개발하는 것이 가능했을까? 이는 그곳에 지어지는 아파트를 높은 가격에 사려는 실수요자들이 줄을 서 있었고, 또 원래보다 더 많은 주택 건설을 통해 충분한 개발이익이 보장되었기 때문이다.

합동재개발사업의 구조

합동재개발사업의 구조에 대해서는 1987년 나온 장세훈(현 동아대학교 사회학과 교수)의 석사학위 논문(〈도시 무허가정착지 철거 정비 정책에 관한 일 연구〉, 서울대학교 사회학과)이 가히 '끝판왕'이라고 할 수 있다. 물론 지금 관점에서는 용어나 개념이 좀 낯설 수는 있다. 당시는 한국사회에 대한 변혁 요구가 어느 때보다 높아서, 자본과 국가의 역할에 대한 공세적 의미 규정이 유행할 때였기 때문이다. 그럼에도 장세훈의 논문은 합동재개발이라는 당시로서는 낯선 현상이 일어나게 된 사회적·경제적 뿌리를 파헤쳤다. 그는 당시까지의 모든 자료를 망라해서 서울 판자촌의 생성과 변화 과정을 탐색했고, 합동재개발사업의 구조와 각 주체들의 역할을 정리했다. 그가 정리한 관점은 이후, 또 지금까지 합동재개발사업을 이해하는 뿌리가 되고 있다. 이 책에서는 그가 1998년 새로 고쳐 쓴 원고(장세훈, 〈도시화, 국가 그리고 도시빈민〉, 김형국·하성규 편, 《불량주택 재개발론》, 나남출판, 1998)를 중심으로 소개하겠다.

합동재개발사업은 주민(가옥주)과 건설업체가 각각 조합원과 참여 조합원이 되어 '합동'으로 재개발사업을 한다는 의미에서 붙은 이름이다. 그러나 형식은 합동이었지만 실질적인 내용, 즉 돈을 대고 절차를 진행하고 여유분 주택을 분양해서 자금을 회수하는 것은 모두 건설업체의 일이었다. 건설업체는 단순히 공사만 수주하는 역할이 아니라 최대한 수익을 올려서, 주민들의 부담도 낮추고 자신들의 이윤도 많이 얻을 수 있도록 하는 실질적인 주체였다. 당시 서울시의 내부 지침을 보더라도, 합동재개발사업의 형식적 주체는 지역 주민들이 설립한 조합이었지만 실제 사업 내용은 모두 건설업체가 이끌어갔다는 것을 알 수 있다.

합동재개발사업 세부 시행지침(1984년 1월)

1. 합동재개발은 지역 주민들이 주체가 되어 조합을 결성해서 재개발을 추진한다.
2. 재개발조합은 재개발을 시행하기 위해 참여 사업자(건설업체)를 선정한다.
3. 건설업체는 이주 보조금으로 가구당 500만 원을 무이자로 융자하고, 주민 이주 후 기존 주택을 철거한다. 이때 불법 주택은 무보상 철거하고, 합법 주택은 감정가에 의거해서 보상 후 철거한다.
4. 건설업체는 철거 가구수의 1.5~2배가량의 아파트를 지어 철거 주민에게 분양한 후 잔여 가구분을 일반 분양해서 투

자경비를 회수한다.[2]

정부도 구경만 한 것은 아니었다. 판자촌이 있는 곳의 국공유지를 싸게 불하해줘서 사유지로 전환시킴으로써 상업적 재개발이 가능하도록 기반을 제공해주었다. 특히 건폐율과 용적률을 대폭 완화해서(한때 무려 400%까지 허용) 기존 판자촌에 있던 주택수의 두 배 정도까지 고층 아파트로 건설할 수 있도록 했다. 개발이익 자체가 발생할 수 있는 여건을 형성해준 것이다. 물론 그 과정에서 세수 증대나 기반시설 확충과 같은 효과도 거둘 수 있었다. 또한 세입자와 조합(건설업체) 간의 갈등을 중재하거나 철거를 방해하는 행위를 단속함으로써 원활한 사업 추진을 도왔다.

이상과 같은 각 주체들의 투입과 산출을 도식화해보자. 가옥주들은 정부로부터 싸게 불하받은 토지를 제공하고, 서울시는 토지 불하와 도시계획적인 지원, 건설업체는 자본 투입 및 사업 운영을 담당하는 방식으로 각각 자원을 투입한다. 합동재개발사업의 결과 가옥주와 건설업체는 개발이익을 나눠 갖는데, 특히 건설업체는 불투명한 회계 등을 통해 초과 이익을 가져갔다고 할 수 있다. 이때 주민들이 구성한 조합의 간부 등에게는 반대급부가 주어졌기 때문에, 재개발사업은 비리와 갈등의 복마전이 되기도 했다. 서울시는 국공유지 매각 수익과 함께 세수 증대, 도시기반시설 개선, 나아가 아파트 공급을 통한 민심 달래기라는 효과를 거둘 수 있었다. 장세훈의 그림

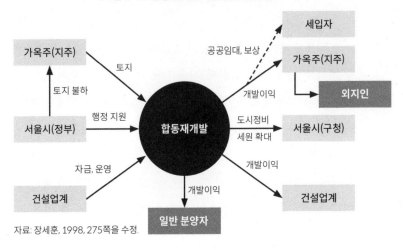

〈그림 5-1〉 합동재개발사업의 메커니즘

세입자

가옥주(지주)

공공임대, 보상

가옥주(지주)

토지

개발이익

외지인

토지 불하

행정 지원

합동재개발

도시정비
세원 확대

서울시(구청)

서울시(정부)

자금, 운영

개발이익

건설업계

건설업계

개발이익

일반 분양자

자료: 장세훈, 1998, 275쪽을 수정.

을 수정해서 그 메커니즘을 도식화하면 〈그림 5-1〉과 같다.

아무도 손해 보지 않는다?

앞의 구도를 보면, 합동재개발사업은 모두에게 이익인 사업처럼 보인다. 사업 초기에 대책이 제대로 세워지지 않았던 세입자를 제외하면, 표면적으로는 아무도 손해를 보는 사람이 없었다. 세입자들에게도 1990년대부터는 단지 내 공공임대주택 입주나 석 달치 생계비 중에서 선택할 수 있도록 함으로써 그마저도 대부분 해결했다. 그럼 판자촌이 아파트로 바뀌면 모두 이익을 보는 것일까? 마치 바닷가 모래에서 금붙이를 주운 것처럼?

이를 각 주체별로 살펴보자. 우선 판자촌 주민들이다. 재개발사업이 시작되기 전 무허가주택 가옥주와 세입자들은 나름 호혜적 관계를 유지하면서 지냈다. 가옥주들은 방 한 칸이라도 세를 놓아 살림에 보탰고, 세입자들은 불편했지만 싼 주거를 구할 수 있는 것만으로도 도움이 되었다. 주민들은 비록 가옥주와 세입자로 나뉘기는 했지만, 생계나 생활방식은 별반 다르지 않았다. 같은 일용노동을 하면서 가난하기는 매한가지였다. 그러나 합동재개발사업을 통해 가옥주들이 땅을 불하받고 재산권 소유 여부에 따라 이해관계가 달라지자 상황은 판이하게 변했다.

가옥주는 사실 재개발사업이 시작되기 전까지는 내 땅도 아닌 곳에 지은 지극히 부실한 주택의 주인이었을 뿐이다. 비록 점유권이 인정되고 사고파는 권리는 보장되었다고 하지만, 엄연히 불법인 무허가주택 소유주였다. 하지만 정부가 재개발사업을 위해 토지를 불하해줌으로써 합법적인 주택 소유자이자 재개발조합원이 되었다. 권리자가 된 것이다. 하지만 이들이 새로 지어지는 아파트에 입주하는 경우는 10%도 안 되었다. 입주하기까지 추가 비용이 들기도 했고, 아파트 관리비를 내면서까지 살 수 있는 생활 여건이 아니기도 했다. 건설일용노동을 주로 하는 사람들에게 아파트는 생활 스타일과 맞지 않기도 했다. 따라서 90% 이상이 판잣집이나 재개발 입주권을 외지인에게 팔았다. 그것을 산 사람들을 이른바 부재 가옥주라 부른다. 조합이나 건설업체 입장에서는 부재 가옥주가 많을수록 사업 추진이 수월했다. 이들은 판자촌에 들어와 살 마음이 없었기 때문에, 한시라도 빨리 철거하고 아파트를 짓는 쪽으로 뜻을 모으기 좋았던 것이다. 집을 판 원래의 가옥주들은 당시 시세로 적지 않은 값을 받았다. 외곽의 연립주택을 구입할 수 있을 정도는 되었다. 판자촌 주인에서 연립주택 소유자가 될 정도면 손해를 보기는커녕 혜택을 보았다고 할 수도 있다. 그런데 실제 가옥주들이 판자촌을 떠나 여전히 집주인인 경우는 70% 정도에 그쳤다. 구로1구역, 천호1구역, 그리고 사당동 사례조사 결과가 비슷하다. 30% 정도는 전세금을 돌려주고, 빚 갚고 나니 거꾸로 세입자가 되어버린 것이다.

다음으로 세입자는 자타가 인정하는 가장 큰 피해자였다. 무엇보다 판자촌 같은 싼 주거공간이 사라졌기 때문이다. 재개발사업에 따라 이사할 때, 전월세 보증금에다 몇 달치 생활비를 받았다 하더라도 주변 집세는 그 정도로는 감당이 안 되었다. 이에 합동재개발사업 지역의 세입자들은 격렬히 저항했고, 철거민 단체까지 만들어 체계적이고 조직적으로 반대운동을 전개했다. 결국 정부는 1989년 5월 이후 사업시행 구역에 대해서는 지역 내 공공임대주택을 공급하도록 했다. 이미 사업에 들어간 곳들은 원칙적으로 빠졌기 때문에 갈등이 한동안 더 계속되었지만, 어떻든 1990년대부터는 세입자들의 선택폭도 넓어졌고, 어느 정도 주거 대책이 성립되었다고 할 수 있다.

그럼 판자촌 입주권을 구입한 외지 가옥주들은 손해를 보

〈표 5-1〉 판자촌 철거에 따른 세입자 대책 변화

시기	대책 내용	대책의 의미
1985	방 한 칸 입주권 또는 이사비 지원	아파트가 방 세 개 주택인 점을 감안하여, 입주권을 석 장 모으면 아파트 분양이 가능했다. 따라서 아파트 분양을 받으려는 수요자들이 석 장을 매입하는 방식으로 세입자를 지원한 것이다.
1987.6	방 한 칸 입주권 또는 2개월분 생활비, 이사비	
1989.1	생활비를 3개월로 증액	
1989.5	공공임대주택 입주권 또는 주거대책비 중 택일, 이사비	처음으로 공공임대주택 입주 자격을 부여했다.

주: 2007년부터는 공공임대주택 입주권과 4개월분
주거대책비를 모두 받을 수 있도록 변경되었다.

았을까? 당연히 아니다. 비록 외지 가옥주가 입주권을 매입하는 형식으로 원래 판자촌 가옥주에게 경제적으로 보상을 한 셈이기는 하지만 본인도 수혜자였다. 이들은 청약 절차를 거치지 않고 확실한 아파트 입주를 보장받았다. 사업 진행 기간이 길어지면서 일반 분양자들에 비해 비용이 더 들어갔을 수는 있지만, 손해를 보았다고 할 수는 없었다.

추가로 지은 아파트를 분양받은 청약저축 가입자들은 어떤가? 물론 판자촌 재개발사업의 최대 수혜자 중 하나이다. 이들은 절차에 따라 시세보다 싸게 분양받은 사람들이었다. 이른바 최초 분양자들이다. 물론 분양 대금의 일부가 건설업체의 초과 수익이자 원가옥주에 대한 일부 보조금이 되기는 했지만, 그렇다고 아파트를 분양받아 손해 본 것은 전혀 없었다.

판자촌을 중산층용 아파트 단지로

건설업체는 가장 큰 수혜자 중 하나였다. 건설 공사 수주에 따른 일반적인 이윤만 얻은 것이 아니었다. 명목상 시행자는 조합이었지만, 건설업체는 참여 조합으로서 합동재개발사업을 실질적으로 관장했다. 이 과정에서 눈에 보이지 않는 각종 이익을 챙겼다. 상계동 173번지 재개발사업의 건설업체가어느 정도 이익을 얻었는가를 분석한 사례도 있지만,[3] 특히 아직 제도가 불투명했던 초기에는 건설업체들이 상당한 이익을 얻었다. 해외 건설업이 위축되던 시점에 서울 곳곳에 자신들의 브랜드 아파트를 지을 수 있었던 것만으로도 혜택이었다. 물론 그 때문에 수주 경쟁이 과열되면서 일부 조합 간부들과의 유착과 비리, 뇌물 등의 문제를 야기하기도 했다. 재개발이나 재건축사업 절차가 갈수록 까다로워지고, 또 수시로 검경 수사를 받고 있는 것은 그런 현실 때문이다.

마지막으로 서울시와 정부다. 시세보다 싸게 토지를 불하한 것이 손해를 본 것같이 보이지만, 실제로 얻은 이익은 비교할 수 없을 정도로 컸다. 자치구 입장에서는 그동안 무허가건물이라는 이유로 한 푼도 받을 수 없었던 재산세를 받을 수 있게 되었다. 아파트 건설로 중고소득층이 전입하면서 복지 지출을 줄일 수 있었을 뿐 아니라 동네 이미지도 개선할 수 있었다. 무엇보다 재개발 과정에서 학교, 공원, 도로 등 지역사회 기반시설을 확보할 수 있었다. 이처럼 정부는 비록 국공유지를 시세보다 싸게 불하하기는 했지만 판자촌이 재개발됨으로써 큰 이익을 얻었다. 그런데 사실 그보다 더 중요하게 생각해야 할 점은, 합동재개발사업을 통해 신축 아파트 공급을 늘림으로써, 중산층들의 주거 수요를 완화하고 나아가 정치 안정을 기할 수 있었다는 점이다. 넓은 의미의 국가 역할 차원에서 합동재개발사업은 절대로 손해가 아니었다.

그럼 결국 합동재개발사업은 모두에게 이익만 남긴 것일까? 재개발사업 과정에서 발생한 개발이익이 곧 한국경제가 성장한 결과였기 때문에 각 주체들이 이 개발이익을 나누어 가진 것일 뿐일까?

그러나 눈에 보이지 않게 심대한 손해를 입은 집단이 있다. 바로 판자촌에 살 수밖에 없었던 빈곤층들이었다. 사업구역 내부로만 보면 아무도 손해를 보지 않은 것처럼 보이지만, 넓은 의미의 판자촌 사람들, 나아가 주거문제가 악화된 서민 계층들이 연쇄적인 피해자였다. 1980년대 초까지도 판자촌에는 서울 시민의 10% 이상이 살아가고 있었다. 이들의 10% 정도만 새로 지어진 분양 아파트 또는 임대아파트에 입주했을 뿐 나머지는 서민들이 사는 동네로 흩어졌다. 줄잡아 80만 명, 약 25만 가구로 추산할 수 있다. 이들이 전반적인 서민 주거비를 끌어올렸다. 이 때문에 다세대·다가구주택에서 근근이 살아가던 사람들마저 임대료 인상의 폭탄을 맞았다.

결국 판자촌 합동재개발사업의 가장 큰 문제는 빈곤층의 저렴한 주거가 단기간에 사라졌고, 그로 인해 그들의 가난이 더 심화되었다는 것이다. 우리는 판자촌의 내부 구성원과 직접적인 관련 주체들만의 득실을 따져 아무도 손해 본 사람이 없다고 생각하기 쉽다. 그러나 합동재개발사업의 성공 뒤에는 전반적인 저렴주거 감소에 따라 빈곤층의 주거사정 악화라는 피해가 숨어 있었다. 그런 점에서 합동재개발사업이 얻은 이익은 모래밭에서 얻은 금붙이가 아니다. 오히려 수백만 복권 구입자들의 손실을 모아서 몇 명의 당첨자들이 가져간 로또에 비유하는 것이 옳다.

판자촌을 떠난 사람들

1990년 전후 많은 연구자들은 판자촌의 해체와 이 과정에서 빈곤층들이 더 어려운 상황에 놓이는 문제에 걱정이 많았다. 판자촌을 떠나 어디로 갔을까? 1980년대 후반에는 다양한 사례조사들이 생산되었는데, 마침 당시만 해도 연구자들이 주민등록 이전 정보에 손쉽게 접근할 수 있었기 때문에 이른바 추적조사가 수월했다. 그중에서 처음 합동재개발사업을 시작했던 구로1구역과 천호1구역에 대한 김우진의 석사논문은 사실상 최초의 철거민 이주 연구였다. 그에 따르면 판자촌 주민들의 70% 내외가 원래 살던 곳에서 1킬로미터를 벗어나지 못했다. 500미터 이내도 45% 내외였다(〈표 5-2〉). 논문에서는 세입자는 물론 가옥주들의 주거사정도 악화되었음을 밝히기도 했다.

이와 함께 앞에서 소개했던 조은·조옥라 교수의 사당동

이주 거리	구로1구역		천호1구역	
	빈도 (괄호는 비중 %)	누적(%)	빈도 (괄호는 비중 %)	누적(%)
500m 이내	264(47.3)	47.3	147(40.8)	40.8
0.5~1km	149(26.7)	74.0	101(28.5)	69.3
1~1.5km	34(6.0)	80.8	29(8.1)	77.4
1.5~2km	5(0.9)	80.9	9(2.5)	79.9
2~3km	17(3.0)	83.9	15(4.2)	84.1
3~4km	14(2.5)	86.4	9(2.5)	86.1
4km 이상	75(13.4)	100.0	50(13.8)	100.0
계	558(100.0)		360(100.0)	

자료: 김우진, 1985.; 김형국, 1998, 321쪽에서 재인용.

연구는 주민등록 변동 사항만이 아니라, 실제 생활의 변화까지 더 추적조사했다. 연구에 따르면, 사당4구역 제2공구에는 1986년 7월 조사 당시 1,100여 가구가 거주하고 있었는데, 1987년 3월부터 자진 철거가 시작되어 이듬해 2월까지 1년 동안 모두 736가구가 떠났다. 이주 가구들은 거의 대부분 인근 동작구와 관악구, 강남구 등에 자리를 잡았다. 행정구역상으로 보면 전체의 46.0%가 같은 동작구 내로 이사했는데, 주로 인근 사당동으로 옮겼다. 여기다 살던 판잣집이 철거되어 이사를 가기는 하지만, 아직 철거가 되지 않은 곳으로 이사한 9.1%(관내 이동)를 포함하면 55.1%가 같은 동작구로 옮겼다고 할 수 있다. 그다음으로 11.6%가 관악구, 8.2%가 강남구로 옮

겼다.[4]

이처럼 사당동 재개발구역 사례에서 보듯이 철거가 시작된 후 약 1년 동안 이주한 사람들의 4분의 3이 동네 주변을 크게 벗어나지 못했다. 물론 그 이후 시간이 경과할수록 이사한 곳은 더 멀리 확산되었겠지만, 재개발사업에 따른 비자발적 이주는 인근으로 집중되었다. 무엇보다 아이들 교육, 그동안 생계 기반이던 인적 네트워크, 익숙한 지리적 환경 등으로 인해 멀리 떠날 수 없었기 때문이다. 판자촌이 단순히 싼 주택만을 의미한 것이 아니라, 가난한 사람들의 삶의 기반 자체였던 것이다. 물론 1990년대에 들어서면 재개발구역 내에 세입자용 공공임대주택이 건립되기 시작하면서 현지 재정착 비율도 올라갔을 것이다. 하지만 본격적으로 입주하기 시작한 것은 1990년대 중반이나 되어서부터인 데다 이런저런 미해당자 문제도 있어서 상당수 세입자들은 임대주택 대신 생계비를 선택했다. 전체적으로 보면 합동재개발사업 이후 재입주한 비율은 10% 내외에 불과하다. 나머지는 일단 떠날 수밖에 없었다.

주로 인근 지역으로 떠난 판자촌 사람들은 어떻게 살았을까? 조은·조옥라 교수는 당시 사당동 재개발 지역을 떠난 가구 중 93가구를 임의로 추출해 실제 거주 지역과 상황을 조사했다. 그에 따르면 80.6%인 75가구는 일반 주택으로 이주한 반면, 19.4%는 다시 판자촌 지역으로 이주한 것으로 나타났다. 종전 판자촌에서 자가 소유자였던 가구의 68.0%는 자기 집을 사서 이사했지만, 28.0%는 전세, 4.0%는 월세로 이전했다. 전

세를 살던 사람들의 68.0%는 다시 전세를 얻었지만 24.4%는 월세로 내려앉았다. 또한 3가구 7.3%는 비닐하우스촌 같은 곳으로 떠나기도 했다. 전반적으로 점유 형태가 더 악화했다고 할 수 있다. 또 이사한 곳의 사용 방 면적은 개선되었지만, 한 집에 사는 가구수는 대폭 늘어났다(2.7가구에서 3.7가구). 그만큼 여러 집이 함께 사는 곳으로 이사했다고 할 수 있다.[5]

중요한 임대료 부담의 변화를 보자. 우선 전세금의 경우 이주 전에는 300만 원 미만인 경우가 74%에 달했으나, 이주 후에는 24%로 줄어들었다.* 월세 보증금도 이주 전에는 78.3%가 50만 원 미만이었던 데 반해, 이주 후에는 16.7%로 줄어들었다. 따라서 전체 가구의 80%에 해당하는 74가구의 주거비가 상승했다. 동일한 경우가 13가구, 줄어든 가구는 5가구였다. 평균 보증금은 전세 가구가 341만 원, 월세 가구가 268만 원 늘었다.[6] 이렇게 주거비가 더 드는 만큼 골목 사정이나 소음, 악취 등은 개선되었지만, 시장과의 거리, 시장 물가 등은 판자촌에서 살 때보다 나빠졌다. 그럼에도 일하는 곳은 과거와 크게 달라지지 않았는데, 이는 지역은 해체되었더라도 일은 계속 기존 네트워크에서 진행되었기 때문이다. 그 결과 통근 거리나 시간은 전반적으로 더 늘어났다.[7]

이웃 관계도 크게 염려되는 사안이다. 판자촌이 워낙 이웃 관계가 얽여 있을 뿐 아니라 주택 구조 자체가 너나없이 개

---

*   원문에 소수점 이하 표기가 없다.

〈표 5-3〉 판자촌에서 이주 전후 이웃 관계 변화
(부탁 가능한 이웃집 수)(단위: %)

구분		없음	1~3집	4집 이상
1만 원 내의 금전 융통	전	23.7	44.1	32.3
	후	67.4	25.0	7.6
외출 시 집 부탁	전	47.0	37.3	15.7
	후	69.6	26.1	4.3
연탄불 갈아주기	전	53.8	36.6	9.6
	후	79.3	18.5	2.2
아이들 부탁	전	60.2	31.2	8.6
	후	79.1	18.7	2.2
수시로 방문 가능	전	15.1	35.5	49.4
	후	60.0	30.0	10.0

자료: 조은·조옥라, 1992, 85쪽을 재구성(원문의 계산 오류 수정함).

방된 조건이었던 반면, 일반 주거 지역은 상황이 본질적으로 다르기 때문이다. 소액을 급히 빌린다거나, 외출할 때 집을 봐주거나 연탄불을 갈아달라고 부탁할 수 없어졌다. 아이들을 잠시 맡겨두는 것도 어려워졌다. 별 고민 없이 수시로 드나들 수 있는 이웃도 확 줄었다. 그만큼 일반 주거 지역에서는 이른바 도시적 이웃 관계에 적응해야 하는 상황이 된 것이다. 마치 농촌 같았던 도시를 떠나, 이제 도시 속의 이방인이 되지 않도록 더 노력해야 했다.

이처럼 판자촌에서 살 때와 이후의 상황은 크게 달라졌다. 〈표 5-3〉은 판자촌을 떠나기 전과 직후의 상황을 비교했지

	영구임대주택					지하셋방			
	전혀 않는다	거의 않는다	보통 이 다	가끔 한다	자주 한다	전혀 않는다	별로 않는다	가끔 한다	자주 한다
돈이 필요할 때 빌리거나 빌려준다	21.5	38.2	24.7	14.2	1.4	50.8	31.3	16.3	1.8
같이 밥을 먹거나 음식을 나눠 먹는다	8.9	23.9	29.2	31.8	6.2	24.8	28.3	37.5	9.5

주: 두 조사의 척도가 다르다. 자료: 건설교통부, 2005.; 대한주택공사, 2005.

만, 시간이 지나 주민들이 지하셋방, 영구임대주택, 쪽방 등으로 흩어졌을 때는 판자촌과 더 큰 차이를 보이게 된다. 물론 시대 변화의 영향도 있기 때문에 바로 비교하기는 어려울 것이다. 그런 점을 감안하면서 2005년에 실시한 영구임대주택, 지하셋방 주민들의 이웃 관계에 대한 조사 결과(〈표 5-4〉)와 비교해보길 바란다.

합동재개발사업이 남긴 숙제

합동재개발사업은 우리나라에만 있는 재개발 방식이다. 기본적으로 사업에서 발생하는 개발이익으로 원주민에게 보상하고, 공공도 별 비용 지출 없이 주택과 도시 인프라를 개선할 수 있는 '꿈의 재개발' 방식이다. 그래서 많은 나라들이 이 방식을 자기들도 적용할 수 있을지 검토하기도 했다. 판자촌이 만연한 개발도상국들이야말로 서울의 이 경험을 이식하고 싶어 했다. 하지만 이들 국가의 가장 큰 문제는 경제 자체가 덜 성장했기 때문에 합동재개발사업의 핵심 동력인 '유효수요에 바탕을 둔 개발이익' 자체가 충족되지 않았다. 우리 모델이 부럽기는 하지만, 아직 경제성장의 과실이 쌓이지 않은 것이다. 반면 선진국들 입장에서 우리 모델은 애초에 적용할 수 없었다. 무엇보다 개발이익을 사업구역이 독점하는 방식 자체가 인정되지 않는 것이다. 또 이미 도시 개발이 고도화된 단계이기 때문에 용적률을 늘려서 개발이익을 확대하는 것도 쉽지 않다. 기본적으로 '내 집은 내 돈으로 고쳐야 하는 나라'들인 것이다.

합동재개발사업은 용적률을 늘려서 추가로 주택을 공급하고, 이를 실수요자들이 높게 값을 쳐주는 과정에서 개발이익이 발생하는 구조이다. 이 개발이익은 비록 공공이 일정 부분 환수하기는 하지만 기본적으로 소유자들의 몫이다. 이것이 바로 한국형 재개발사업의 기본 모형이다. 이 모형은 이후 우리나라의 모든 재개발사업에 적용되고 있다. 일반 노후 단독주택 지역을 대상으로 한 뉴타운사업도 동일한 원리였다. 노후 아파트를 재건축하는 사업도 용적률 증대에 따라 추가된 물량을 일반 분양해서 개발이익을 얻는 것이 핵심이다. 역시 같은 원리이다. 더구나 재건축사업은 세입자에 대한 대책을 수립하지 않아도 되기 때문에 더욱 개발이익을 크게 확보할 수 있고, 이는 재건축 아파트 가격 폭등의 원인으로 지적되고 있다.

따라서 합동재개발사업이 남긴 첫 번째 숙제는 이러한 용적률 게임, 개발이익 독식 구조가 옳은가, 혹은 계속될 수 있는가 하는 문제다. 합동재개발사업 모델이 앞으로도 유효하기 위해서는 계속 용적률을 높일 수 있고, 또 이를 필요로 하는 유효수요가 있으며, 그 과정에서 개발이익이 발생해야 한다. 하지만 이 같은 개발이익 독식 구조가 옳은 것인가 하는 본질적인 의문이 제기된다. 2000년대 들어 뉴타운, 재건축, 도시재생 그리고 공공재개발 관련 논쟁은 모두 이 문제가 본질이다. 또 그 개발이익이 가능케 해왔던 고도성장 자체가 한계에 봉착했다는 점도 중요한 문제다. 물론 그렇다고 개발이 없어지는 것은 아니고, 개발 여력이 특정 장소로 더 몰리는 양극화가 발생한다. 어떤 곳, 어떤 유형의 주택은 개발이익이 더 커진 반면, 그 반대 장소나 유형의 주택은 애초 개발이익이 발생하지 않기 때문에 재개발 자체가 불가능하거나 공공 지원 없이는 최소한의 개선조차 불가능한 상황에 봉착하는 것이다.

두 번째 숙제는 가난한 사람들이 점점 더 외곽으로, 또 더 나쁜 환경으로 떠밀리는 문제를 어떻게 해결할 것인가 하는 점이다. 우리에게도 익숙한 상식 용어가 되었지만, 젠트리피케이션 현상은 사실 합동재개발사업이 출발점이었다. 판자촌이 사라진 이후 도입된 뉴타운사업도 결국 가난한 사람들을 밀어내는 사업이었다. 한때 서울시 인구의 8.5%가 살고 있는 곳들을 불과 5년 만에 철거하고 아파트로 바꾸려던 계획이 추진된 바 있다. 뉴타운 열풍이자 광기였다. 합동재개발사업으로 판자촌이 해체된 충격파가 채 진정되지도 않았는데 더 큰 규모의 개발이 추진되었던 것이다. 이와 같은 정책은 중산층에게 아파트를 공급해야 집값을 안정시킬 수 있다는 명분으로 시행되지만, 결국 가난한 사람들은 더 밀려나고 만다. 이런 상황을 계속 방치해야 할까?

세 번째 숙제는 공공임대주택 문제를 해결하는 일이다. 판자촌이 해체되면서 이를 대체하는 차원의 공공임대주택(처음에는 영구임대주택, 이후 재개발임대주택)이 공급되었으나, 이번에는 사회적 격리가 문제다. 영구임대주택은 앞에서 살펴보았듯이 가장 가난한 순서대로 입주함으로써 빈곤층 집중의 문제를 안고 있었다. 또 재개발구역 내에 지어진 임대주택은 그런 문제가 적을 것이라는 기대와 달리, 주차장이나 통행로 등을 통해 분양 아파트와 단절되고 분리되어 있다. 눈에 보이지 않는 사회적 격리 현상이 만연해 있는 것이다. 판자촌이 지녔던 나름의 관계망과 호혜적 네트워크도 사라지고 없다. 도시 속의 농촌이 아니라, 그냥 도시 속의 가난한 동네가 되어버린 것이다.

합동재개발사업은 불과 20년 만에 개발도상국의 상징처럼 비치던 판자촌을 서울에서 완전히 없애는 데 혁혁한 공을 세웠다. 더구나 정부가 재정 투입을 하지 않고서도 불량주택뿐 아니라 도시기반시설까지 완전히 탈바꿈시킬 수 있었다. 상업적 재개발 혹은 개발이익 의존형 재개발이라 부르지만,

어떻든 우리의 경제성장과 주택난이 만들어낸 성공 사례였다. 그러나 바로 이 성공이 우리 도시에는 나쁜 선례를 만들어버렸다. 용적률 증가에 따른 개발이익을 사유재산처럼 소유자가 독식하는 것이 당연시되었고, 정부는 도시 개선을 위해 재정이나 자원을 투입하지 않아도 될 명분을 얻었다. 재개발이나 재건축을 활성화하기 위해서는 그저 개발 규제만 완화하면 된다는 식이다. 시장 중심 규제완화론이 재개발, 재건축의 원칙이 되어버렸다. 그러나 이런 도시 재개발 논리는 부동산 시장을 더욱 양극화하고, 가난한 사람들을 도시에서 살기 어렵게 만들었다.

용적률 완화에 따른 개발이익은 소유자가 독점하는 배타적 자산이 아니다. 함께 살아가기 위한 공적 자산이다. 나누어 써야 한다. 정부는 개발이익 배분의 합당한 규칙을 만들어야 한다. 또 정부 스스로 열악한 지역의 기반시설과 주택을 개선하기 위해 자원을 투입해야 한다. 개발이익을 극대화한다고 해서 저절로 도시가 개선되는 것이 아니다. 그동안 합동재개발사업이 잘못해온 원리를 이제라도 고쳐야 한다.

6장. 뉴타운과 도시재생

판자촌 이후의 재개발

서울, 토지구획정리사업으로 만든 도시

서울은 600년 넘는 역사를 지닌 세계적으로 가장 오래된 수도 중의 하나다. 서울시의 경계는 처음 사대문 안에서 시작해 1964년 현재와 같아질 때까지 단계적으로 확장되기는 했지만, 도시의 중심은 한 번도 바뀌지 않았다. 기존 도시가 고밀화 과정을 반복하는 한편 끊임없이 외곽으로 확장되었다. 서울의 600년은 결국 더 멀리, 더 높게, 더 빽빽이 변하는 과정이었다.

우리는 그동안 판자촌의 생성과 소멸 과정을 주로 살펴보았는데, 그럼 서울의 일반적인 주거지는 어떻게 늘어났던 것일까? 지금 우리가 알고 있는 방식은 신도시를 만들거나 재개발, 재건축처럼 기존 주택지를 헐고 새로 짓는 방법이다. 그런데 이 두 방식 모두 1980~1990년대부터 본격화되었을 뿐이

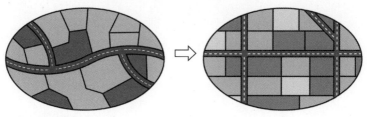

〈그림 6-1〉 토지구획정리사업 개념도

자료: 서울정책아카이브

다. 그 이전에는 어떻게 했을까? 주변 농지에 집과 건물을 짓기 위해 어떻게 터를 닦았을까? 바로 토지구획정리사업이다. 이는 농지에 대한 경지정리사업을 생각하면 된다. 제멋대로 된 모양의 토지를 반듯하게 만들고 농로와 농수로를 개설하는 방법이다. 이것을 도시용 토지에 적용한 것이다. 서구 도시들은 수백 년 전부터 이 방식으로 도시를 건설해왔다.

우리나라에서도 일제가 1934년 조선시가지계획령을 제정하면서 토지구획정리사업이 본격화되었다. 이를 통해 기존 조선시대 주거지를 넘어 외곽의 빈 땅에 계획적인 토지 개발이 이루어졌다. 이후 서울의 거의 대부분의 땅은 토지구획정리사업 방식으로 조성되었다. 대로가 반듯반듯하게 나 있는 강남권도 전부 이 방식으로 조성되었다. 서울에서 신도시 방식인 택지개발을 통해 만들어진 곳은 목동 신시가지, 상계동 신시가지, 고덕지구 등 일부분에 불과하다.

토지구획정리사업은 울퉁불퉁한 모양의 땅에 집과 건물을 지을 수 있도록 반듯하게 구획 짓고, 도로, 전기, 상하수도,

〈그림 6-2〉 토지구획정리사업 분포

■ 토지구획정리사업(1960년대)
■ 토지구획정리사업(1970년대)
■ 토지구획정리사업(1980년대)

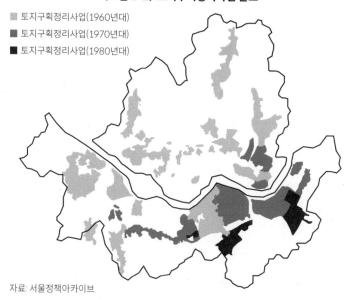

자료: 서울정책아카이브.

공원 등의 기반시설을 갖추는 사업이다. 반듯해진 땅은 원래 땅 면적보다 줄어드는데 그 비율을 감보율滅步率이라고 한다. 감보율이 높을수록 도로 등 기반시설을 더 많이 확보할 수 있고, 그만큼 쾌적한 도시로 조성할 수 있다고 보면 된다. 하지만 땅 면적이 줄었다고 손해를 보는 건 결코 아니다. 농지가 택지로 바뀌었으니 수십 배의 이익을 보기도 한다. 이때 택지조성에 들어간 비용을 충당하기 위해 서울시는 일부 땅을 따로 떼어두는데, 그것이 바로 체비지替費地이다. 앞에서 강남권 신발생 무허가정착지의 상당수가 방치된 체비지에서 발생했다고 설명한 바 있다.

〈표 6-1〉 시기별 토지구획정리사업 현황

조성 시기	일제시대	1960년대	1970년대	1980년대
시행 지구 수 (개)	10	20	14	5
총 지구 면적 (천 ㎡)	16,952	63,678.8	49,650.1	14,541.3
평균 지구 면적 (천 ㎡)	1,695	3,183.7	3,546.4	2,908.3
평균 공공용지율 (%)	n.a.	28.4	30.0	47.5
평균 감보율 (%)	n.a.	31.6	43.7	55.0
비고	영등포, 돈암, 청량리, 대현, 공덕 등	서교, 동대문, 면목, 수유, 불광, 성산, 연희, 창동, 역촌, 화양, 망우, 화곡, 중곡, 도봉 등	영동, 잠실, 개봉, 사당, 화양, 이수, 암사, 장안평, 구로 등	강동, 개포, 가락, 양재 등

자료: 서울정책아카이브.; 일제시대는 유기현, 2015.

　　1980년대 강남권에서 시행된 토지구획정리사업은 감보율이 50%가 넘을 정도로 기반시설이 나름대로 잘 갖춰졌다. 하지만 그 이전의 토지구획정리사업은 공공기반시설 비중이 작았다(〈표 6-1〉). 그만큼 골목과 도로도 좁고, 공원이나 공터도 부족했다는 얘기다. 물론 당시로서는 자동차가 이렇게 많이 보급될 것이라고는 상상을 하지 못했기 때문에 그 정도로 충분하다고 보았다. 하지만 이런 곳에다 1980년대 중반부터 단독주택을 헐고 3~4층짜리 다세대·다가구주택을 새로 지었다. 그만큼 더 고밀화되었다. 게다가 집집이 자동차를 갖게 되었지만 주차공간은 없었다. 과거 계획적으로 조성했다고 하는 주거단지가 현대 생활환경과는 도무지 안 맞는, 불편한 공간이 되어버린 것이다.

결국 서울 전체 주거 지역 면적의 약 40%를 차지하는 다세대·다가구주택이 밀집된 저층 주거지를 어떻게 할 것인가가 2000년대부터 핵심적 과제로 등장했다. 이곳에는 약 34만 동의 저층 주택(거주 가구수로는 150만 가구 이상)이 있는데 그중 3분의 1은 노후 주택이다.[1] 특히 강남권 아파트 가격은 폭등하는데, 주로 강남 이외 지역에 위치한 이들 노후 저층 주거지를 아파트로 바꿀 방법은 없을까 하는 것이 핵심이었다. 이때 모두가 떠올린 방법이 합동재개발사업 방식을 저층 주거지에 적용하는 것이었다. 뉴타운사업이 등장한 배경이다.

판자촌 재개발 모델을 일반 주택으로: 뉴타운사업

'뉴타운new town'은 말 그대로 '새 도시', 혹은 '신도시'라는 뜻이다. 그런데 2002년 6월 취임한 이명박 시장은 기존의 노후 지역을 새로 만드는 개념으로 뉴타운이라는 말을 내세웠다. 기존의 신도시라는 표현과 혼란을 일으키기는 했지만, 서울의 낙후된 곳을 새롭게 만들겠다는 상징 용어였다.

뉴타운사업의 모델은 간단했다. 앞 장에서 살펴보았던 합동재개발사업 방식을 노후 저층 주거지에 적용하는 것이다.

즉, 원래 주택수보다 더 많은 주택을 고층 아파트로 지어서, 여기서 생기는 개발이익으로 원소유자들을 지원하고 동시에 도시기반시설을 확충하는 방식이다. 그러나 이들 저층 주거지는 판자촌보다 개발이익이 적었다. 판자촌은 기존 용적률이 낮았고 국공유지도 싸게 불하받을 수 있었기 때문이다. 이런 점을 보완하기 위해 뉴타운사업에서는 사업 지역을 아주 넓게 지정했다. 그런 뒤 사업 지역 중 개발이익이 더 많이 발생하는 구역에서 개발이익이 부족한 곳의 기반시설을 지원할 수 있도록 했다. 또 사업 지역을 넓게 정했으니, 어떤 구역은 재개발 방식으로, 다른 곳은 아파트 재건축 방식으로, 또 굳이 재개발할 필요가 없는 곳은 존치하는 등 같은 뉴타운 지구 안에서도 다양한 사업 기법을 적용했다. 따라서 사업구역별로 재개발, 재건축, 주거환경개선 등 다양한 방식을 활용할 수 있었다. 물론 그중 재개발사업 방식이 가장 많았기 때문에 지금도 뉴타운사업과 재개발사업을 혼용해서 쓰고 있다.

서울시는 이명박 시장 취임 4개월 만인 2002년 10월, 왕십리, 은평, 길음 세 군데를 시범뉴타운사업 지구로 지정한다. 이 중 은평뉴타운은 전형적인 신시가지 조성사업으로 재개발과는 관계없었지만 붐 조성 차원에서 지정되었다. 왕십리, 길음의 경우는 이미 재개발사업을 추진하고 있던 곳이었는데, 좀 더 광역적으로 공공 지원을 늘리는 사례를 만들기 위해 시범 지구에 포함되었다.

그런데 이 무렵 서울의 부동산 가격이 본격적으로 오르기

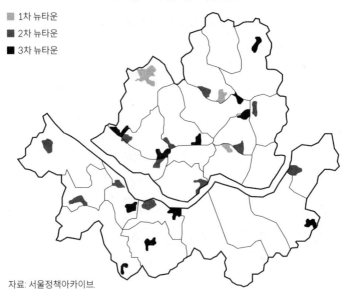

〈그림 6-3〉 뉴타운 지정 현황

■ 1차 뉴타운
■ 2차 뉴타운
■ 3차 뉴타운

자료: 서울정책아카이브.

시작했다. 이에 '강북도 강남처럼' 만들어야 전체적인 집값을
안정시킬 수 있다는 논의가 퍼지게 되었다. 걷잡을 수 없는 뉴
타운 열풍이 불기 시작한 것이다. 이에 아직 시범사업도 제대
로 착수하지 못한 단계에서 본 사업이 확대 지정되었다. 2003
년 11월, 12개의 2차 뉴타운, 2005년 12월 11개의 3차 뉴타운
지구가 추가로 지정된 것이다(〈그림 6-3〉). 강남권을 제외한 모
든 자치구마다 1~2개가 지정되어, 서울시의 시가화된 면적의
6.4%, 거주 인구수로 약 8.5%에 이르는 곳에서 대대적인 뉴타
운사업이 시작되었다. 더구나 서울시의 목표는 이 지역들을
모두 5년 내에 개발한다는 것이었다.

이 때문에 2004년 총선은 가히 '뉴타운 선거'라고 할 만했다. 너도나도 우리 지역이 포함되게 해서 최대한 빨리 추진하겠다는 공약을 경쟁적으로 내세웠다. 2006년 지방선거, 2008년 총선에서는 기존에 빠진 곳을 포함하겠다는 경쟁이 일어났다. 여기에는 여야 가릴 것이 없었다. 선거구민들이 모두 원하는 일이기도 했다. 더구나 2008년 취임한 이명박 대통령은 이를 더 키워서 수도권과 전국으로까지 뉴타운사업을 확대했다.

집값이 계속 올라야 성공할 수 있다

뉴타운사업은 대부분 판자촌 합동재개발사업의 모델을 그대로 따랐다. 원래 소유자보다 더 많은 집을 지어 일반 분양하고, 그 수익으로 소유자를 지원하는 것이다. 세입자들에게 공공임대주택을 공급하는 것도 동일했다. 과거보다 세입자 대책은 더 강화되었는데, 공공임대주택과 4개월분(종전 3개월) 생활비 중 하나를 선택하는 것이 아니라 둘 모두를 받게 했다.

그런데 가장 큰 문제는 개발이익이 판자촌 재개발 때보다 적다는 것이었다. 이유는 두 가지인데, 먼저 소유자(권리권자)가 너무 많았다. 판자촌은 8평 주택이었기 때문에 소규모 지분에 대해 분양 자격을 줄 필요가 거의 없었던 반면, 뉴타운 지구의 다세대·다가구 밀집 지역에서는 지분 소유자 등 권리 관계가 복잡했다. 즉, 재개발 이후 신규 아파트를 요구할 소유자가 너무 많았던 것이다. 두 번째 문제는 뉴타운사업 지구가 저층 주거지이기는 하지만 이미 3~4층 다세대·다가구가 빽빽이 밀집해 있어서, 용적률이 200%에 이르렀다는 점이다. 판자촌들이 대체로 70% 수준이었던 것과 비교하면 큰 차이가 아닐 수 없었다. 개발이익의 크기는 결국 용적률 차이로 결정되는 만큼, 이를 최대 300%까지 올리더라도 수익성이 판자촌만큼 크게 나올 도리가 없었다.

그 결과 상당수 지역에서는 뉴타운 지구 지정 '축하 현수막'만 걸어두었지, 막상 추진하려니 채산이 맞지 않았다. 많은 지역에서 소유자들 부담이 예상보다 너무 컸던 것이다. 더구나 2008년 금융위기와 함께 부동산 경기까지 급락하자 더는 뉴타운이 황금알을 낳는 사업이 아니게 되었다. 그 열풍이 분노와 갈등으로 바뀌는 데는 얼마 걸리지도 않았다. 사업이 진행될수록 자기 부담을 감당할 수 없는 소유자들의 반발이 터져 나왔다. 이 때문에 2010년 지방선거는 4년 전과 달리 뉴타운의 '뉴' 자조차 나오지 않는 선거로 변했다. 또 사업을 계속 추진하려는 지역에서는 채산성을 올리기 위해 무리하게 세입자들을 미리 내보낸다거나 중대형 위주로 건설하는 등의 변칙이 벌어졌다. 가난한 사람들이 줄어들수록 사업 채산성이 높아지는 구조 때문이었다.

이런 상황에서 뉴타운 지역은 갈등의 현장으로 바뀌었다. 가옥주들은 애초 사업 동의를 받을 당시에는 '적은 부담으로 큰 집'을 받는다고 믿었지만, 시간이 갈수록 부담이 늘어나면서 결국 '내 집을 날렸다'는 식의 불만을 터뜨렸다. 게다가 조합 집행부의 불투명한 사업 추진과 비리가 드러나면서 소송에 소송이 꼬리를 물었다. 수십 년 함께 살아왔던 서민 주거지가 졸지에 송사와 집단 민원의 진원지로 변한 것이다. 그리고 그 배경에는 어떤 식으로든 재개발사업을 수주해서 빨리 추진하려는 건설업체의 이해관계가 얽혀 있었다.

세입자들도 원칙적으로 공공임대주택이나 4개월분 주거비를 제공받도록(2007년부터는 둘 다) 되어 있었지만, 가옥주들이 계약 기간 만료를 이유로 보상도 받기 전에 내보내기 일쑤였다. 사업시행이 늦어지면서 계약 기간이 만료되자 서둘러 세입자들을 줄여나간 것이다. 또 용산사태에서 문제가 되었던 영업 세입자들에 대한 낮은 보상도 문제였다.

누구를 위한 뉴타운사업인가

재개발이나 뉴타운사업은 양호한 주택을 늘리려고 벌이는 사업이다. 그런데 작은 집에 여러 가구가 살던 동네를 헐고 중대형 아파트를 짓게 되면, 주택수는 오히려 줄어들 수밖에 없다. 실제 서울시 계획에 따르면 2006년부터 2010년까지 뉴타운사업을 통해 13만 6,346호의 주택이 멸실되는 반면 6만 7,134호가 공급될 계획이었다.[2] 더구나 새로 지은 주택은 넓고 비싼 집이 대부분이다. 전용면적 60제곱미터 이하 비율은 사

〈표 6-2〉 사업 전후 주택 수준 비교

구분	사업 전	사업 후
전용면적 60제곱미터 이하 주택비율	63%	30%
매매가 5억 원 미만 주택비율	86%	30%
전세가 4,000만 원 미만 주택비율	83%	0%
평균 주택 규모(전용면적)	80㎡	107㎡
평균 주택가격	3억 9,000만 원	5억 4,000만 원

자료: 서울시 주거환경개선정책 자문위원회, 2009.

업 전에 63%였던 것이 30%로 줄어들었고, 매매가 5억 원 미만 주택 비율 역시 약 3분의 1로 줄어들었다. 무엇보다 심각한 것은 전세가 4,000만 원 미만의 서민용 주택이 완전히 사라진 다는 사실이다(〈표 6-2〉). 결국 개발사업 전에는 서민들의 주된 거주지였던 지역이 사업 이후에는 중소득층 이상의 주거지로 바뀐다는 뜻이다.

이렇게 주민 수준과 동떨어진 중대형 고가 아파트가 건립됨에 따라 원거주민의 재정착률도 떨어졌다. 서울시 길음 4구역의 예를 보면 가옥주 등 소유자는 15.4%, 세입자까지 포함할 경우는 10.9%만이 그 지역에 다시 입주했다. 다시 말해 90% 가까운 주민들은 개발사업 이후 그 지역을 떠났던 것이다. 이는 비단 길음4구역만의 문제가 아니라, 대부분의 지역이 공통으로 겪은 일이었다.

이렇게 사업구역을 떠난 사람들은 그러나 멀리 가기 어렵다. 자녀 교육이나 직장, 생활권 등이 그 지역에 뿌리를 두고

〈그림 6-4〉 서대문구 전세가격 변화 및 가재울3구역 사업시행 단계

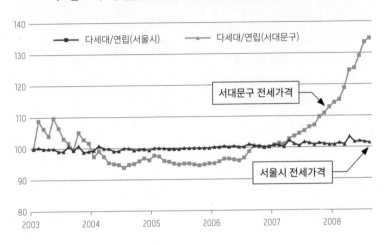

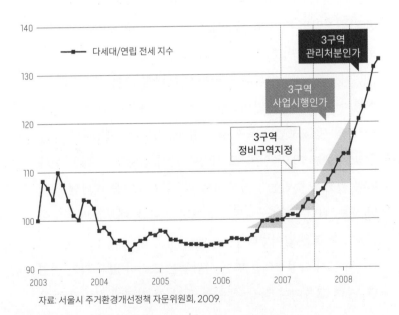

자료: 서울시 주거환경개선정책 자문위원회, 2009.

있기 때문에 인근 지역을 벗어나기 어려운 것이다. 이 때문에 재개발사업이 시행되면 인근의 주택가격은 물론이고 전월세 가격이 대폭 오르는 일이 벌어진다. 판자촌 합동재개발사업에서 나타났던 일이 그대로 반복되는 것이다. 실제 〈그림 6-4〉에서 보는 것처럼 서대문구의 다세대 및 연립주택의 전세가는 서울 평균에 비해 월등히 올랐는데, 그 시기가 가재울3구역 개발사업 시행과 맞물려 있었다.

이렇게 원거주민이 그 지역에 거의 입주하지 못하는 가장 큰 이유는 바로 주민들의 경제력으로는 사업에 드는 비용을 감당할 수 없기 때문이다. 그럼에도 중대형으로, 아파트 일변 도로 건설하는 이유는 '내가 못 살더라도 비싸게 팔 수 있기 때문'이다. 원거주민의 부담 능력이 낮은 데다 정부 지원도 없이 재개발사업을 추진하려다 보니 상업적으로 이익이 많이 남는 방식으로 진행할 수밖에 없는 것이다. 또 세입자들에게는 원칙적으로 대체용 임대주택이 제공되도록 되어 있으나 이 역시 원래 대상자들이 재입주하기보다는 넉 달치 주거비를 현금으로 보상받고 만다. 이는 새로 건립되는 임대주택도 다달이 월세를 내야 하는 데다, 규모도 가구원 수에 비해 너무 크거나 너무 작기 때문이다. 더구나 사업 기간이 길어지는 와중에 재개발조합이 계획적으로 세입자들을 계약 만료를 이유로 내보내는 일이 비일비재하다. 사실상 무대책 이주를 강요하고 있는 것이다.

이처럼 상업적인 방식으로 재개발사업이 추진되면 수익

성 중심으로 사업이 진행된다. 즉, 재개발사업의 원래 취지와 목적에 비춰본다면 주거환경이 열악한 지역이 우선적으로 개발되어야 마땅하나, 현실은 수익성이 높은 지역이 우선적으로 시행되는 것이다. 반면 열악한 주거환경으로 당장 개선이 필요한 지역이라도 경제성이 없다면 계속 방치되는 문제가 발생한다.

'주택' 자체의 개량이라는 측면에서 보면, 분명 재개발이나 뉴타운사업은 효과적인 방식이다. 더구나 정부의 돈도 거의 들어가지 않는다. 심지어 주민들은 정부가 국공유지 매각 대금 등으로 오히려 돈벌이를 한다고 비난할 정도다. 그러나 '주민'의 관점에서 보면 이 사업은 서민들의 주거공간을 상위계층에게 제공하는 사업이다. 사업 전후의 주거비 부담과 재입주율을 보면 명확하다. 결과적으로 주택은 개량될지 몰라도, 주민들의 주거사정은 나아지지 않거나 오히려 나빠진다. 사회갈등 역시 끊이지 않는다. "누구를 위한 재개발인가?" 하는 근본적 질문을 던지지 않을 수 없다.

뉴타운에서 도시재생으로

불가피했던 뉴타운 출구 전략

앞서 2010년 지방선거에서 이미 뉴타운사업은 애물단지가 되었다고 설명했다. 어렵게 재선에 성공한 오세훈 시장은 더는 뉴타운 얘기를 하지 않았다. 대신 2011년 4월, '신주거정비 추진 방향'을 통해 현지개량 중심의 '휴먼타운'을 추진하겠다고 밝혔다. 기존 주거지의 틀을 유지하면서 소규모 저층 개발과 개량을 하는 방식이었다. 강동구 암사동 서원마을 등 8개의 시범 지구도 지정했다. 이런 방향 전환의 결정타가 된 것은 2008년 금융위기와 이어진 부동산 시장의 침체였다. 뉴타운사업은 기본적으로 집값이 계속 올라야 추진 가능한 사업인데 집값이 오히려 떨어지는 상황이 되었기 때문이다.

추가 지정은 당연히 중단되었고, 뉴타운사업 지구에 포함된 30개 존치 지역, 즉 구역에는 들어가 있지만 주택이 양호해서 철거가 필요하지 않은 곳은 주민이 원할 경우 해제하기로 했다. 그럼에도 기존에 지정된 241개의 사업구역은 그대로 유지한다는 것이 오세훈 시장 재임 때까지의 입장이었다. 그러나 오세훈 시장이 2011년 8월 무상급식 문제로 중도 사퇴하자 상황은 급변했다. 그해 10월 26일 치러진 보궐선거 과정에서 뉴타운을 해제하라는 요구가 빗발쳤기 때문이다.

이런 상황에서 서울시장에 취임한 박원순 시장의 최대 현안은 뉴타운 문제의 해결이었다. 2011년 12월, 뉴타운 주민들이 몰려와 방해했던 한 행사에서 박원순 시장은 "어떻게 이렇게 수많은 지역에 뉴타운 지정해놓고 주민들 갈등 일으키고 원주민들 쫓겨나고 …… 너무나 복잡하게 얽혀 있고 지역마다 다르고 진행 순서가 다르다"고 고충을 토로할 정도였다. 그동안의 과잉 개발 계획들을 정돈하고, 분열된 시민들을 다독이는 숙제를 풀어야 했던 것이다. 이는 1960년 무렵부터 끊임없는 개발 시대를 거쳐왔던 서울시가 처음으로 직면한 '과잉 개발 수습' 문제였다.

이에 서울시는 위원회를 구성해서 상황 진단에 착수했는데, 수많은 뉴타운·재개발사업 구역 중 순항하고 있는 곳이 드물었다. 이렇다 보니 많은 곳에서 사업 중단이나 아예 구역 지정을 해제해달라는 요구가 봇물을 이뤘다. 당초 기대와 달리 개발이익이 크지 않은 데다 추가 분담금이 많거나, 부정·비리로 사업이 정체된 곳들이었다. 그러나 사업 추진에 애로가 있다고 바로 중단하기가 쉽지 않았는데, 건설업체 등을 통해 이미 지출된 비용이 있어서 그 처리도 문제가 되었기 때문이다.

이에 서울시는 정상 추진할 수 있는 지역은 지원을 통해서 신속하게 진행하고(A유형: 정상 추진), 추진이 곤란한 지역은 대안 사업을 유도하거나 해제하며(C유형: 추진 곤란), 진행이 정체된 곳은 코디네이터를 파견해서 A 또는 C로 분류(B유형: 정체 구역)하기로 했다. 지역별로 오랜 논란과 설득·조사, 때로는 주민투표를 거쳐 2019년 사업구역 683곳 중 394곳은 구역 지정을 해제했고, 286곳은 정상 추진하는 것으로 수습을 마무리했다. 물론 그중 60% 정도는 박원순 시장 1기였던 2014년까지 정리했지만, 최종적인 마무리까지는 그로부터 5년이 더 소요되었다.

도시재생사업의 도입과 확산

뉴타운사업을 반대하거나 해제 요청이 빗발쳤던 동네는 크게 두 유형이었다. 첫 번째는 이미 기반시설이 잘되어 있어서 굳이 헐고 아파트를 짓지 않아도 되는 곳이었다. 이런 곳에서는 도시형생활주택과 같은 소규모 개발을 하는 것이 더 유리했기 때문이다. 두 번째는 반대로 상황이 열악한 곳이었다. 기반시설이 불량하고 가구수도 많고, 도무지 채산이 나오지 않는 지역들이다. 그대로 추진하기에는 주민 부담이 너무 커서 중단해달라는 곳이었다. 따라서 양호한 지역은 뉴타운 해제 후 개별적 개발 과정에서 난개발이 문제가 될 정도였지만, 열악한 지역은 방치될 게 뻔해 보였다. 사정이 나빠서 개발을 하지는 못하지만, 그것 때문에 방치되어 더 열악해지는 문제는 어떻게 해결할 것인가?

바로 이 지점이 도시재생사업이 필요한 이유다. 주차공간이 없어서 동네를 몇 바퀴 돌아야 하고, 공원도, 놀이터도, 어린이집도 가까운 곳에 없다면 어떻게 할 것인가? 전면 철거 재개발 방식이 안 되는 곳들도 살 만한 곳으로 바꾸어야 하지 않겠는가? 소방도로를 확충하고, 주차장을 마련하며 일자리 공간이나 지역 내에 공공임대주택도 만들 필요가 있었다. 아이들 놀이터와 보육시설도 마찬가지다. 이런 지역 인프라가 있어야 그나마 방치되고 쇠락하는 공간을 조금이라도 나은 공간으로 만들 수 있기 때문이다.

사실 현지개량 위주의 도시재생사업은 이미 오세훈 시장 시기에 도입되기 시작했다. 앞에서 설명한 '휴먼타운'도 그 일환이었고, 도시재생 차원에서 세운상가 입구 쪽에 초록띠 공원 조성 등도 추진했다. 이런 사업들과 흐름을 같이하면서 박원순 시장은 해제 지역에 대해 대안 사업을 본격화했다. 박원순 시장은 '서울형 도시재생'을 통해 노후 주거지를 정비하고 공동체도 활성화하는 방안을 모색하는데, 2014년 창신·숭인 도시재생사업을 시작으로 여러 곳에서 진행되었다. 특히 당시 중앙정부인 박근혜 정부는 도시재생을 촉진하기 위해 '도시재생 활성화 및 지원에 관한 특별법'을 제정하기도 했다(2013년).

2021년 현재, 뉴타운 및 재개발사업 지정이 해제된 394곳 중에서 92곳은 도시재생 등 대안 사업을 실시하고 있다. 또 주거 지역은 아니지만 세운상가, 장안평, 낙원상가 일대 등 한때 경제 중심지였던 곳에 대해서는 중심시가지형 도시재생사업을 적용하고 있다. 서울역 고가도로를 재생한 '서울로 7017 사업' 등도 도시재생의 일환이었다.

이런 박원순 시장의 도시재생 노력은 2017년 출범한 문재인 정부에서 '도시재생뉴딜사업'으로 확대·개편되면서 전국화되었다. 전국적으로 500여 곳의 노후·불량주택 지역 및 쇠퇴 지역에 대해 주거환경을 개선하고 필수적인 공공인프라를 확충한다는 계획이었다. 또 서울시가 도시재생사업과 함께 각 지역의 필수 공공서비스를 촘촘하게 제공한다는 취지로 시작했던 '10분 동네' 사업도 문재인 정부에서 '10분 동네 생활 SOC' 사업으로 확대되었다.

우리는 일반적으로 도시재생이라고 하면, 벽화를 칠하거나 관광자원화하는 정도로 생각하기 쉽다. 언론에서도 그런 식으로 설명하고 또 비판해왔다. 그러나 도시재생사업의 핵심은 공공인프라가 취약한 노후·불량 주거지, 쇠퇴하는 주거지를 사람이 살 만한 곳으로 바꾸는 사업이다. 당연히 주차장 확충, 도로 개설, 주택 개량뿐만 아니라 소규모 재개발, 재건축도 포함한다. 그냥 집수리하는 정도가 아니라 가로변의 3,000평 정도 규모까지는 중고층 아파트 건설도 병행하는 사업인 것이다(가로주택정비사업). 또 낙후된 지역의 공공시설을 선도적으로 개선함으로써, 집주인들 스스로 주택을 고치거나 새로 지을 수 있는 환경을 조성한다는 것이 기본 구도이다. 그만큼 도시재생사업은 공공의 선투자와 지원이 전제가 된다. 이를 위해 정부는 연간 최대 10조 원의 재정과 공공기관 및 민간 자금을 도시재생사업에 투입하기로 한 바 있다. 그러나 아직 시민들이 느낄 만큼 변화가 빠르지 않다. 무엇보다 공공시설 개선이 충분하지 않았던 것이다.

다시 철거 재개발로?

이렇게 도시재생이 아직 체감할 만한 성과를 거두지 못한 상황에서 2020년부터 도시재생 때문에 집값이 올랐다는 비판이 대두되었다. 박원순 시장이 과거 뉴타운사업의 '과잉 개발'을 수습하면서 의욕적으로 추진했던 도시재생사업이 거꾸로 '과소 개발'을 야기했다는 비판에 직면한 것이다. 문재인 정부 들어 서울 집값이 폭등했는데, 박원순 시장이 재개발·재건축을 억제함으로써 원인을 제공했다는 것이다. 뉴타운 지구 해제로 인해 잠재적으로 25만 호의 아파트를 공급할 수 있는 기회가 사라졌다는 비판도 나왔다. 심지어 박원순 시장이 공들였던 창신·숭인지구에서조차 다시 철거 재개발을 하도록 해달라는 청원이 올라올 정도였다. 한때 뉴타운 지구에서 빨리 해제해달라고 시위를 벌였고, 그래서 첫 번째 해제 구역으로서 도시재생사업을 추진했던 이 지역에서조차 상황이 복잡해진 것이다.

앞에서 뉴타운사업은 집값이 오를수록 사업 가능성이 높아진다고 했다. 뉴타운 열풍이 불었던 것도, 또 싸늘히 식었던 것도 부동산 경기 등락의 영향이 가장 컸다. 문재인 정부 들어 부동산 가격이 다시 오르자, 과거 뉴타운 열풍 때와 유사한 현상이 나타난 것이다. 그러나 안타깝게도 서울 전체를 아파트로 바꿀 방법은 없다. 여전히 서울 시민의 40%가 저층 주거지에서 살아갈 정도로 방대한 규모인 데다, 이미 용적률이 높아서 채산이 잘 나오지 않는 상황도 바뀌지 않았기 때문이다. 물론 부동산 경기가 과열되면 그 경계에 있던 일부 지역들은 채산성이 생겨서 철거 재개발 방식이 가능해질 수는 있다. 하지만 과거 뉴타운 열풍 때 기대했던 것처럼, 모든 곳을 그런 방법으로 바꿀 도리가 없다는 것이 엄연한 현실이다.

그럼 어떻게 해야 할 것인가? 크게 보면 두 가지 길이 있을 것이다. 첫 번째, 여건이 되는 곳은 신속하게 재개발할 수 있도록 지원한다. 절차를 개선할 수도 있고, 일부 불필요한 규제는 완화할 수도 있다. 특히 공공이 사업 시행하는 경우에는 더 많은 인센티브를 제공하면서 공공임대주택 건립도 늘리는 방법이 있다. 두 번째는 철거 재개발을 위한 채산성이 안 나올 경우, 공공의 적극적인 개입과 지원을 통해 도시재생사업의 체감 효과를 높이는 길이다. 단순 개량을 넘어 가로변이나 필지 규모가 큰 곳들은 소규모 철거형 개발(가로주택정비사업)을 병행해야 한다. 특히 SH, LH 등의 공기업 참여 모델을 강화할 필요가 있다.

개발이익이 많다면 적절히 공유하고, 적거나 없다면 공공 지원을 더 늘리는 방식으로, 오래된 저층 주거지들을 사람이 살기 좋은 주거공간으로 바꾸려는 노력을 멈춰서는 안 된다. 그런데 어떤 방법을 택하든, 가장 중요한 것은 가난한 사람들의 저렴주거를 보호하거나 대체 공간을 충분히 제공해야 한다는 것이다. '누구를 위한 재개발인가 하는 질문'은 지금도, 앞으로도 계속 해야 한다.

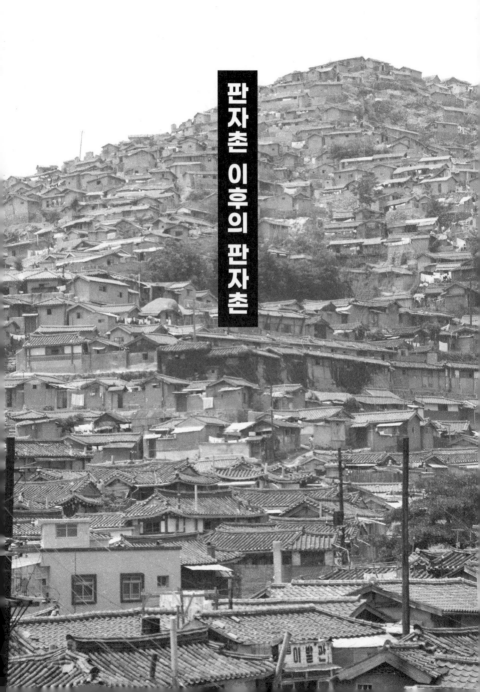

3부

판자촌 이후의 판자촌

7장. 세계의 판자촌

어디나 '판자촌'은 있다

세계 도시 인구의 4분의 1이 사는 판자촌

전 세계 도시 인구의 4분의 1은 판자촌에서 살아가고 있다. 숫자로 보면 10억 명이 넘는다. 30년 전인 1990년만 해도 43.3%(7억 2,000만 명)가 판자촌에 살았던 것에 비하면 나아졌지만, UN은 2035년에는 추가로 10억 명이 더 판자촌에 살게 될 것으로 전망하고 있다.[1] 이러다 보니 지역별, 나라별로 보면 심각한 곳들이 여럿이다. 아프리카의 사하라 남부 지역 같은 경우는 도시 인구의 절반 이상이 판자촌에서 사는데, 그중 중앙아프리카공화국은 무려 그 비율이 도시 인구의 98.5%에 달한다. 반면 선진국들은 인구의 0.1% 이하만이 판자촌에서 산다(〈표 7-1〉). 물론 우리나라는 UN의 국가별 통계에서 아예 빠질 정도로 판자촌이 없는 나라에 속한다.

<표 7-1> 지역별 판자촌 거주 인구 추이

	전체 도시 인구 중 비율(%)				인구(천 명)
	1990	2000	2010	2018	2018
세계 전체	43.3	28.0	24.4	24.0	1,033,545
북아프리카와 서아시아	28.4	23.0	19.4	25.6	83,052
라틴아메리카와 카리브해	33.7	29.0	23.9	20.9	114,207
동아시아 및 동남아시아	46.6	38.0	30.0	27.2	369,967
중앙아시아 및 남아시아	57.1	46.0	35.3	31.2	226,780
남태평양	24.1	24.0	24.1	23.7	670
사하라 남부	70.0	65.0	62.1	56.2	237,840
유럽 및 북미	n.a.	0.1	0.1	0.1	1,022
호주, 뉴질랜드	n.a.	n.a.	n.a.	0.01	8

자료: UN Habitat, 2020.

그런데 우리나라에서 쓰는 '판자촌'을 국제적으로는 어떻게 표현할까? 오래전부터 써온 단어는 슬럼slum(빈민촌)이다. 그러나 '슬럼'이라는 표현에는 나쁜 이미지가 연상되고, 선진국의 가난한 사람들이 사는 곳도 같은 단어를 쓰기 때문에 이를 구별할 필요가 있었다. 이에 1990년대부터 NGO나 국제기구를 중심으로 중립적인 표현이라 할 수 있는 '인포멀 세틀먼트informal settlement'('비정규 주거지' '비공식 주거지' 등으로 번역할 수 있다)를 쓰기 시작했다. 하지만 이 역시 혼란 소지가 있는데, 비정규 주거지에는 상위계층의 자산 증식을 위한 불법 주택이나 투기적인 목적의 주택도 포함할 수 있기 때문이다. 이에 '빈곤층이 주로 사는 비정규 주거지'라는 식으로 양자를 묶은 표

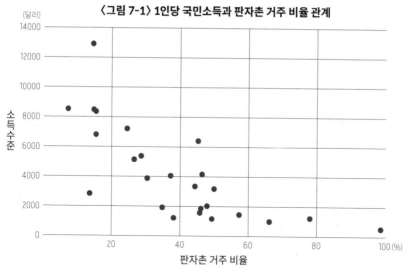

〈그림 7-1〉 1인당 국민소득과 판자촌 거주 비율 관계

자료: UN Habitat, 2020과 2020년 국가별 1인당 국민소득 자료로 재구성.

현informal settlement and slum이 쓰이기도 한다.[2] 그러나 UN 인권위원회는 '슬럼'이라는 표현에 대해 강한 거부감을 표명하고 '비정규 주거지'라는 표현을 쓸 것을 촉구하고 있다.[3]

국제기구 등이 규정하는 비정규 주거지, 즉 판자촌은 주택, 주거지, 주민 세 측면에서 다음과 같은 속성이 있는 곳이다. ① 주택이 불량하고 부실하며, 좁은 집에 많은 인구가 살아서 과밀하다. 대부분 자기가 직접 건축하며, 건축 기준을 위반하거나 불법인 주택이 많고, 그만큼 주거 안정성이 낮고 임시적이라는 특성이 있다. ② 주거지는 비계획적으로 무분별하게 조성되었고, 불규칙하게 개발되며 확장된다. 수도, 하수도, 전기, 대중교통, 도로 등 기본적인 인프라가 부족하며, 위생 문제

〈표 7-2〉 주요 국가의 도시 인구 중 판자촌 거주 비율 (단위: %)

	1990	2000	2010	2018	1인당 국민소득 (2020년, $)
중앙아프리카공화국	87.5	91.9	95.9	98.5	477
에티오피아	95.5	88.6	76.4	66.2	936
케냐	54.9	54.8	54.7	46.1	1,838
남아프리카공화국	46.2	33.2	23.0	26.4	5,090
이라크	16.9	16.9	52.8	46.4	4,157
터키	n.a.	n.a.	27.0	7.0	8,538
캄보디아	n.a.	78.9 (2005)	55.1 (2014)	45.6	1,513
인도네시아	50.8	34.4	23.0	30.4	3,870
몽고	68.5	64.9	42.7 (2014)	37.1	4,007
미얀마	n.a.	45.6 (2005)	41.0 (2014)	57.1	1,400
필리핀	54.3	47.2	40.9	44.3	3,299
태국	n.a.	26.0 (2005)	27.0	24.5	7,189
베트남	60.5	48.8	35.2	13.5	2,786
방글라데시	87.3	77.8	61.6	47.6	1,969
인도	54.9	41.5	29.4	34.8	1,901
네팔	70.6	64.0	58.1	49.3	1,155
파키스탄	51.0	48.7	46.6	38.0	1,194
아르헨티나	30.5	32.9	20.8	14.7	8,442
볼리비아	62.2	54.3	47.3	49.9	3,143
브라질	36.7	31.5	26.9	15.2	6,797
콜롬비아	31.2	22.3	14.3	28.5	5,333
아이티	93.4	93.4	70.1	77.8	1,177
멕시코	23.1	19.9	11.1 (2014)	15.1	8,347
벨라루스	n.a.	n.a.	n.a.	45.2	6,411
루마니아	n.a.	n.a.	n.a.	14.4	12,896

자료: UN Habitat, 2020; World Bank 국민소득 자료

도 안고 있다. ③ 주민의 대부분은 가난하고, 사회적 배제와 차별을 겪는 경우가 많다. 질병과 장애 등이 있는 사람들이 많고, 주로 비정규적인 임시 일자리에 종사한다.

결국 판자촌은 경제력이 낮은 개발도상국에서 가난한 도시민들이 주택난을 자구적으로 해결하는 과정에서 발생한다. 내전이나 정치적 불안, 흉작, 경제위기 등은 농촌을 더욱 피폐하게 하면서 도시 판자촌을 늘리는 촉매제가 되어왔다. 판자촌 거주 비율은 대체로 국가 경제력에 반비례한다고 보면 된다. 실제 UN의 국가별 도시 인구의 판자촌 거주 비율을 각국의 1인당 국민소득과 비교하면 반비례하는 경향을 확인할 수 있다(〈그림 7-1〉). 다만 경제 수준이 상당한 정도에 올라간 국가들도 부정부패나 독재, 그리고 심각한 사회·경제적 양극화로 인해 판자촌이 온존되거나 늘어나기도 한다. 동유럽이나 남미의 일부 국가들이 이에 해당한다.

개발도상국의 판자촌 정책 변화

개발도상국들은 대부분 낮은 경제 수준에도 불구하고 급격한 도시화(특히 수도 집중)를 겪고 있다. 도시에서 일자리를 찾으려는 욕구(pull 요인)와 농촌 지역에서의 탈출 욕구(push 요인)가 겹쳐, 전 세계적으로 매년 7,000만 명 내외가 도시로 몰려든다. 이렇게 도시로 집중된 이농 노동력은 그 자체로 보

개발도상국의 판자촌 사례

필리핀 마닐라만에 있는 판자촌. 필리핀은 전체 도시 인구의 44.3%가 판자촌에서 살아가는데, 태풍, 화재 등에 취약하다.

태국 방콕 클롱 토이의 판자촌. 이곳 거주자만 10만 명에 달하며, 방콕 주민의 20% 가까이가 판자촌에서 산다. 태국은 판자촌의 강제철거보다는 지주가 개발하되 주민들에게도 땅의 일부를 나누는 'Land Sharing' 프로그램 사례가 종종 이뤄지곤 했다.

파키스탄은 850만 채 정도의 주택이 부족하다고 한다. 따라서 판자촌을 현실적으로 인정하고, 다양한 현지개량 프로젝트를 진행하고 있다. 그중 100만 명이나 거주하는 대규모 판자촌인 카라치의 오랑기 지역 프로젝트가 유명하다. 사진은 그 사업 모습이다.

방글라데시는 도시 인구의 47.6%가 판자촌에 살 정도로 판자촌이 널리 퍼져 있다. 주택 개량도 과제지만, 빈곤 탈출이 급선무라고 보고 우리에게도 잘 알려진 그라민은행 등을 통한 소액 대출 사업도 추진해왔다. 사진은 수도 다카의 판자촌 모습이다.

브라질은 국가 전체적으로는 중진국 경제 수준을 달성한 나라다. 과거에 비해 판자촌도 많이 줄어들었으나, 파벨라로 불리는 전통적 판자촌이 상당수 남아 있다. 여전히 강제철거 문제가 있기는 하지만, 많은 곳에서 현지개량 프로젝트가 진행되고 있다. 사진은 리우데자네이루의 판자촌이다.

멕시코는 경제적으로는 이미 중진국 수준에 도달했지만, 극심한 양극화로 판자촌에 거주하는 도시 인구가 아직 15%에 이른다. 우리나라에 소개된 영화에서는 멕시코 판자촌이 마치 범죄, 마약 등의 온상지인 것처럼 보이지만, 실상은 꼭 그런 것은 아니라고 한다. 사진은 멕시코시티의 판자촌.

남아프리카공화국은 아프리카 대륙에서는 가장 경제력이 높은 나라이다. 그러나 오랜 흑백분리와 차별 정책의 결과 판자촌에 거주하는 인구가 4분의 1에 달할 정도이다. 사진은 요하네스버그의 판자촌이다. 외계인이 판자촌에 숨어든다는 설정의 영화 〈디스트릭트 9〉은 양극화와 차별 문제를 풍자한 수작이다.

UN에서 주택이나 도시 문제를 담당하고 있는 해비타트 본부는 케냐의 수도 나이로비에 있다. 전 세계 판자촌 문제를 해결하기 위해 노력하는 기관이다. 그런데 나이로비 인구의 70% 정도가 판자촌에 거주할 정도로 케냐의 판자촌 문제는 심각하다.

어디나 '판자촌'은 있다

면 도시에 부담이 되기도 하지만, 저임금 노동력을 확보할 수 있다는 점에서 경제성장의 원동력이 되기도 한다. 그러나 아직 낮은 경제 수준으로 인해 정부는 이들에게 적절한 주거를 제공할 여력도 의지도 없는 경우가 대부분이다. 특히 도시 인구가 늘었지만 산업화 수준이 낮아서, 과잉 인구가 도시에 누적되는 과잉 도시화over urbanization 현상이 나타났다.

이런 상황에서 이농 노동력들은 판자촌을 통해 시급한 주거문제를 자구적으로 해결하게 된다. 실제로 판자촌은 개발도상국들의 가장 중요한 저렴주거 공급 수단으로 전 세계적으로 10억 명 이상이 거주하고 있다. 그러나 판자촌은 그 불법성으로 인해 끊임없는 철거 위협에 시달리며, 이는 적어도 표면적으로 국가가 판자촌을 문제시하거나 적대적으로 이해한 듯이 보이게 하는 원인이 된다. 따라서 많은 학자들과 NGO는 "판자촌이 일반적인 믿음과 달리 절망적이지도 반사회적이지도 않으며, 오히려 점유권만 인정해주면 스스로 개량하면서 주거문제를 해결할 수 있다"는 점을 강조해왔다. 1970년대 존 터너John Turner의 자조주택自助住宅, self-help housing 이론이 이를 대표한다. 이에 세계은행을 비롯한 UN 기구들도 자조주택을 지향해야 할 모델로 설정하고, 그 개량에 필요한 자금을 지원하거나 이를 위한 주민들의 활동을 권장해왔다. 우리나라의 1970년대 현지개량 정책은 세계은행이 보기에 바람직하고 성공적인 모델이었다. 또 UN 해비타트Habitat는 2016년 개최된 제3차 세계인간정주회의Habitat III 등을 계기로 판자촌 문제에 대한 각국의 접근법을 바꿀 것을 촉구하기도 했다. 실제 많은 나라가 판자촌에 대한 대응 방식을 바꾸고 있는데, ① 철거와 강제이주→② 철거 이후 주택 제공→③ 기존 판자촌에 대한 최소한 서비스 제공→④ 점유 안정성을 확대하고 물리적 개량→⑤ 도시 개발에 있어서 판자촌의 점유권 인정 등으로 발전하고 있다.

그러나 판자촌의 점유권을 인정하고 판잣집을 개량한 결과가 반드시 그곳의 가난한 사람들에게 도움이 되는 것은 아니다. 판자촌이 개량된다는 것은 곧 상품가치(교환가치)를 높여 공식적인 주택시장에 편입된다는 의미이기도 하다. 그러나 빈민들의 소득이나 생활조건이 변하지 않고 주택만 공식 주택시장에 편입될 경우 (자조적으로 개량된) 판자촌은 상위계층들을 위한 주거지로 변하기 쉽다. 또한 주택 개량에도 불구하고 개발도상국의 도시들이 추가적인 개발 압력을 받게 되면, 이 지역들은 다시 철거의 위협에 놓이게 된다. 따라서 자조 프로그램은 아직 시장경제가 미발달한 일부 개발도상국에서만 적용될 수 있는 사례일 뿐 아니라, 본질적으로 가난한 사람들의 주거문제를 해결할 수 없다는 주장 역시 강력하다. 바로 판자촌 개량을 둘러싼 자조주택 논쟁이다. 그럼에도 현실적으로 판자촌이 만연하고 있는 개발도상국들에서 자조주택은 여전히 가장 효과적이면서 중요한 대안으로 인식되고 있다.

이처럼 개발도상국들이 판자촌을 개발하고, 철거하기도 하지만 동시에 그 자구적 기능을 인정하는 데서 판자촌 정책이 가진 이중적 성격을 확인할 수 있다. 즉, 판자촌 정책은 저렴 노동력 확보를 위해 필수적인 저렴주거지를 제공하는 가운데, ① 도시빈곤층의 사회불안을 방지하고 포섭하려는 측면과 ② 판자촌 자체가 도시 공간 개발 대상이 되는 측면이 복합적으로 작용한 결과이다. 따라서 각국의 판자촌 정책은 기본적으로 이 두 가지 측면의 상호작용 속에서 '묵인-철거-이전-개발-(공공주택으로) 대체' 등의 다양한 형태로 전개되고 있다. 일반적으로 국가 경제력이 낮은 단계에서는 묵인, 철거, 이전 그리고 현지개량 등의 정책 경향을 보이다가, 경제력이 어느 단계 이상으로 발전하면 판자촌 공간 자체를 해체하여 개발하는 방향으로 나아가기도 하는 것이다. 각국의 경제 단계와 정치·사회적으로 빈곤층을 포섭해야 할 필요에 따라 달라진다고 할 수 있다.

　이러한 정책 변화 과정을 그림으로 나타내보았다. 〈그림 7-2〉에서 보는 것처럼 경제력이 낮은 단계에서 일반적으로 판자촌은 묵인·방치되며, 이때 부분적으로 개발이 필요할 경우 철거나 집단이주 정책이 실시되는 경향이 있다(그림의 ①). 다만 이 단계에서도 사회적 포용 필요성에 따라서는 현지개량을 허용하거나 점유권을 부여하는 정책이 실시되기도 한다(그림의 ②). 그러다 경제력이 높아지면 본격적으로 판자촌을 개발하고 활용하는 단계로 가는데, 사회통합 필요성이 높고 낮은 상황에 따라서 단순히 개발하여 해체하거나(그림의 ③) 공공(임대)주택 등의 대안적 주택을 제공하는 단계로 가기도 한다(그

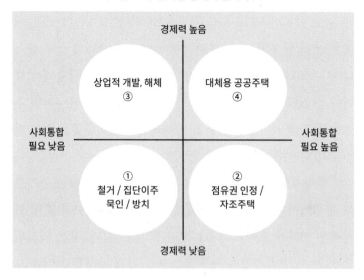

〈그림 7-2〉 판자촌 정책의 변화 구조

경제력 높음

상업적 개발, 해체
③

대체용 공공주택
④

사회통합
필요 낮음

사회통합
필요 높음

①
철거 / 집단이주
묵인 / 방치

②
점유권 인정 /
자조주택

경제력 낮음

림의 ④). 마지막 단계는 말하자면 판자촌의 저렴주거 기능을
국가의 공식 프로그램이 대체하는 단계라고 할 수 있다.

동아시아 성공 국가들의 경험

앞 그림에서 각국의 판자촌 정책은 ① 묵인, 방치, 철거 이
주→② 점유권 인정과 현지개량→③ 재개발과 해체→④ 공공
임대주택 공급의 단계를 거친다고 설명했다. 그런데 전 세계
적으로 개발도상국가로 출발한 나라 중에서 ③, ④단계까지
모두 경험한 나라는 동아시아의 싱가포르, 홍콩, 대만, 한국밖

에 없다. 남미, 아시아, 아프리카의 모든 개발도상국이 판자촌을 겪고 있지만 이 네 나라(홍콩 포함) 외에는 모두 ①, ②단계에 머물러 있으며, 극히 부분적으로 ③단계 사례가 있을 뿐이다. 이는 다르게 보자면 이들 국가만이 절대빈곤 상황에서 벗어나 산업화와 경제성장에 성공했기 때문이라고 할 수 있다. 또한 이들 국가야말로 충분히 민주화되고 사회통합을 주된 가치로 여기는 단계에 도달했다.

동아시아 4개국은 모두 경제개발 초기 단계에는 판자촌이 광범하게 분포했다. 그러나 본격적인 경제개발과 함께 판자촌은 단계적으로 사라지는 과정을 겪게 된다. 물론 나라별로 처한 조건이 달랐기 때문에 소요 시간과 과정은 차이를 보인다. 모두 소득 500달러 단계에서 판자촌 거주 비율이 20% 정도로 유사하게 출발했다. 그러나 정책은 뚜렷한 차이를 보이는데, 서울은 묵인-철거-재정착-자조주택 등 일반적으로 개발도상국가가 경험한 단계를 모두 거쳤다. 이후 소득 2,000달러 무렵 상업적 재개발(합동재개발사업)에 착수하여 1만 달러 단계에 이르러 거의 사라졌다.

홍콩은 영국의 식민지(조차지)로 있을 당시, 중국 공산화에 따라 유민들까지 몰려들었다. 이에 판자촌이 만연했지만 초기에는 단순 철거로 일관했다. 그러나 1953년 쉑킵메이 지역에서 대화재가 일어나자, 판자촌을 대체하는 공공임대주택 정책으로 선회했다. 그럼에도 홍콩의 판자촌은 상당히 늦은 1980년대, 국민소득 1만 달러 단계가 될 때까지 지속되었다.

이는 중국 본토 반환 일정을 앞둔 홍콩 총독부가 중국 본토와의 관계를 고려해서 판자촌 철거나 해체를 무리하게 시행하지 못했고, 불법 이민자들이 계속 유입되었기 때문이다. 중국이 홍콩 반환 일정에 합의한 이후에야 불법 이민 통제를 강화하면서 판자촌의 실질적인 해소가 가능했다. 그런데 홍콩은 이 과정에서 다른 개발도상국에서 일반화된 자조주택, 즉 개량을 통한 상품화는 절대로 허용하지 않는 정책을 고수했다. 판자촌 자체의 상품화를 통제하면서 공공임대주택으로 전환한 사례라고 할 수 있다.

싱가포르는 경제개발에 본격적으로 착수한 1960년대 이후 곧바로 공공주택 공급과 함께 판자촌을 해체했고, 이후 공식 통계에서는 그 수치를 확인할 수도 없다. 이는 홍콩과 달리 권위적인 정부가 강력한 통제력을 발휘했을 뿐 아니라, 세계적으로도 특별한 공공주택 프로그램과 연동했기 때문이다. 특히 판자촌이 인종별 집단 거주지화가 되는 것을 경계해서, 판자촌을 철거하고 그 자리에 공공주택을 짓되 국가 전체의 인종별 비율에 맞춰 분산 입주시키는 전략을 택했다.

대만은 50년 가까운 일본 식민지를 겪은 나라다. 대만이 일본에서 독립한 지 얼마 안 된 1949년, 이번에는 국민당 정부가 공산당에 떠밀려 대만을 '점령'하게 된다. 갑작스럽게 대만의 인구가 610만 명에서 746만 명으로 늘어났고, 특히 수도인 타이베이는 27만 명에서 50만 명으로 두 배 가까이 급증했다. 이 때문에 종전에는 판자촌이 거의 없던 대만에 갑자기 판자촌이 늘어났는데, 거주자의 대부분이 본토 유입 인구였다. 1963년 조사에서는 판자촌에 타이베이 시민의 28%나 거주하는 상태였다. 그러나 대만도 1970년대 초가 되면 주민들에게 공공(임대)주택 입주를 알선하는 가운데, 민간개발 사업 등을 통해 판자촌을 빠르게 없애게 된다. 대만 역시 현지개량이나 양성화 등의 조치 없이 판자촌을 해소한 나라이다.

이들 나라의 경험을 앞의 판자촌 정책 단계와 대조해보면, 서울만 ①→②→③→④의 전 과정을 모두 겪었고, 나머지 국가(도시)들은 기본적으로 ①→④로 바로 이행했지만 전환 기간이나 경로는 조금씩 차이가 있었다. 싱가포르가 가장 빠르게 공공주택으로 전환했고, 홍콩은 공공임대주택에 입주시켰지만 기간이 오래 걸렸으며, 대만은 비교적 빠른 시간에 해소했지만 공공주택의 역할이 미미했다.

그런데 이들 나라에서 판자촌이 사라진 뒤 가난한 사람들은 어디로 갔을까? 우리나라의 경우 앞의 2부에서 자세히 살펴보았지만, 영구임대주택, 지하셋방, 고시원, 쪽방 등으로 가난한 사람들이 옮겨갔다. 싱가포르는 기본적으로 전 국민에게 공공주택을 제공하는 목표를 세운 데다, 불법·편법 주택은 엄정히 단속했다. 대신 소수의 가난한 계층에게는 공공임대주택을 제공하는 방식으로 보완했다. 대만은 주택정책에서 공공의 직접 공급 역할이 거의 없었지만, 민간 지원을 통해 어떻든 자가거주율 약 90%에 도달한 나라다. 민간 임대료도 상대적으로 낮은 편이어서, 역 주변에 우리 식의 여인숙이 일부 있는 것을 제외하면 비주택 거주는 거의 없다고 할 수 있다.

하지만 홍콩은 사정이 완전히 다르다. 1997년 중국으로의 주권 반환 이후 공공임대주택 정책도 후퇴하고, 인구가 급증하는 가운데 집값, 임대료가 폭등했기 때문이다. 홍콩은 이야기가 길어진다.

홍콩의 신종 판자촌[*]

홍콩은 다른 아시아 개발도상국들과 마찬가지로, 20세기 전반부 식민지와 중국 공산화에 따른 유민 급증 등 사회적 격변을 경험하면서 심각한 주택문제를 겪었다. 판자촌이 만연했던 것은 물론이다. 하지만 1950년대부터 영국식 공공임대주택을 대량으로 공급하면서, 많을 때는 전체 가구의 36.5%가 공공임대주택에 거주하기도 했다(1991년). 이런 방식으로 주거비를 낮춘 것이 홍콩의 경쟁력과 경제적 번영의 토대가 되었다고 한다.[4]

그러나 어려운 조건에서도 근근이 해결해오던 홍콩의 주택문제는 1997년 홍콩의 주권이 중국으로 반환된 이후 급격히 악화됐다. 중국 본토의 인구가 홍콩으로 더 많이 들어오게

---

[*] 이 부분은 필자가 쓴 책 《집에 갇힌 나라, 동아시아와 중국》(오월의봄, 2021)의 〈홍콩: 좌절당한 모범 주택정책 사회〉 편을 활용했다.

된 이유도 있지만, 근본적으로 중국 자본이 물밀듯이 밀려오면서 부동산 가격이 폭등한 것이다. 물론 반환 초기에는 아시아 금융위기의 영향에다 사스(2003년)의 타격까지 받아서 집값이 한동안 급락했지만, 2000년대 중반부터는 급등을 거듭했다. 저점이었던 2004년부터 2018년까지 약 15년간 홍콩의 집값은 5배나 올랐다. 소득은 거의 정체 상태였기 때문에 소득 대비 집값(PIR)은 20배 이상이 되었다. 여러 기관이 발표하는 PIR에서 예외 없이 홍콩이 독보적인 세계 1위를 기록하고 있다. 터무니없이 작은 아파트가 우리 돈으로 수십억 원에 거래될 정도다.

여기다 공공임대주택 정책까지 후퇴하면서, 그 혜택을 기대하는 것도 갈수록 어려운 일이 되었다. 공공임대주택에 대한 입주 대기 기간이 갈수록 길어져서 2020년 3월 말 현재 평균 5.4년이 소요되는데, 그중 노인 가구는 3.0년 정도에 그치지만 일반 저소득 가구의 대기 기간은 훨씬 길다. 전체적으로 입주까지 6년 이상 소요되는 가구가 42.3%에 이른다. 특히 비노인 1인 가구 대기자는 10만 3,600가구에 이르지만 특별 배정 물량이 있을 경우에만 기회가 주어지기 때문에, 언제 입주할지조차 알 수 없다.[5] 역설적으로 빈곤층은 그나마 이런 기회라도 기대해볼 수 있지만, 어중간한 소득이 있는 대다수의 가구는 혹독한 민간 시장에서 주택문제를 해결할 수밖에 없다.

이에 따라 수많은 단신 가구나 공공임대주택 입주 신청 후 대기하는 가구, 나아가 불법체류자 등은 민간의 열악하더

홍콩의 비주택 거주 사례

쪽방

옥탑방

닭장집

라도 저렴한 주거를 대안으로 찾게 된다. 기존 주택이나 사무실, 공장 등을 잘게 구획하여 만든 쪽방sub-divided unit(주택 이외의 건물을 쪼갠 경우는 큐비클cubicle이라고 부르기도 한다), 건물의 옥상에 주거공간을 설치한 옥탑방roof top, 개인별 공간을 철망으로 구획한 닭장방cage home, 그리고 이보다 현대화된 캡슐방capsule home 등이 그런 종류다.

이 중에서 쪽방에 사는 인구는 2016년 공식 조사에 따르면 9만 1,787가구 20만 9,700명으로 전체 가구의 3.6%에 해당하는 수준이다. 특히 구도심인 야침몽, 샴수이포 지역에 3분의 1 이상이 집중되어 있다. 쪽방의 1인당 평균 사용 면적은 두 평이 되지 않는 5.3제곱미터이며, 이는 홍콩 전체 1인당 평균 거주 면적 15.0제곱미터의 3분의 1 수준이다. 쪽방의 중위 임대료는 일반 민간 임대의 40% 정도인 4,000HK$(약 62만 원)이지만, 거주자의 소득에서 차지하는 비중은 31.8%에 이른다.[6] 2019년 한 시민단체의 조사에 따르면 쪽방 주민들은 소득의 41%, 여기에 수도나 전기료를 합하면 소득의 반 이상을 주거비로 쓰고 있다고 한다.[7] 거주자들은 주로 신규 이주민, 저소득 노동자, 장애인 등이며 이들의 반 정도는 혼자 산다.

쪽방은 여러 가구가 화장실과 주방공간을 공동으로 사용하며, 낡은 건물에 과도한 분할로 붕괴 사고가 발생하기도 한다. 또한 좁은 복도가 미로처럼 얽혀 있거나 방을 구분하는 칸막이가 화재 비상 통로를 막고 있어서 화재에 매우 취약하다. 특히 일반 건물을 활용한 쪽방cubicle은 1980년대 홍콩의 산업

구조조정으로 제조업이 본토로 이전하고 오랫동안 공실로 방치되는 빌딩이 많아지면서 주거용으로 개조된 것이다. 2010년 1월 발생한 5층 건물 붕괴 사건(사망 2명, 부상 4명)에 대해 건축국이 붕괴 원인을 조사한 결과, 1950년대에 지어진 건물이 노후화된 상황에서 중이층으로 개조된 쪽방의 하중을 이기지 못했기 때문인 것으로 나타났다. 이 사건을 계기로 건축국은 50년 이상 된 건물을 대상으로 대대적인 안전점검을 실시했다. 조사를 받은 4,011개 건물 중 안전상 문제가 있는 건물은 2,302개로, 이 중 1,032개는 중대한 결함이 있는 것으로 나타났다. 뒤이어 당국에서는 수시로 조사하여 고발 조치를 하고 있는데, 2013년부터 2017년까지 쪽방 검사에서 문제가 발견된 건수는 1,542건이었으며, 이 중 664건이 기소되었다. 하지만 이는 전체 불법(편법) 주거의 숫자에 비하면 빙산의 일각이다. 언론에서는 마치 "시한폭탄 같은 상황"[8]에서 화재 위험 및 붕괴 위험에 노출되어 있다고 경고하고 있다.[9] 시민단체들의 2018년 쪽방 조사에 따르면, 대부분 50년 이상 된 건물에 많게는 설계 용량의 6배까지 하중을 초과하는 것으로 나타났다. 또 화재경보기를 설치한 곳은 20%가 안 되었다.[10]

선진국에도 판자촌이 있다

선진국에는 개발도상국형 판자촌은 사실상 없다. 즉, 남의 땅이나 국공유지를 점유해서 불법적으로 주택을 지은 형태는 없다는 것이다. 본격적인 도시화가 이미 200여 년 전에 시작되었던 데다, 산업화 초기의 주택문제를 제2차 세계대전 이후 복지국가 확장 시기에 대부분 해결했기 때문이다. 특히 1970년대까지는 각국의 경제 상황도 좋았기 때문에 자가와 공공임대주택(또는 사회주택)이 함께 늘어나면서 국민들의 주거 사정도 현격히 개선되었다. 과거 불안정했던 민간임대주택은 그 거주 비중이 지속적으로 감소했다. 그러나 1980년대에 들어서면서 공공임대주택에 대한 투자나 공급이 줄어들었고, 대신 민간임대주택에 대한 임대료 보조가 늘어나는 경향을 보였다. 주거복지 정책이 민간 시장 의존형으로 바뀐 것이다. 이런 상황에서 1990년대부터 서구의 주택가격이 지속적으로 오르게 된다. 이 같은 추세는 2008년 금융위기를 계기로 오히려 더 확산되었다. 금융위기 극복을 위해 각국이 경쟁적으로 돈을 푸는 바람에 주택을 투자상품처럼 취급하는 주택의 금융화 현상이 심화된 것이다. 그 결과 최근 거의 모든 나라의 주택가격이 금융위기 이전의 고점을 넘어서는 한편, 임대료도 계속 오르게 된다. 2018년 무렵부터는 서구 각국이 이전에 완화한 임대료 규제 제도를 다시 복원하려는 움직임까지 나타난다. 사회경제적 양극화, 고용불안정, 자산가격 상승, 청년 등의 주거난이 공통적인 현상으로 등장한 것이다.

　유럽 각국의 주거 상황을 모니터링하고 있는 아베 피에르 재단 등의 2020년 보고서에 따르면, 취약계층의 주거 상황은 지속적으로 나빠지고 있다. EU 국가의 가처분 소득 중 주거비 지출 비율을 보면, 전체 가구는 21.0%인 반면 빈곤 가구는 41.0%에 이른다. 특히 가난한 임차 가구의 주거비 부담은 지난 10년간 20.8%나 증가했다. 주거비 과부담 가구 비율의 경우 비EU 국적자는 24.0%로 EU 국적자 9.9%의 배 이상, 과밀 가구 비중 역시 각각 33.2%, 13.5%로 이주민들의 주거사정이 더 어려웠다. 그럼에도 EU 국가들의 주택 부문 지출은 10년 사이에 31.6%가 줄어든 GDP의 1.3%에 그치고 있다.[11]

미국도 취약계층의 주거사정이 어렵기는 마찬가지다. 미국은 전체적으로 720만 호의 저렴주택이 부족한 상태에서, 민간임대주택 거주자들의 소득은 줄어드는 반면 임대료만 빠르게 오르고 있다. 그 결과 극빈층의 75%는 수입의 반 이상을 임대료로 지출하고 있다. 또 임대료 지원이 필요한 극빈층의 4분의 1만 임대료 보조를 받고 있는 실정이다.[12]

이런 상황에서 가난한 가정이나 이주노동자, 혼자 사는 청년들은 어떻게든 좀 더 싼 집을 찾을 수밖에 없다. 그들을 위한 싼 임대시장 역시 형성되어 있다. 합법과 불법의 경계에 있는 집들이다. 주택의 지하실이나 차고, 창고 등을 취사와 취침이 가능한 주택으로 개조해 세를 놓는 것이다. 또 기존 주택의 방을 작게 쪼개서micro-rooms 여러 가구가 살 수 있도록 불법 혹은 편법으로 개조하는 방식도 성행한다. 우리로 치면 반지하방이나 고시원, 원룸 쪼개기 같은 방들인 셈이다.

뉴욕에서는 조건부로 반지하주택basement을 임대하는 것

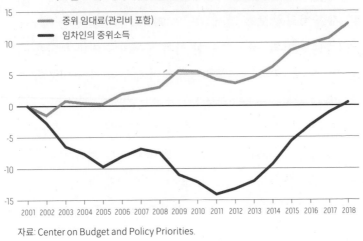

〈그림 7-3〉 미국의 민간임대료와 소득 상승률 추이 (단위: %)

자료: Center on Budget and Policy Priorities.

이 가능하지만, 실제로는 법령 위반도 상당할 것으로 보인다. 2019년의 경우 불법 개조가 10%나 늘어났다고 한다.[13] 이렇게 반지하나 법으로 주거가 금지된 지하celler에 사는 인구만 뉴욕에서 30만 명으로 추정되고 있다.[14] 대부분 불법 주택은 전기나 하수 설비에 문제가 있으며, 화재에 매우 취약하다. 뉴욕에서도 종종 관련 사고가 일어나고 있고, 이에 시 당국은 불법 개조 주택을 단속할 수 있는 각종 규정을 강화하고, 높은 벌금을 부과하려 하지만 현실은 여의치 않다. 그만큼 음성적인 수요가 많기 때문이다.

특히 외국에서 새로 진입한 사람들에게 이런 주택은 유용하다. 이들은 대개 체류 자격 자체가 불안정하고 소득이 낮기 때문에 정상적인 민간주택은 자신들의 능력으로는 구할 수 없다. 불법 개조 주택의 임대료는 일반 주택의 약 60% 수준으로, 정부 보조를 못 받는 저소득층에게 실질적인 도움이 되고 있다. 임대인 입장에서도 추가적인 임대 소득 확보, 임대 소득세 회피 등의 장점이 있다. 따라서 불법체류를 포함한 비주류 사회와 불법·편법 주거는 나름의 역사성을 가지고 밀접히 연결되어 있다. 이들 불법·편법 주거를 물리적 잣대(즉, 건축법 등 관련 법규)로만 엄격히 규율하기는 쉽지 않다.

노숙과 잠자리의 경계에서 생활하는 사람들도 많다. 유럽 전체적으로 길거리나 임시보호소에서 생활하고 있는 노숙인이 2020년 현재 70만 명으로 추산되는데, 이는 지난 10년간 70% 가까이 늘어난 수치다.[15] 미국도 약 58만 명의 노숙인이 있는 것으로 보는데, 2007년부터 조금씩 줄어들다 최근 2년 전부터 다시 상승세로 바뀌었다.[16] 그러다 보니 우리 식의 쪽방 또는 여인숙이라고 할 수 있는 싱글 룸 오큐펀시Single Room Occupancy(SRO)나 노숙인 일시 보호소hostels 등에서 생활하는 사람들이 수백만 명으로 추산될 정도다. 이에 유럽에서는 일종의 사회운동으로서 빈 주택이나 건물을 무단점유하는 squatting 운동이 벌어지기도 한다. 물론 개발도상국의 무단점유 주택과는 다른 유형이다. 노숙인들이 집단적으로 텐트촌을 만들어 거기에 기거하는 사례도 종종 보도되고 있다. 그리고 유럽 곳곳에는 중동이나 동유럽에서 온 난민이나 불법 이민자들이 집단으로 텐트촌을 만들어 생활하고 있다. 프랑스 북부 칼레는 영국으로 건너가기 위해 대기하는 난민들로 유명한 곳

뉴욕의 반지하 주택 개념(위)과
외부 모습(아래).

이다.

반면 개발도상국들의 판자촌과 유사한 형태의 마을은 우리가 외국 영화에서 종종 보게 되는 이동식 주택mobile home이라고 할 수 있다. 일반 주택시장에서 적절한 집을 구할 수 없는 사람들이 그나마 싸게 장만할 수 있다. 특히 2008년 금융위기 이후 서브프라임 모기지 등으로 인해 집을 차압당한 사람들이 텐트나 이동식 주택으로 몰린다는 보도를 기억할 것이다. 미국에서는 2018년 현재 406만 개의 이동식 주택[17]이나 조립식 주택 등에 1,770만 명, 미국 인구의 5.6%가 거주하고 있다.[18] 이 중에는 중산층이 휴양용으로 이용하는 경우도 있지만 대부분은 빈곤층을 위한 주거지이다. 이동식 주택 거주자의 빈곤율은 일반 가구보다 훨씬 높으며, 빈곤층 열 중 한 가정은 이런 주택에 거주한다.[19] 또 미국에서 이동식 주택이 가장 많은 10개 주에는 가장 가난한 10개 주 중 8개 주가 포함되어 있다. 그만큼 이동식 주택은 빈곤층의 고단한 삶이 연상되는 것이 현실이다.[20]

이처럼 선진국 도시에도 여러 형태의 불법 또는 편법 주거지들이 있다. 오랜 주택정책의 역사를 가지고, 주택 재고는 충분하다는 도시에 이런 일이 일어나는 것은 주택문제의 본질이 선진국이나 개발도상국 모두 동일하다는 점을 보여준다. 어느 사회나 시장 구매력에 미치지 못하는 가난한 사람들이 있기 마련이고, 이들에게 필요한 하위 시장이 있는 것이다. 특히 집값과 임대료가 소득보다 더 오르고, 또 난민이나 이주노

미국의 이동식 주택 단지(위)와
텐트촌(아래).

동자가 갑자기 몰려들 경우 정상적인 주택으로 주거문제를 해결하는 것은 불가능하다. 개발도상국처럼 국공유지에 불법으로 건축한 주택들은 아니지만, 각종 편법과 불법이 난무할 수밖에 없다. 이주노동자들의 경우 게토를 형성하고 확대하기도 한다. 그런데 각국의 경험을 보면, 이들 불법·편법 주거지를 일소하려는 강력한 대책을 시행하는 경우는 없다. 인권적인 문제 때문만은 아니다. 이들 인구가 선진국 대도시에 부담만 주는 것이 아니라 저렴 노동력으로서 도시 경제에 기여하기 때문에 이들의 주거를 묵인할 수밖에 없는 측면도 큰 것이다. 결국 나라마다 형태는 차이가 있지만 저렴주거를 둘러싼 국가와 사회의 태도는 개발도상국들과 마찬가지이다.

8장. 판자촌이 남긴 숙제

판자촌에 대한 국제사회의 촉구

주거에 대한 권리와 주민 참여의 원칙

우리나라에서 판자촌은 이미 지난 일이 되었다. 국민의 반 이상은 실물 판자촌을 일상에서 겪거나 직접 본 적도 없다. 행정에서도 더 이상 '무허가불량주택' '집단정착지' '영세민촌' 같은 용어를 사용하고 있지 않다. 대신 재개발, 재건축, 저층노후주거지와 같은 도시계획과 관련된 일반 용어를 쓰고 있다. 한때 서울 시민의 3분의 1 이상이 살아가던 판자촌이 40여 년 만에 완전히 사라질 수 있었던 것은 전적으로 한국의 경제 기적 덕분이다. 거기다 조금이라도 더 나은 집에 살고자 했던 국민의 열망도 판자촌 시대를 빨리 마감하게 만든 요인이었다. 그렇게 많은 사람이 판자촌에 살던 나라가, 그렇게 빨리 판자촌을 없앤 것은 우리나라가 거의 유일하다.

하지만 판자촌은 여전히 전 세계적으로 만연하고 있는 문제다. 앞에서 보았지만 10억 명에 가까운 사람들이 아직 판자촌에서 살고 있다. 우리도 그런 일을 겪었지만, 수많은 사람이 불량한 주택, 재해·재난, 강제철거와 폭력, 그리고 빈곤으로 고통받고 있다. 더구나 농촌의 가난을 피해서 도시로 몰려드는 인구는 줄지 않고 있어서, 이대로 두면 판자촌 인구는 앞으로 30억 명에 달할 것으로 예상한다.

이에 국제사회에서는 개발도상국 판자촌과 그 주민들의 상황을 해결하는 것을 매우 중요한 사회·경제적 과제로 인식하고 있다. 하지만 이 문제는 좀처럼 진전을 보이지 않고 있다. 각국의 취약한 경제력이 가장 큰 원인이긴 하지만, 판자촌 문제에 대처하는 각국 정부의 태도가 이를 더 악화시키고 있다고 본다. 이런 문제의식 아래 UN은 2030년까지 전 세계 판자촌 주민을 반으로 줄이는 것을 목표로 '판자촌 개선 2030 전략 Slum Upgrading 2030 Strategy'을 추진 중이다. 이를 위해 UN 해비타트는 2008년부터 '주민 참여형 판자촌 개선 프로그램PSUP, The Participatory Slum Upgrading Programme'을 본격화해서, 40개 국가 190개 이상의 도시에서 민관협력사업을 진행하고 있다. 2020년까지 이 사업을 통해 10억 달러의 지원금을 조달했고, 500만 명 넘게 지원했다. 이를 통해 80만 명 이상이 안정적인 주거를 확보할 수 있었다고 한다. 장기적으로 이런 사업을 2,000개 도시에서 실시할 계획이다.[1]

또 유엔 사무총장은 '판자촌 개선 2030 전략'을 뒷받침하기 위해 특별보고관Special Rapporteur으로 하여금 판자촌 문제에 대한 각국의 접근 방식과 대응 원칙을 제시토록 했다. 이에 2018년 유엔총회에 제출된 보고서는 판자촌 개선의 핵심 원리가 '적절한 주거에 대한 권리 보장'에 있다는 점을 분명히 했다. 따라서 강제철거를 중단해야 하며, 불가피하게 이전해야 할 경우에는 주거권 및 여타 인권 기준을 충족할 것을 요구하고 있다. 또 판자촌의 가치를 인정할 수 있도록 법을 개정하고, 가난한 사람도 포용할 수 있는 도시계획과 토지이용을 강조했다. 나아가 판자촌 주민들의 참여와 경제적 자립을 지원하고, 판자촌에 대한 투기를 막으며 관련된 부패를 척결하는 등 모두 31가지 사항을 주문하고 있다. 특별보고관은 이와 함께 앞서 설명했던 것처럼 슬럼이라는 표현이 아니라 비정규 주거지라는 중립적인 표현을 쓸 것도 촉구한 바 있다.

주거권 개념의 발전과 과제

국제기구가 촉구하는 판자촌 문제에 대한 원칙은 간명하다. 판자촌이 가난한 사람들의 삶의 자리라는 것을 인정하고 주민 중심, 권리 중심으로 접근하라는 것이다. 그것을 압축하는 용어가 '주거권'이다. 우리에게 주거권은 낯선 용어가 아니다. 1980년대 철거반대운동을 겪으면서, 철거민들의 요구가 단순히 이권 다툼 차원이 아니라 주거에 대한 권리를 요구하는 것이라는 사실을 확인했기 때문이다. 판자촌 개발이 주민들의 주거사정을 더 나쁘게 만들고 나아가 가난을 심화시키는 문제라는 것을 이해하게 된 것이다. 그러면서 주거권이라는 말을 쓰는 게 자연스러워졌다. 1980년대 후반, 국제사회로부터 폭력적인 강제철거로 비난받았을 때는 주거권 침해 사실이 없다고 항변해왔던 정부가 1990년대 후반부터는 주거권에 입각한 정책을 펴기 시작했다. 최저주거기준을 제도화하고, 철거민에 대한 주거 보장을 강화했으며, 공공임대주택 확대를 정부의 가장 중요한 주택정책 과제에 두었다. 더 나아가 2015년에는 주거기본법을 제정해서 "국민은 관계 법령 및 조례로 정하는 바에 따라 물리적·사회적 위험으로부터 벗어나 쾌적하고 안정적인 주거환경에서 인간다운 주거생활을 할 권리를 갖는다"(제2조)라고 규정하기도 했다.

주거권이란 한마디로 모든 국민이 인간다운 주거생활을 할 수 있는 권리라고 할 수 있지만 그 논의와 발전의 역사는 길다. 1948년 〈세계인권선언〉에 처음 주거권이 국제적인 규범적 권리로 등장했다. 지금도 그 선언을 발표한 날인 12월 10일을 '세계인권의 날'로 기념하는 중이다. 〈인권선언〉 25장 1절에는 "모든 사람은 자신과 가족의 건강과 행복을 위해 적절한 생활수준에 대한 권리를 가지고 있다. 여기에는 의·식·주와 의료, 필수적인 사회서비스가 포함된다"고 쓰여 있다. 이후 UN은 이를 더 구체화하는 국제규약들을 채택했는데, 그중 주거에 관해서는 '경제적·사회적 및 문화적 권리에 관한 국제규

약'(1966)이 중요하다. 이 규약의 11조에는 "이 규약의 당사국은 모든 사람이 적당한 식량, 의복 및 주택을 포함하여 자기 자신과 가정을 위한 적당한 생활수준을 누릴 권리와 생활조건을 지속적으로 개선할 권리를 가지는 것을 인정한다"고 되어 있다. 이 규약은 1990년 1월, 한국 국회도 비준함으로써 국내법과 동일한 효력을 가지고 있다. 이에 입각해 유엔 사회인권위원회는 1991년 〈적절한 주거에 대한 권리The right to adequate housing〉라는 제목의 일반 논평General Comment Ⅳ을 통해 주거권의 내용을 체계적으로 정리했다.

또 1993년 유엔인권위원회는 제77호 결의Resolution를 통해 강제철거를 명백한 인권침해로 규정하면서 각국 정부에 이를 막을 수 있는 대책을 세우도록 촉구했다. 특히 이 무렵은 우리나라도 강제철거 문제가 심각한 사회문제로 떠올랐던 터라, 국내 시민단체들도 유엔 인권결의에 비추어 정부에 강력히 문제제기를 하기도 했다.

이들 주거권과 관련된 논의는 그 후 더 진전되었는데, 1996년 이스탄불에서 열린 제2차 세계인간정주회의UN Habitat Ⅱ의 〈인간 정주에 관한 이스탄불 선언〉에서 "우리는 국제법이 보장하는 적절한 주거에 대한 권리를 충실히 실현시킬 것임을 다시 확인한다"(제8조), "우리는 주택시장에 참여할 수 없는 이들을 지원하며, 부담 가능한 값싼 주택 공급을 확대하기 위해 노력할 것이다"(제9조)라고 주거권에 대한 국가적 책무를 더 분명히 했다.

그로부터 20년 뒤 에콰도르의 수도 키토에서 개최된 2016년 제3차 회의에서는 '도시에 대한 권리'로 그 개념이 확장되면서, 포용도시The Inclusive City가 중심 의제가 되었다. 주거뿐만 아니라 도시 그 자체가 함께 살아갈 수 있어야 한다는 차원으로 발전한 것이다. 또한 도시 기초서비스에 대한 평등한 접근성, 사회통합과 포용적인 공동체 형성 지원, 이주민·난민 등 취약계층의 삶의 질 향상 등의 의제도 강조되었다. 주거권 침해에 대해 방어하고, 이를 지키자고 강조하던 데서 주거, 도시, 나아가 지구환경에 대한 적극적 권리를 주장하는 방향으로 진전된 것이다.

하지만 이러한 주거권, 도시권 논의에는 결정적인 한계가 있다. 권리이기는 하되 지키지 않더라도 처벌할 수 없기 때문이다. 바로 '자유권'과 '사회권'의 차이다. 국가가 침해해서는 안 될 권리가 자유권이라면, 국가가 좀 더 개입해서 개선해야 할 권리가 사회권이다. 부당한 인신구속을 한다든가, 집회·출판의 자유를 막는 것이 자유권 침해라면, 국가가 역량껏 최선을 다하면 되는 것이 사회권인 것이다. 따라서 사회권은 그 절대적 수준이 국제적으로 정해질 수 없다.

이를테면 프랑스의 주거권과 어느 개발도상국의 주거권 수준은 근본적으로 다르다. 프랑스에서는 사회연대 차원에서 모든 지자체가 일정 비율(25%)의 공공임대주택을 확보해야 하고, 이를 달성하지 못할 경우 그에 상응하는 비용을 다른 지자체에 지불하도록 되어 있다. 반면 수많은 개발도상국은 공공임대주택이 전혀 갖춰져 있지 않을뿐더러 판자촌마저도 철거 위협에 놓인 경우가 많다. 이들 국가에서는 강제철거만 막을 수 있어도 다행이고, 비록 판자촌이지만 고쳐서 살면 행복할 수도 있다. 이처럼 나라마다 주거권의 현실 목표가 다른 것은 불가피하다.

결국 주거권, 도시권은 나라별로 절대적 기준이나 정답이 있는 것이 아니라, 지속적으로 노력하고 개선하려는 과정에서 이해해야 한다. 그런 점에서 우리는 주거권 발전 과정의 모든 것을 경험했다고 해도 과언이 아니다. 철거에 저항하면서 공공임대주택을 쟁취하고, 그 과정에서 주거권이 한국사회에 수용될 수 있게 했다. 그 여세를 몰아 공공임대주택을 지속적으로 확대했고, 주거급여를 도입해서 민간임대주택에 거주하는 사람들에게도 보조금을 지급할 만큼 발전했다. 이 모든 것이

판자촌의 형성과 해체 과정에서 가난한 사람들의 권리 찾기를
위해 헌신한 많은 분들의 노력 덕분이다.

그럼에도 우리는 아직 판자촌이 남긴 숙제를 해결하지 못
했다.

판자촌이 남긴 숙제

변치 않는 요구: 싸고, 좋은 집이 필요하다

판자촌은 가난한 시대에 어쩔 수 없는 현상이기는 했지만 긍정적인 요소도 많았다. 무엇보다 국민들에게 싼 주거를 제공했다는 점이다. 이는 판자촌 거주자에게만 도움을 준 것이 아니라, 낮은 인건비로 노동력을 확보해야 하는 한국경제에도 많은 도움이 되었다. 판자촌은 우리나라 초기 경제성장에 필수적이었던 풍부한 저임 노동력 확보를 가능하게 해준 핵심 수단이었다. 그런 점에서 한국의 경제성장이 판자촌에 큰 빚을 지고 있는 것은 분명하다. 이러한 판자촌의 역할은 시대가 바뀌고, 판자촌이 모두 사라진 상황에서도 동일하다. 여전히 싼 집이 필요한 사람들이 존재하기 때문이다.

판자촌이 합동재개발사업을 통해 없어졌다는 것은 '모든

일이 잘되어서' 그런 것은 아니다. 즉, 그곳에 살던 저소득층들의 경제력이 일반적인 주거를 구할 수 있을 만큼 성장한 상태에서 이루어진 일이 아니라는 것이다. 따라서 시장 취약계층의 계속되는 주거문제 해결을 위해서는 무엇보다 공공임대주택 공급을 늘려야 한다. 대상 계층도 전통적인 빈곤층뿐만 아니라 시장에서 주택문제 해결에 애로를 겪는 청년층, 신혼부부 등에게로 확대되어야 한다. 그러나 공공임대주택을 빨리 늘리는 데는 한계가 있기 때문에, 민간의 임대주택에 거주하는 저소득층에게 임대료 보조를 병행할 필요가 있다. 이는 공공임대주택에 입주하지 못한 계층에 대한 형평성 차원에서도 도움이 된다. 정부는 기초생활보장대상자와 차상위계층에게 주거급여를 가구원 수와 거주 지역에 따라 차등 지급하고 있지만, 그 지급액을 높이고 청년층 등으로 대상을 늘려나가야 한다.

신종 판자촌이라고 할 수 있는 편법, 불법 주거에 대한 관리도 해결해야 할 숙제다. 많은 저소득층, 청년층이 고시원, 쪽방 등 불량하면서 편법적으로 운용되고 있는 주택에 거주하고 있다. 더구나 다세대·다가구주택의 내부를 불법적으로 쪼갠 소형 원룸들도 다수 존재하고 있는 실정이다. 이 주택들은 단순히 법적 요건을 충족하지 못하는 데 그치지 않고, 안전에도 많은 문제를 안고 있다. 고시원 화재는 이미 사회문제가 되어 스프링클러 설치 등이 단계적으로 진행되고 있지만, 기존 주택의 방 쪼개기는 적발하기도 쉽지 않다. 단속이 능사는 아니지만, 적어도 안전은 최우선에 두어야 한다. 하지만 결국 더 많은 양질의 주택이 공급되도록 하는 것이 이런 편법 주거를 막는 길일 것이다. 이동성이 높은 청년이나 고용불안정 계층의 욕구를 고려한 주택 공급이 절실한 시대이다.

사람을 중심에 두는 도시 정비

주택은 홀로 존재하는 것이 아니라 다른 주택과 마을을 이뤄 존재한다. 노후·불량주택의 경우 집도 고쳐야 하지만, 마을과 지역 차원의 개선이 동시에 진행되어야 하는 이유이다. 판자촌은 개별 주택 자체가 불량한 것은 물론이고 주택이 있는 곳의 환경, 즉 기반시설이 불량해 더욱 문제가 되는 곳이었다. 따라서 판자촌 정책은 주택정책이자 도시재정비 정책이기도 했다.

우리나라는 판자촌을 양성화하고 현지개량하는 단계를 거치기는 했지만, 그것만으로 온전한 주택과 주거지가 될 수는 없었다. 일정한 시점에는 지역 전체에 대한 정비가 필요했다. 과거 우리 판자촌의 기반시설 상황을 감안하면 철거형 재개발이 불가피한 측면이 있었다. 그러나 이 과정에서 세입자들의 주거권 문제가 발생했고 가옥주들도 자신들의 경제 능력이나 생활여건을 고려하지 않는 문제를 겪었다. 이 때문에 판자촌 재개발 지역의 원거주민 재입주율이 10%에도 못 미침으로써, 결과적으로 판자촌이 도시 중산층을 위한 아파트 공급원으로 사용되었다는 비판을 받은 바 있다. 요즘 말하는 젠트리피케이션의 문제가 주거 지역에서 나타난 것이다.

이 때문에 세입자용 공공임대주택 공급, 원거주민의 재입주율을 높일 수 있는 방안, 영세 상인을 보호하는 방안 등이 논란이 되었고, 일부는 많은 갈등을 겪은 후 제도화되기도 했다. 비록 판자촌은 사라졌지만, 최근 과제가 되고 있는 도시재생, 도시재개발에도 이런 문제들이 여전히 남아 있다. '누구를 위한 재개발인가' 하는 문제는 판자촌이 사라진 지 20여 년이 지난 현재까지도 지속되고 있다. 주거지 재정비 과정에서 원거주민의 참여와 보호는 여전히 해결해야 할 숙제이다. 도시재정비사업은 불가피하게 수익성을 고려해야 하지만, 원거주민의 주거와 생활권이 보장될 수 있도록 균형을 이루는 일은 도시정책의 중요 과제라고 할 수 있다.

이와 함께 기존의 노후·불량주거지를 개량하거나 재개발하는 일은 반드시 개발이익의 배분 문제를 초래하게 되어 있다. '누구를 위한 재개발인가' 하는 문제도 결국 개발이익의 배분을 둘러싼 갈등이라고 할 수 있다. 따라서 주거지 재정비에서 발생하는 개발이익이 전적으로 소유자의 몫으로만 가서는 안 된다. 도시재정비의 영향이 해당 지역에만 미치는 것이 아니라, 주변 지역 나아가 도시 전반에 변화를 일으키기 때문이다. 판자촌 재개발 과정에서 우리는 다양한 부작용을 이미 경험한 바 있다. 그런 점에서 도시재정비의 개발이익은 소유자

뿐 아니라, 거기서 살아가는 가난한 계층, 나아가 도시 전체의 발전을 위해 함께 사용되어야 한다. 각종 도시계획 제도 및 절차, 또 개발이익 환수 제도가 이미 그런 요소를 포함하고 있지만, 도시정책 운용에서 더 적극적으로 고려할 필요가 있다.

사회가 거드는 빈곤 극복

판자촌은 가난한 사람들의 자구적 주거공간이었을 뿐 아니라, 이들의 생활·경제·복지 공동체이기도 했다. 판자촌 주민들끼리 일자리를 알선하거나 함께 참여하기도 했고, 생활에 어려움이 있을 경우 상부상조하기도 했다. 아동 보육 시스템이 구축되지 않았던 시대에 판자촌의 골목길은 그 자체가 어린이집이자 유치원이었다. 단순히 주민들 대다수가 이농민이어서 농촌사회와 같은 공동체 문화가 지속되어 그런 것만은 아니었다. 국가 복지가 부재한 가운데 자구적으로 빈곤을 헤쳐나가야 했기 때문이다. 따라서 판자촌이 해체된다는 것은 단순히 저렴한 주거가 사라진다는 것뿐 아니라, 일자리·가사·육아 공동체 등의 자구적 네트워크가 사라지는 것을 의미했다.

20~30년 전보다는 비교할 수 없을 정도로 복지제도가 정비되고 사회안전망이 강화되었지만, 빈곤층 보호에 구멍이 있지 않을까 우려하는 것도 그런 이유 때문이다. 기초생활보장제도, 건강보험, 국민연금, 노인기초연금 등에도 불구하고 빈

곤층이 은폐, 분산, 고립되고 있기 때문에 나타나는 불안감이다. 그런 점에서 오래된 과제이기는 하지만 사회복지 전달체계를 강화하는 일은 여전히 중요하다. 과거 판자촌 시대에는 공공복지란 '영세민 지원'으로 통칭되던 생활보호와 취로사업밖에 없었고, 복지 전달체계 역시 동사무소와 통반장의 행정체계밖에 없었다. 그러나 1998년 이른바 IMF사태 이후 복지제도는 빠른 속도로 확충되었다. 기초생활보장제도가 도입되고 사회복지 전문요원(현재의 사회복지직 공무원)을 포함해서 사회복지관, 자활지원센터 등이 대규모로 확대되었다.

그럼에도 숨어 있는 빈곤층은 더 찾기 힘든 것처럼 느껴지고 있다. 생각하기도 끔찍한 일가족 자살 사건들이 빈발하고, 이를 현재 사회복지 전달체계가 발견하고 예방하지 못하고 있기 때문이다. 이는 빈곤층이 과거보다 더 숨겨져 있기 때문에 나타나는 현상이다. 판자촌 시대보다 가난이 더 부끄럽고 숨기고 싶은 것이 되어버린 것이다. 이런 조건에서 도움이 필요한 빈곤층을 조기에 찾아내고 적절한 지원책을 연결하는 일은 무척 중요하다. 공적 사회복지 전달체계 외에도 다양한 민간 참여를 통해서 공동으로 노력할 필요가 있다.

판자촌은 그 자체가 복지 안전망이었지만, 그보다 더 중요한 성격은 일자리 네트워크였다. 남성들은 건설업 취업, 여성들은 가내부업이나 봉제 등이 판자촌 네트워크를 통해서 이루어졌다. 공적인 취업 알선이나 직업훈련 기능이 제대로 자리 잡기 전에 주민들끼리 이런 역할을 해왔던 것이다. 판자촌이 사라진 이후 이런 일들은 이제 공공의 책임이 되었다. 물론 여전히 민간 알선업체들이 있기는 하지만, 만성적인 고용불안정 시대에 들어선 이후 공공의 일자리 지원 역할은 더욱 중요해지고 있다. 청년 미취업, 장기 실직 등에 대처하는 적극적 노동시장 정책을 강화하고, 특히 단절된 빈곤층들을 노동시장으로 끌어들이려는 노력이 활성화되어야 한다. 이를 위해 고용서비스 전달체계를 강화하고, 장기 실직 상태의 가정을 지원하면서 동시에 근로의욕을 고취하는 실업부조 제도의 도입도 서둘 필요가 있다.

마지막으로 영구임대주택의 사회적 혼합(소셜 믹스) 문제는 어제오늘의 일이 아니다. 판자촌을 대체한 공공임대주택이 외곽에 대단지로 건설된 데다, 특히 극빈층 우선 입주의 결과로 다양한 사회문제가 나타났기 때문이다. 정부는 초기부터 영구임대주택이 가진 문제를 인식하고, 이를 보완하기 위해 다양한 시도를 하고 있지만 여전히 충분치 않다. 정부는 영구임대주택에 집중된 빈곤층 거주를 분산시키는 차원에서 공공임대주택 유형 통합을 진행 중이지만, 기존 입주자에 대한 적용은 오랜 시간이 걸릴 전망이다. 따라서 영구임대주택 단지에서의 주민 참여 프로그램, 적극적으로 찾아가는 복지 등의 노력이 필요하다. 또 재개발 지역에 지어진 임대주택은 주차공간, 이동 동선, 학교 등에서 눈에 보이든 보이지 않든 차별 현상이 나타나고 있다. 이 문제 역시 더 적극적으로 해결하려는 노력이 필요하다.

함께 사는 도시의 꿈

우리나라의 판자촌은 그야말로 생로병사를 모두 경험했다. 판자촌이 모두 사라진 지금, 그 극적인 경험에서 우리는 '대도시에서 싼 주거는 반드시 필요하며 그것은 가난한 사람들의 권리'라는 것을 알게 되었다. 이는 가난한 가정에만 도움이 되는 것이 아니라, 사회와 국가 경제에도 도움이 된다는 사실도 이해했다. 또한 판자촌의 형성과 밀집, 확산 그리고 소멸 과정은 우리에게 도시란 여러 계층, 여러 직업이 같이 살아야 하는 곳이라는 것을 확인해주었다.

이와 함께 판자촌의 운명은 가난한 사람들이 사는 공간이 돈벌이 대상이 되었을 때 어떤 일이 생기는가도 알려주었다. 가난한 사람들은 더 멀리, 더 불편한 곳으로 밀려날 수밖에 없었다. 한쪽에서는 엄청난 개발이익이 생기는데, 다른 쪽에서는 그로 인한 불이익을 그냥 감수하라는 것은 정의롭지 못하다. 철거민투쟁은 그 결과물이었고 더디지만 사회는 바뀌었다. 주거권은 주어진 것이 아니라 가난한 사람들의 노력으로 쟁취한 것이었다. 하지만 주거권은 판자촌 재개발에만 적용되는 얘기가 아니다. 열악한 주거에 높은 주거비를 부담해야 하는 사람들이 있다면, 국가는 이를 개선할 책무가 있다. 공공임대주택, 임대료 보조제도 등 현대 복지국가들이 시행한 주택 정책들이 우리에게도 구체적인 정책 목표가 된 것이다.

도시는 살아 있는 생명체처럼 변화하고 진화한다. 공간과 그 위에서 이루어지는 인간활동 간에는 조화되는 시기도 있지만, 부조화를 이룰 때가 더 많다. 사람들의 활동이나 공간 이용 방식은 빠르게 변하는 반면, 기존의 공간은 변화가 더디기 때문에 양자 간에 부조화가 발생하는 것이다. 이를 다시 조화시키려는 일이 도시재정비 혹은 도시재생, 도시재개발사업이라고 할 수 있다. 과거 형성된 공간구조를 현재, 나아가 미래의 요구에 맞춰 고쳐나가는 것이다.

판자촌에 대한 합동재개발도 그런 차원에서 보면 도시공간의 진화였다. 그리고 지금도 서울 전역, 대도시 구석구석에 분포하는 노후·불량주거지에 대한 재정비사업은 멈출 수 없는 과제이다. 다만 그 방법이 철거형도 있을 수 있고, 개량형도 있을 수 있을 뿐이다. 어떤 방법이 반드시 낫다고 할 수 없다. 지역 여건, 주민들의 요구 등을 수렴해서 최적의 방법을 찾는 것이 핵심이다. 개량형 재생이냐, 철거형 재개발이냐 하는 논란은 그 자체로 무의미하다. 정말 중요한 문제는 이런 도시 변화 과정에서 경쟁력이 약한 사람들이 밀려나지 않도록 하는 것이다. 개발이익 극대화 논리가 아니라 공존과 포용의 도시 원리가 작동해야 한다.

모두가 좋은 집에서 살 수는 없다. 그래도 최대한 모두 싸고 좋은 집에서 살 수 있도록 노력하는 사회가 되어야 한다. 모두가 좋은 동네에서 살 수는 없다. 그러나 어느 동네든 안전하고 쾌적하며, 편리한 생활시설을 갖추도록 노력하는 사회가 되어야 한다. 도시에 부자나 중산층들만 살 수 없다. 도시는 여러 소득계층, 여러 연령층, 여러 직업군이 함께 살고, 만들어 가는 공간이다. 서울은 판자촌이 만연하던 시기가 역설적으로 빈부 차가 가장 적었던 때였다. 모두가 가난해서 그렇기도 했지만, 지금에 비하면 가난을 경원시하거나 차별하지 않던 시기였다. 희망도 넘쳤다.

세계 10대 경제력을 가진 국가가 되었고 가난의 상징이던 판자촌까지 모두 없어졌지만, 마음의 가난은 더 깊고 예리해졌다. 가난이 사는 집은 더 감추고 싶은 곳이 되었다. 그러나 판자촌의 경험이 얘기해주듯, 함께 살아갈 수 있는 도시가 성장과 발전의 동력도 크다. 판자촌이 사라진 도시에서, 함께 사는 도시를 꿈꿔본다.

보태는 글

판자촌과 부동산 정책의 경험

내 공부와 실천의 관심사

내가 판자촌을 처음 만났던 날은 지금도 잊히지 않는다. 대학 입학시험을 치르기 위해 올라왔던 그해 1월, 서울에는 유달리 눈이 많이 쌓여 있었다. 캠퍼스로 가는 길 좌우로 상상도 못 했던 광경이 펼쳐져 있었다. 멀리 흰 눈에 덮인 산등성이에 판잣집들이 까만 콩이 뿌려진 것처럼 빼곡했던 것이다. 한밤중 골목길 보안등 아래 비친 장면은 몽환적이기까지 했다. 갑자기 마주했던 1980년대 '서울 살이' 풍경이었다.

도시공학을 전공했던 내가 졸업할 무렵 합동재개발사업이 시작되었다. 처음에는 낡은 판자촌을 아파트로 바꾸는 정도로 생각했지만, 얼마 지나지 않아 서울 인구의 10% 가까이가 옮겨 다녀야 하는 일이라는 것을 알게 되었다. 판자촌 곳곳에서 비명이 터져 나왔고, 나도 많은 청년들이 그랬던 것처럼 가만히 있지 못했다. 판자촌에 방을 얻어 사는 일부터 시작했다. 책에서도 설명한 알린스키 운동론을 실천하는 출발점이었다. 서울 시내 거의 모든 판자촌을 걸어서 다녀보았다. 자연스레 철거반대운동에 동참했고 서울시철거민협의회에서 상근 활동가로도 일을 했다.

그 뒤 공부를 다시 시작한 이후에도 나는 가난한 사람들의 주거문제에서 벗어날 수 없었다. 한국의 경제성장과 판자촌, 우리나라 철거민운동의 역사와 의미, 판자촌의 빈자리를 채우게 된 공공임대주택의 성격, 주거권과 공공의 역할, 노숙인들의 삶과 사회의 책임 등은 내 공부와 실천의 관심사였다. 한국도시연구소는 그런 점에서 내게 소중한 직장이자 현장이었다. 20~30대의 대부분을 가난한 사람들 근처에서 지내려 했다.

노무현 정부에 참여하게 된 것은 행운이자 고난이었다. 정부를 비판하던 입장에 있다가, 집값을 안정시키고 주거를 개선해야하는 숙제 풀이에 동참했다. 때마침 외환위기 극복과 함께 집값이 오를 때였다. 전 세계에서 부동산 거품이 커져가고 있었다. 주택공급 확대와 함께 노태우 정부 때 추진되다 만 미완의 부동산 개혁 과제들을 제도화해야 하는 숙제가 놓여 있었다. 지금도 논란이 되고 있는 종합부동산세, 재건축초과이익환수 제도가 당시 도입되었다. 그때 시작된 100만 호 공공임대주택 로드맵은 우리나라 주거복지 정책의 기본 틀이 되었다.

그러나 빈민운동 출신이 부동산 정책에 관여함으로써 노무현 정부 정책이 이념적으로 경도되었다는 비판이 따라다녔다. 반대로 철거민운동을 했던 사람이 정책에 참여하는데도 서민들의 집 문제는 더 악화되었다는 비판도 함께 받았다. 정부 정책이 자연인 몇 사람에 의해 좌우될 수 있는 구조는 절대 아니지만, 과분하게도 그런 비판에 종종 오르내렸다. 하지만 2008년 전 세계적인 금융위기가 과도한 부동산 거품 때문이었다는 것이 밝혀지면서, 그나마 노무현 정부의 선제적인 노력이 나중에라도 평가받을 수 있었다. 이때의 경험을 바탕으로 부동산 정책에 대한 몇 권의 책을 쓰기도 했다.

노무현 정부 이후 10년 만에 다시 정부에 참여했다. 안타깝게도 이번에도 집값이 폭등했다. 역시 너무 과한 역할 평가라고 생각되지만, 언론이나 정치권에서는 나를 문재인 정부의 부동산 정책 책임자 내지 설계자로 지목하곤 했다. 당연히 문재인 정부의 부동산 정책에 대해 깊은 책임감을 느끼고 있다. 그만큼 이 책을 내는 데 대해서도 비난이 많을 것이다. 문재인 정부의 책임에 대해 먼저 밝혀보라는 주문이라고 본다.

문재인 정부와 부동산

그렇다면 문재인 정부는 왜 집값을 못 잡았을까?

시중의 판단은 이미 내려져 있다. "규제에 따른 공급 부족 때문이며, 세금은 집값을 잡는 효과도 없이 국민들을 더 고통스럽게 만 했다"는 것이 정설이 되어 있다. 이 때문에 정치권, 특히 국민의힘은 대선 캠페인 과정에서 문재인 정부 정책을 총체적 실패로 규정하고, 대부분의 정책을 되돌리겠다고 공약했다. 그동안 했던 것과 반대로만 가면 된다는 식이었고, 민주당도 이 점에서는 국민의힘과 별반 다르지 않았다.

그러던 중 2022년 초부터 그동안 풀렸던 엄청난 돈의 여파로 물가가 급등하자 전 세계가 유동성 축소에 나서기 시작했다. 불과 한두 달 사이에 시장 분위기는 급변해서 부동산 가격이 본격적으로 하락하기 시작했다. 8월에 들자 "11년 만의 최대 하락" "서울 아파트 30% 하락 속출" 등의 기사가 등장했다. 미국, 뉴질랜드, 호주 등 그동안 많이 올랐던 나라들도 본격적으로 하락하기 시작했다. 공급 부족 때문에 집값이 올랐고, 또 계속 오를 것이라고 공포심을 조장하던 언론, 전문가, 정치권은 하나같이 입을 닫았다.

문재인 정부의 부동산 정책이 실패했다면 그 원인을 성찰하는 것은 중요하다. 그간 유동성, 수요, 공급, 세금, 재건축, 재개발 등등 원인에 대한 논의들이 분분했다. 모두 맞는 지적이기도 하지만, 역설적으로 모두 틀린 진단이기도 하다. 개별 정책의 잘잘못 외에도 부동산 시장 특유의 경기순환이나 우리만 어떻게 하기 어려운 거시경제의 사정도 있었을 것이다. 부동산 시장의 진단과 정책 효과를 따지기 위해서는 원인, 과정, 그리고 구조를 함께 봐야한다. 문재인 정부 기간에는 역대 어느 정부보다 공급이 많았지만, 더 많이 늘어난 수요는 감당할 수 없었다. 어떤 수요가 왜 늘어났는가도 중요한 것이다.

이쯤 되면, 내가 생각하는 "문재인 정부의 잘잘못을 고백함으로써, 우리 사회가 제대로 성찰할 기회를 만들어야 하는 것인가?" 하는 고민과 압박을 느끼게 된다. 그러나 국민의 고통과 불안이 계속되는데 정책에 직접 관여했던 사람이 무언가 설명하려는 것은 도리가 아니다. 기껏해야 변명밖에 안 될 것이다. 지금도 계속되는 시장 불안에다 전 세계적으로 유동적인 시장 환경 앞에서 무언가 얘기하기에는 이르기도 하다. 1년 전 쓴 책에서 밝혔던 것처럼, "지금은 경험하지 못한 과잉 유동성이 초래할 수 있는 위험에 두려운 마음으로 다 함께 대비할 때"이다.[1]

대신 그동안 미뤄두었던 숙제를 하나씩 마쳐가는 중이다. 다른 나라의 주택정책을 체계적으로 소개하는 일을 마무리 짓기 위해 2021년 《집에 갇힌 나라, 동아시아와 중국》이라는 책을 냈다. 이전에 발간한 《꿈의 주택정책을 찾아서》가 서구 주요 국가들의 정책을 소개했다면, 이번 책은 우리 이웃 국가들의 얘기다. 최근에는 전 세계적인 부동산 시장 불안의 원인과 정부의 역할에 대해 고민한 논문을 몇 편 싣기도 했다. 그러면서 오래된 숙제, 즉 판자촌에 대한 마음의 빚을 갚으려고 한다.

판자촌의 역사와 의미 정리

판자촌은 가난한 사람들이 도시에 정착하기 위한 전진 기지였다. 개중에는 자력으로 판자촌을 벗어나 일상의 도시 네트워크에 진입하는 데 성공한 분들도 있다. 그러나 우리나라 판자촌은 가히 폭력적인 해체 과정을 겪었다. 많을 때는 서울 인구의 40% 가까이가 살던 곳이 합동재개발사업으로 불과 20여 년 사이에 모두 사라져버렸다. 판자촌은 아파트로 바뀌었지만 그곳에 머물던 가난이 사라졌을 리는 없다. 대부분 보이지 않는 곳으로 흩어졌을 뿐이다.

이 책에서도 자세히 다루고 있지만, 지하셋방은 대표적인 판자촌 이후의 판자촌이다. 2022년 수해는 지하셋방이 어떤 곳인지를 우리 사회에 다시 인식시켜줬다. 20년 전에도 반지하 주택들이 물에 잠겨 큰 사달이 났던 서울시가 다시 같은 문제를 겪은 것이다. 그사이 서울과 수도권에 얼마나 많은 좋은 집들이 들어섰는가? 반지하가 많이 밀집되어 있는 동네를 아파트로 바꾸겠다는 뉴타운 열풍이 휘몰아치기도 했다. 그러나 가난이 사라지지 않는 한, 가난한 사람들이 사는 집은 사라지지 않는다.

판자촌은 이제 박물관에서나 그 흔적을 찾아볼 수 있다. 가난한 사람들의 주거문제도 공공임대주택, 임대료 보조와 같은 현대적 주거복지 제도 안에서 답을 찾는 시대가 되었다. 그러나 판자촌 경험이 우리 사회에 남긴 과제는 여전하다. "도시는 함께 살아가는 곳이 되어야 한다"는 것이다. 내가 두 정부에 걸쳐 약 5년간 경험한 현실의 부동산 정책은 '서울 아파트값과의 전쟁'이나 다름없었다. 온 국민의 시선이 모두 위쪽에 가 있기 때문이다. 좋은 아파트를 더 많이 공급하면 주택순환효과에 의해 장기적으로 저소득층의 주거도 좋아질 것이라는 이른바 주택 필터링filtering process 이론은 가난한 사람들에게는 소용이 없다. 한 칸 더 나은 집으로 올라가는 계단 턱이 너무 높은 것이다. 가난이 사라지지 않는 한, 가난이 머무는 집을 더 다독이며 챙겨야 한다. 그것이 '판자촌의 삶과 죽음'이 우리에게 남긴 교훈이다.

주

1장

1   서울시,《서울 6백년사》제5권, 1983, 525쪽.
2   최병택,〈일제시대 서민을 울렸던 주택난과 토막〉, 웹진〈역사랑〉(http://
    www.koreanhistory.org/4198), 2020.1.17.
3   경성제국대학 위생조사부,《토막민의 생활과 위생》, 박현숙 옮김, 민속원,
    2010, 162쪽.
4   서울시,〈백사마을 주거지 보전구역 디자인 가이드라인 수립 용역 보고서〉,
    2014.
5   〈신도시는 투기장. 루머 입증〉,《경향신문》, 1990.10.8.
6   서울시정개발연구원·한국도시연구소,《서울시 비닐하우스촌 주민의 삶과
    사회정책》, 서울시정개발연구원, 2002, 24쪽.
7   같은 책, 25쪽.

2장

1   KDI,《빈곤의 실태와 영세민대책》, 1981, 28쪽.
2   KDI,《영세민 주거현황과 개선대책》, 1981, 18쪽.
3   조은·조옥라,《도시빈민의 삶과 공간》, 서울대학교출판문화원, 1992,
    66~69쪽.
4   같은 책, 106쪽.
5   서울대학교 환경대학원 부설 환경계획연구소,《불량주택 재개발사업의
    문제점과 개선방안 연구》, 대한주택공사, 1993, 356쪽.
6   KDI,《빈곤의 실태와 영세민대책》, 12쪽.
7   허석렬,〈도시 무허가정착지의 고용구조〉, 김형국·하성규 편,《불량주택
    재개발론》, 나남출판, 1998.
8   조은,《사당동 더하기 25》, 또하나의문화, 2012, 57쪽.

9   조은·조옥라,《도시빈민의 삶과 공간》, 40쪽.

10 조은,《사당동 더하기 25》, 57쪽.

11 조은·조옥라,《도시빈민의 삶과 공간》, 43쪽.

12 서울대학교 환경대학원 부설 환경계획연구소,《불량주택 재개발사업의
    문제점과 개선방안 연구》, 388쪽.

13 허석렬,〈도시 무허가정착지의 고용구조〉, 앞의 책, 135쪽.

14 조은·조옥라,《도시빈민의 삶과 공간》, 68~69쪽.

15 KDI,《빈곤의 실태와 영세민대책》, 8쪽.

16 같은 책, 14쪽.

17 같은 책, 23쪽.

18 민주화운동기념사업회 엮음,《한국민주화운동사 2: 유신체제기》, 돌베개,
    2009, 674쪽.

3장

1   〈청계천 범람〉,《경향신문》, 1963.6.22.

2   〈서울의 수방, 그 헛점을 캔다〉,《동아일보》, 1966.7.19.

3   〈수마의 계절, 물에 쫓기는 뭍〉,《동아일보》, 1967.7.22.

4   〈수재민·판잣집 철거민 정착계획 제자리걸음〉,《중앙일보》, 1965.10.26.

5   〈全水防 요원 비상근무령〉,《동아일보》, 1969.7.16.

6   〈여기에 행정을-영등포구 신정·신월 철거민 정착단지〉,《경향신문》,
    1974.9.18.

7   〈판자촌에 바위 덮쳐〉,《동아일보》, 1969.1.20.

8   〈삽시간에 숱한 인명 삼킨 공포의 물벼락〉,《경향신문》, 1977.7.9.

9   〈시흥사태 사망 모두 38명〉,《동아일보》, 1977.7.11.

10 대한뉴스 제1143호, 1977.7.19.

11 MBC〈뉴스데스크〉, 1987.7.27.

12 〈시흥산사태 지구도로 신설〉,《중앙일보》, 1987.9.14.

13 《금천마을신문》, 2011.7.27.

14 해당 글은《우상과 이성: 리영희 저작집 2》, 한길사, 2006에 수록되어 있다.

15 〈소방로 없어 출동 소방차 불구경만 하는 꼴-판자촌 화재 문제점〉,
    《중앙일보》, 1969.12.17.

16 〈청계천 판자촌에 불〉,《조선일보》, 1969.10.21.

17 〈잿더미에 묻힌 날품생계. 남산동 화재 상보〉, 《조선일보》, 1966.1.20.

18 민종덕, 〈[이소선 평전-어머니의 길 20] 화재로 멀어 버린 눈, 기독교와 쌍문동을 만나다〉, 《매일노동뉴스》, 2014.10.8.

19 〈서초 꽃마을 불, 4명 사망〉, 《조선일보》, 1992.3.9.; 〈실화냐 방화냐〉, 《경향신문》, 1992.3.9.

20 〈꽃마을 화재 138명 집 잃어〉, 《조선일보》, 1998.4.4.

21 〈방배동 비닐하우스촌에 불〉, 《연합뉴스》, 2001.7.18.

22 〈"아파트 당겨 완성, 68년 이후 판자촌 5월부터 철거", 김 시장 다짐〉, 《동아일보》, 1969.4.22.

23 〈강추위 판자집 강제철거〉, 《동아일보》, 1969.12.3.

24 〈말썽꺼리…시민아파트〉, 《매일경제신문》, 1970.2.12.

25 〈외면당한 영세민 아파트. 입주권 헐값에 매매〉, 《매일경제신문》, 1969.11.8.

26 〈와우 시민아파트 붕괴〉, 《조선일보》, 1970.4.9.

27 〈서울 새풍속도(128), 시민어파트〉, 《경향신문》, 1971.4.6.

28 〈서울 새풍속도(131), 시민어파트〉, 《경향신문》, 1971.4.10.

29 〈시민아파트 위험하다. 70년 전후 날림공사…67개 동 특별관리〉, 《동아일보》, 1996.12.16.

30 〈전철 내년 초 착공〉, 《조선일보》, 1968.11.24.

31 〈주택단지 조성 부진〉, 《동아일보》, 1969.1.13.

32 〈암담한 광주대단지 조성, 예산 확보 겨우 10%〉, 《매일경제신문》, 1969.12.29.

33 〈말 아닌 단지 이주〉, 《매일경제신문》, 1969.8.7.

34 〈떨며 사는 팔백 가구〉, 《동아일보》, 1970.1.10.

35 〈무허건물 2만 채 철거〉, 《매일경제신문》, 1970.1.13.

36 〈광주군 대단지개발 양 시장〉, 《동아일보》, 1970.5.19.

37 〈광주를 위성도시로〉, 《조선일보》, 1970.5.20.

38 〈양 서울시장 광주대단지 350만 평 대전시 규모로 개발〉, 《매일경제신문》, 1970.7.21.

39 〈광주 냇가에서 신음하는 철거민촌〉, 《경향신문》, 1970.6.3.

40 〈광주 철거민 생활난 극심〉, 《동아일보》, 1970.6.24.

41 〈"천막으론 겨울 날 수 없다"〉, 《조선일보》, 1970.9.29.

42 〈아파트, 광주단지 입주자 6개월 내엔 전매 못하게 시조례 규정 마련〉, 《매일경제신문》, 1970.7.9.

43 〈광주대단지 460가구 분양권 취소〉, 《조선일보》, 1970.11.3.

44 〈올해 7만 5천 명 입주〉, 《경향신문》, 1971.7.21.

45 〈광주단지 입주에 부정. 시 직원 2명 구속〉, 《매일경제신문》, 1970.8.4.

46 〈철거민 울린 입주권〉, 《조선일보》, 1970.11.4.

47 〈위조입주증, 직인은 진짜〉, 《동아일보》, 1971.7.22.

48 〈광주단지 입주증 위조〉, 《조선일보》, 1970.10.4.

49 〈무허가 택지개발. 광주단지 맞은 편에 대규모로〉, 《매일경제신문》, 1971.3.17.

50 〈복덕방서 뒷거래 입주증 한 장에 10-60만 원〉, 《경향신문》, 1971.7.21.

51 〈광주단지 무허가건물 20일까지 철거〉, 《경향신문》, 1971.5.18.

52 〈광주단지 정리 큰 차질. 무허전입자 거의 절반〉, 《경향신문》, 1971.8.6.

53 〈무허건물 철거반 광주단지에 상주〉, 《조선일보》, 1970.12.20.

54 〈광주단지 사업소 등 부셔〉, 《조선일보》, 1971.5.21.

55 〈단지 부근에 수용토록〉, 《조선일보》, 1971.6.8.

56 〈광주단지 정리 큰 차질. 무허전입자 거의 절반〉, 《경향신문》, 1971.8.6.

57 〈무허판자집 정리 빗나가〉, 《동아일보》, 1971.8.2.

58 〈불하 땅값 인하 요구 광주단지 대규모 난동〉, 《동아일보》, 1971.8.10.

59 〈요구 조건 모두 수락〉, 《매일경제신문》, 1971.8.11.

60 〈주모 11명에 영장 신청〉, 《경향신문》, 1971.8.11.; 〈진통 겪는 위성도시, 광주단지 주민난동의 저변〉, 《매일경제신문》, 1971.8.12.

61 〈진통 겪는 위성도시, 광주단지 주민난동의 저변〉, 《매일경제신문》, 1971.8.12.

62 〈광주단지-졸속 시정에 민원 폭발. 강제이주, 도시화 계획의 허〉, 《동아일보》, 1971.8.11.

63 〈광주단지 이주 계획 따른 판자집 철거 중지〉, 《매일경제신문》, 1971.8.17.

64 〈황무지의 상흔을 씻고…〉, 《조선일보》, 1974.2.10.

65 〈성남이주 서울철거민들. 대부분 정착 실패〉, 《조선일보》, 1974.4.14.

66 〈2명에 실형선고. 광주단지 난동사건, 18명엔 집유〉, 《경향신문》, 1972.1.29.

67 〈노두에 쫓긴 겨울밤〉, 《조선일보》, 1962.11.28.

68 〈길목에 철조망 쳐〉, 《경향신문》, 1964.9.29.

69 〈강제철거 옥신각신 끝에〉, 《경향신문》, 1970.4.29.

70 〈판자촌 철거에 최루탄. 사당동 투석으로 맞선 주민과 이틀째 대치〉, 《경향신문》, 1970.11.7.

71 〈내년 3월까지 분양. 광주단지 입주권 전매 막게〉, 《경향신문》, 1970.11.11.

72　〈사당동 숨바꼭질-판잣집 철거〉,《경향신문》, 1970.11.12.

73　〈무허판자촌 철거에 반대. 어린이 천여 명 등교 거부〉,《동아일보》, 1969.6.9.

74　〈판자촌민-철거반원 투석전. 모두 60명 중경상〉,《동아일보》, 1969.6.30..

75　〈판자촌의 비가〉,《조선일보》, 1967.8.27.

76　조세희,《난장이가 쏘아올린 작은 공》, 이성과힘, 2000, 16쪽.

77　〈배고파 못살겠다〉,《동아일보》, 1975.2.7.

4장

1　강미나·우민아,〈임대료 부담 과다 가구의 주거 특성과 정책적 지원방안〉,
《국토정책 Brief》, 2018.

2　국토교통부,〈주택 이외 거처 주거실태조사〉, 2018.

3　건설교통부,〈영구임대주택 주거실태조사〉, 2005.

4　국토교통부,〈주거실태조사〉, 2020.

5　김성태·권영상,〈도시빈곤 주거지로서 다가구·다세대주택 옥탑방의
형성과 변화: 관악구 봉천동 일대 청년 가구 사례를 중심으로〉,
《한국도시설계획지》21(2), 2020, 25~40쪽.

6　같은 글.

7　서울시,〈서울시 고시원 보고서: 거처 상태 및 거주 가구 실태조사〉, 2020.

8　〈2020 고시원 탐사기〉,《경향신문》, 2020.10.7.

9　대한주택공사,〈쪽방 주민의 주거실태 및 주거안정대책에 관한 연구〉, 2005.

5장

1　장세훈,〈도시화, 국가 그리고 도시빈민〉, 김형국·하성규 편,《불량주택
재개발론》, 나남출판, 1998, 256쪽, 263쪽.

2　같은 책, 270쪽.

3　같은 책, 273쪽.

4　조은·조옥라,《도시빈민의 삶과 공간》, 73~74쪽.

5　같은 책, 77~78쪽.

6　같은 책, 79쪽.

7　같은 책, 83~84쪽.

6장

1 서울연구원, 〈서울시 저층 주거지 실태와 개선 방향〉, 2017.
2 서울시 주거환경개선정책 자문위원회, 〈서울시 주거환경개선정책 종합점검 및 보완 발전방안〉, 《서울시 주거환경개선정책 공청회 자료집》, 2009.

7장

1 "Informal Settlements in South Africa", *Borgen megazine*, 2019.10.9.
2 UN Habitat, "Informal Settlements", Habitat III Issue Papers 22, 2015, p.1.
3 UN, "Report of the Special Rapporteur on adequate housing as a componet of the right to an adequate standard of living, and on the right to non-discrimination in this context", UN총회 자료, 2018.
4 M. Castells, L. Goh and R. W. Kwok, *The Shek Kip Mei Syndrome: Economic Development and Public Housing in Hong Kong and Singapore*, Pion, 1990.
5 Hong Kong Housing Authority 홈페이지(https://www.housingauthority.gov.hk/en).
6 Census and Statistics Department, "Persons Living in Subdivided Units", *Thematic Report*, 2018.
7 "Rents for Subdivided flats in Hong Kong hit a new high, concern group study shows", *SCMP*, 2019.6.23.
8 "Ramshackle subdivided flats in Hong Kong's old buildings are an 'urban ticking time bomb', researchers warn", *SCMP*, 2018.7.15.
9 "No way out: How Hong Kong's subdivided flats are leaving some residents in fire traps", *SCMP*, 2017.5.16.
10 "Ramshackle subdivided flats in Hong Kong's old buildings are an 'urban ticking time bomb', researchers warn", *SCMP*, 2018.7.15..
11 Abbé Pierre & FEANTSA, "Fifth Overview of Housing Exclusion in Europe 2020", 2020.
12 Center on Budget and Policy Priorities 홈페이지(https://www.

cbpp.org/renters-incomes-havent-caught-up-to-housing-costs).

13 "City's basement apartment crackdown ramps up", *The Real Deal*, 2020.2.4.

14 "The New York City real estate market has gotten so bad that people are paying millions to live in the basement", *Business Insider*, 2018.8.21.

15 Abbé Pierre & FEANTSA, "Fifth Overview of Housing Exclusion in Europe 2020", 2020.

16 "Estimated number of homeless people in the U.S. 2007-2020", *Statista*, 2021.3.23.

17 "Number of mobile homes in the U.S. 2015-2023", *Statista*, 2020.11.6.

18 "6 Remarkable Mobile Home Statistics You Need to Know", *Movity*, 2020.1.29.

19 "Are Manufactured Homes a Solution to the Housing Affordability Crisis?", *Apartment List*, 2018.6.15.

20 "Why do so many Americans live in mobile homes?", BBC News, 2013.9.24.

8장

1   UN-Habitat 홈페이지(https://unhabitat.org).

보태는 글

1   김수현·진미윤,《집에 갇힌 나라, 동아시아와 중국》, 오월의봄, 2021, 358쪽.

참고문헌

1장

경성제국대학 위생조사부,《토막민의 생활과 위생》, 박현숙 옮김, 민속원, 2010.
대한주택공사,〈주거실태조사〉, 2020.
서울시,《서울 6백년사》제5권, 1983.
서울시,〈백사마을 주거지 보전구역 디자인가이드라인 수립용역 보고서〉, 2014.
서울시정개발연구원,《서울 20세기 공간변천사》, 2001.
서울시정개발연구원·한국도시연구소,《서울시 비닐하우스촌 주민의 삶과
    사회정책》, 서울시정개발연구원, 2002.
양윤재,《저소득층의 주거지 행태 연구: 거대도시 서울의 또 다른 삶터》, 열화당,
    1991.

김경민,〈20세기 후반 구로공단에서 재현된 19세기 영국 벌집〉,《프레시안》,
    2014.1.30.
〈신도시는 투기장. 루머 입증〉,《경향신문》, 1990.10.8.

국사편찬위원회,〈한국문화사〉(http://contents.history.go.kr/mobile/km/
    main.do).
정철근,〈승효상 이로재 대표가 말하는 백사마을 프로젝트〉, 다음블로그〈세상과
    사람 사이〉(https://blog.daum.net/prhy0801/15682581), 2016.2.6.
최병택, "일제시대 서민을 울렸던 주택난과 토막", 웹진〈역사랑〉(http://www.
    koreanhistory.org/4198), 2020.1.17.

2장

민주화운동기념사업회 엮음,《한국민주화운동사 2: 유신체제기》, 돌베개, 2009.
서울대학교 환경대학원 부설 환경계획연구소,《불량주택 재개발사업의 문제점과

개선방안 연구》, 대한주택공사, 1993.

서울시,《저소득시민 생활실태조사》, 1979.

윤중호,〈본동일기 3: 도혁이 성님께 보내는 편지〉,《본동에 내리는 비》,
　　　문학과지성사, 1988.

이경자,《빨래터》, 문이당, 2009.

조은,《사당동 더하기 25》, 또하나의문화, 2012.

조은·조옥라,《도시빈민의 삶과 공간》, 서울대학교출판문화원, 1992.

허석렬,〈도시 무허가 정착지의 고용구조〉, 김형국·하성규 편,《불량주택 재개발론》,
　　　나남출판, 1998.

KDI,《빈곤의 실태와 영세민대책》, 1981.

KDI,《영세민 주거현황과 개선대책》, 1981.

KDI,《영세민대책과 재정》, 1982.

〈전국 달동네에 '상록 경찰관' 영세민 집단 거주지역 고정배치〉,《중앙일보》,
　　　1984.11.6.

3장

민주화운동기념사업회 엮음,《한국민주화운동사 3: 서울의 봄부터 문민정부
　　　수립까지》, 돌베개, 2010.

윤흥길,《아홉 켤레의 구두로 남은 사내》, 문학과지성사, 1977.

조세희,《난장이가 쏘아올린 작은 공》, 이성과힘, 2000.

MBC 뉴스데스크, 1987.7.27.

대한뉴스 제1143호, 1977.7.19.

〈청계천 범람〉,《경향신문》, 1963.6.22.

〈길목에 철조망 쳐〉,《경향신문》, 1964.9.29.

〈내년 3월까지 분양. 광주단지 입주권 전매 막게〉,《경향신문》, 1970.11.11.

〈사당동 숨바꼭질-판잣집 철거〉,《경향신문》, 1970.11.11.

〈판자촌 철거에 최루탄. 사당동 투석으로 맞선 주민과 이틀째 대치〉,《경향신문》,
　　　1970.11.7.

〈강제철거 옥신각신 끝에〉,《경향신문》, 1970.4.29.

〈광주 냇가에서 신음하는 철거민촌〉,《경향신문》, 1970.6.3.

〈세태 알파오메가(7) 시민어파트〉,《경향신문》, 1971.2.26.

〈서울 새풍속도(128), 시민어파트〉,《경향신문》, 1971.4.6.

〈서울 새풍속도(131), 시민어파트〉,《경향신문》, 1971.4.10.

〈광주단지 무허가건물 20일까지 철거〉,《경향신문》, 1971.5.18.

〈복덕방서 뒷거래 입주증 한 장에 10-60만 원〉,《경향신문》, 1971.7.21.

〈올해 7만 5천 명 입주〉,《경향신문》, 1971.7.21.

〈광주단지 정리 큰 차질. 무허전입자 거의 절반〉,《경향신문》, 1971.8.6.

〈주모 11명에 영장 신청〉,《경향신문》, 1971.8.11.

〈2명에 실형선고. 광주단지 난동사건, 18명엔 집유〉,《경향신문》, 1972.1.29.

〈여기에 행정을-영등포구 신정·신월 철거민 정착단지〉,《경향신문》, 1974.9.18.

〈삽시간에 숱한 인명 삼킨 공포의 물벼락〉,《경향신문》, 1977.7.9.

〈실화냐 방화냐〉,《경향신문》, 1992.3.9.

《금천마을신문》, 2011.7.27.

〈서울의 수방, 그 헛점을 캔다〉,《동아일보》, 1966.7.19.

〈수마의 계절, 물에 쫓기는 뭍〉,《동아일보》, 1967.7.22.

〈주택단지 조성 부진〉,《동아일보》, 1969.1.13.

〈판자촌에 바위 덮쳐〉,《동아일보》, 1969.1.20.

〈"아파트 당겨 완성, 68년 이후 판자촌 5月부터 철거", 김 시장 다짐〉,《동아일보》,
　　　1969.4.22.

〈무허판자촌 철거에 반대. 어린이 천여 명 등교 거부〉,《동아일보》, 1969.6.9.

〈판자촌민-철거반원 투석전. 모두 60명 중경상〉,《동아일보》, 1969.6.30.

〈全水防 요원 비상근무령〉,《동아일보》, 1969.7.16.

〈강추위 판자집 강제철거〉,《동아일보》, 1969.12.3.

〈떨며 사는 팔백 가구〉,《동아일보》, 1970.1.10.

〈광주군 대단지개발 양 시장〉,《동아일보》, 1970.5.19.

〈광주 철거민 생활난 극심〉,《동아일보》, 1970.6.24.

〈위조입주증, 직인은 진짜〉,《동아일보》, 1971.7.22.

〈무허판자집 정리 빗나가〉,《동아일보》, 1971.8.2.

〈불하 땅값 인하 요구 광주단지 대규모 난동〉,《동아일보》, 1971.8.10.

〈광주단지-졸속 시정에 민원 폭발. 강제이주, 도시화 계획의 허〉,《동아일보》,
　　　1971.8.11.

〈배고파 못살겠다〉,《동아일보》, 1975.2.7.

〈시흥사태 사망 모두 38명〉,《동아일보》, 1977.7.11.

〈시민아파트 위험하다. 70년 전후 날림공사…67개 동 특별관리〉,《동아일보》,

1996.12.16.

〈이재민 천여 명〉,《매일경제신문》, 1967.10.30.

〈말 아닌 단지 이주〉,《매일경제신문》, 1969.8.7.

〈외면당한 영세민 아파트. 입주권 헐값에 매매〉,《매일경제신문》, 1969.11.8.

〈암담한 광주대단지 조성, 예산 확보 겨우 10%〉,《매일경제신문》, 1969.12.29.

〈무허건물 2만 채 철거〉,《매일경제신문》, 1970.1.13.

〈말썽꺼리…시민아파트〉,《매일경제신문》, 1970.2.12.

〈아파트, 광주단지 입주자 6개월 내엔 전매 못하게 시조례 규정 마련〉,
　　《매일경제신문》, 1970.7.9.

〈양 서울시장 광주대단지 350만 평 대전시 규모로 개발〉,《매일경제신문》,
　　1970.7.21.

〈광주단지 입주에 부정. 시 직원 2명 구속〉,《매일경제신문》, 1970.8.4.

〈무허가 택지개발. 광주단지 맞은 편에 대규모로〉,《매일경제신문》, 1971.3.17.

〈요구 조건 모두 수락〉,《매일경제신문》, 1971.8.11.

〈진통 겪는 위성도시, 광주단지 주민난동의 저변〉,《매일경제신문》, 1971.8.12.

〈광주단지 이주 계획 따른 판자집 철거 중지〉,《매일경제신문》, 1971.8.17.

〈방배동 비닐하우스촌에 불〉,《연합뉴스》, 2001.7.18.

〈노두에 쫓긴 겨울밤〉,《조선일보》, 1962.11.28.

〈숭인동 판자촌 철거〉,《조선일보》, 1964.10.16.

〈판자촌의 비가〉,《조선일보》, 1967.8.27.

〈잿더미에 묻힌 날품생계. 남산동 화재 상보〉,《조선일보》, 1966.1.20.

〈전철 내년 초 착공〉,《조선일보》, 1968.11.24.

〈청계천 판자촌에 불〉,《조선일보》, 1969.10.21.

〈와우 시민아파트 붕괴〉,《조선일보》, 1970.4.9.

〈광주를 위성도시로〉,《조선일보》, 1970.5.20.

〈"천막으론 겨울 날 수 없다"〉,《조선일보》, 1970.9.29.

〈광주단지 입주증 위조〉,《조선일보》, 1970.10.4.

〈광주대단지 460가구 분양권 취소〉,《조선일보》, 1970.11.3.

〈철거민 울린 입주권〉,《조선일보》, 1970.11.4.

〈무허건물 철거반 광주단지에 상주〉,《조선일보》, 1970.12.20.

〈광주단지 사업소 등 부셔〉,《조선일보》, 1971.5.21.

〈단지 부근에 수용토록〉,《조선일보》, 1971.6.8.

〈황무지의 상흔을 씻고…〉,《조선일보》, 1974.2.10.

〈성남이주 서울철거민들. 대부분 정착 실패〉,《조선일보》, 1974.4.14.

〈서초 꽃마을 불, 4명 사망〉,《조선일보》, 1992.3.9.
〈꽃마을 화재 138명 집 잃어〉,《조선일보》, 1998.4.4.
〈수재민·판잣집 철거민 정착 계획 제자리걸음〉,《중앙일보》, 1965.10.26.
〈소방로 없어 출동 소방차 불구경만 하는 꼴-판자촌 화재 문제점〉,《중앙일보》,
　　　1969.12.17.
〈5층 시민아파트 도괴〉,《중앙일보》, 1970.4.8.
〈시흥산사태 지구도로 신설〉,《중앙일보》, 1987.9.14.

민종덕,〈[이소선 평전-어머니의 길 20] 화재로 멀어 버린 눈, 기독교와 쌍문동을
　　　만나다〉, 매일노동뉴스, 2014.10.8.
안전보건공단 블로그(https://blog.naver.com/koshablog/10022788148)

4장

강미나·우민아,〈임대료 부담 과다 가구의 주거 특성과 정책적 지원방안〉,
　　　《국토정책 Brief》, 2018.
건설교통부,〈영구임대주택 주거실태조사〉, 2005.
국토교통부,〈주택 이외 거처 주거실태조사〉, 2018.
김성태·권영상,〈도시빈곤 주거지로서 다가구·다세대주택 옥탑방의 형성과 변화:
　　　관악구 봉천동 일대 청년 가구 사례를 중심으로〉,《한국도시설계획회지》
　　　21(2), 2020.
대한주택공사,〈지하 주거공간의 주거환경과 거주민 실태에 관한 연구〉, 2005.
대한주택공사,〈쪽방 주민의 주거실태 및 주거안정대책에 관한 연구〉, 2005.
서울시,〈서울시 쪽방 밀집 지역 건물실태 및 거주민 실태조사〉, 2018.
서울시,〈서울시 고시원 보고서: 거처 상태 및 거주 가구 실태조사〉, 2020.
소방방재청 백서 각 연도.
이선화,〈공공임대주택의 생애주기별 주거 안정 효과에 관한 연구〉, 세종대학교
　　　박사학위 논문, 2021.

〈2020 고시원 탐사기〉,《경향신문》, 2020.10.07..
〈국일고시원 그래픽〉,《연합뉴스》, 2018.11.9.
〈도시 빈자들의 최후의 주거지: 지옥고 아래 쪽방〉,《한국일보》,
　　　2019.5.7.~2019.5.9.

5장

건설교통부, 〈영구임대주택 주거실태조사〉, 2005.
김우진, 〈불량주택 재개발 주민의 재정착 특성에 관한 연구〉, 서울대학교 석사학위
　　논문, 1985.
김형국, 〈상계동 사태의 전말〉, 김형국·하성규 편,《불량주택 재개발론》, 나남출판,
　　1998.
대한주택공사, 〈지하주거공간의 주거환경과 거주민 실태에 관한 연구〉, 2005.
장세훈, 〈도시화, 국가 그리고 도시빈민〉, 김형국·하성규 편,《불량주택 재개발론》,
　　나남출판, 1998.
조은·조옥라,《도시빈민의 삶과 공간》, 서울대학교 출판문화원, 1992.

6장

서울연구원, 〈서울시 저층 주거지 실태와 개선 방향〉, 2017.
서울시 주거환경개선정책 자문위원회, 〈서울시 주거환경개선정책 종합점검 및
　　보완발전방안〉, 서울시 주거환경개선정책 공청회 자료집(2009.1.15),
　　2009.
유기현, 서울시 토지구획정리사업의 제도 지속성 연구〉,《서울도시연구》제16권 제
　　3호, 2015.

서울정책아카이브(https://seoulsolution.kr/ko/content/)

7장

Abbé Pierre & FEANTSA, "Fifth Overview of Housing Exclusion in
　　Europe 2020", 2020.
"Are Manufactured Homes a Solution to the Housing Affordability
　　Crisis?", *Apartment List*, 2018.6.15.
"Why do so many Americans live in mobile homes?", BBC News,
　　2013.9.24.
"Informal Settlements in South Africa", *Borgen megazine*, 2019.10.9.

"The New York City real estate market has gotten so bad that people are paying millions to live in the basement", *Business Insider*, 2018.8.21.

Castells, M., Goh, L. and Kwok, R. W., *The Shek Kip Mei Syndrome: Economic Development and Public Housing in Hong Kong and Singapore*, Pion, 1990.

Census and Statistics Department, "Persons Living in Subdivided Units", *Thematic Report*, 2018.

"6 Remarkable Mobile Home Statistics You Need to Know", *Movity*, 2020.1.29.

"No way out: How Hong Kong's subdivided flats are leaving some residents in fire traps", *SCMP*, 2017.5.16.

"Ramshackle subdivided flats in Hong Kong's old buildings are an 'urban ticking time bomb', researchers warn", *SCMP*, 2018.7.15.

"Rents for Subdivided flats in Hong Kong hit a new high, concern group study shows", *SCMP*, 2019.6.23.

"Estimated number of homeless people in the U.S. 2007-2020", *Statista*, 2021.3.23.

"Number of mobile homes in the U.S. 2015-2023", *Statista*, 2020.11.6.

"City's basement apartment crackdown ramps up", *The Real Deal*, 2020.2.4.

"Subdivided flats leave some Hongkongers in fire traps", *Today*, 2017.5.29.

UN Habitat, "Informal Settlements", Habitat III Issue Papers 22, 2015.

UN Habitat, "Global Urban Indicators Database", 2020.

UN, "Report of the Special Rapporteur on adequate housing as a componet of the right to an adequate standard of living, and on the right to non-discrimination in this context", UN 총회 자료, 2018.

Center on Budget and Policy Priorities, Renters' Income Haven't Caught Up to Housing Costs(https://www.cbpp.org/renters-incomes-havent-caught-up-to-housing-costs)

Hong Kong Housing Authority, https://www.housingauthority.gov.hk/en/)

World Bank 데이터 홈페이지(https://data.worldbank.org/indicator/
NY.GDP.PCAP.CD)

8장

UN-Habitat 홈페이지(https://unhabitat.org)

보태는 글

김수현·진미윤, 《집에 갇힌 나라, 동아시아와 중국》, 오월의봄, 2021.

사진 출처

서울사진아카이브: 37(전체), 40(전체), 43(전체), 121(전체), 128(전체),
132(위), 136, 140, 156(전체), 158, 163(아래), 189
서울역사박물관: 2~3, 13, 38(전체), 140, 151(아래), 177, 257
성남시사: 44(전체), 150, 151(위)
서울연구데이터서비스: 58~59(전체)
한국도시연구소: 102, 105, 166(아래), 168
국가기록원: 117
서울시 소방재난본부: 132(아래)
경향신문: 163(위), 166(위)
The Philippine: Star 264(위)
Accent Magazine: 264(아래)
Diplomat Magazine: 265(위)
LSE: 265(아래)
UNIT: 16 266(위)
JOCOBIN: 265(아래)
reliefweb: 267(위)
gprba: 267(아래)
Today: 277(위)
DORNOB: 277(아래 왼쪽)
Radio Free Europe: 277(아래 오른쪽)
The real deal: 284(왼쪽)
City Building Owners Insurance Program: 284(오른쪽)
Affordable Housing Online: 286(위)
Places: 286(아래)

· 이 책에 실린 자료 중 저작권자를 찾지 못하여 게재 허가를 받지 못한 경우가
있습니다. 추후 저작권자가 확인되는 대로 게재 허락을 받고 통상 기준에 따라
사용료를 지불하겠습니다.

가난이 사는 집

초판 1쇄 펴낸날   2022년 10월 24일
초판 2쇄 펴낸날   2023년 9월 19일
지은이   김수현
펴낸이   박재영
편집   이정신·임세현·한의영
마케팅   신연경
디자인   조하늘
제작   제이오
펴낸곳   도서출판 오월의봄
주소   경기도 파주시 회동길 363-15 201호
등록   제406-2010-000111호
전화   070-7704-5018
팩스   0505-300-0518
이메일   maybook05@naver.com
트위터   @oohbom
블로그   blog.naver.com/maybook05
페이스북   facebook.com/maybook05
인스타그램   instagram.com/maybooks_05

ISBN   979-11-6873-037-3 03300

만든 사람들
책임편집   박재영
디자인   조하늘